KB252365

왕부지, 大學을 논하다

왕부지사상연구회 옮김

소나무

왕부지, 大學을 논하다

초판인쇄일 2005년 5월 2일
초판발행일 2005년 5월 10일

펴낸이 유재현
기획편집 이윤미
마케팅 안혜련 장만
디자인 예감
필름출력 ING
종이 한서지업사
라미네이팅 영민사
인쇄 영신사
제본 명지문화

펴낸곳 소나무
등록 1987년 12월 12일 제2-403호
주소 121-830 서울시 마포구 상암동 11-9, 201호
전화 02-375-5784
팩스 02-375-5789
전자우편 soltree@chol.com

책값 18,000원

ⓒ 왕부지사상연구회, 2005
ISBN 89-7139-326-2 93140

소나무 머리 맞대어 책을 만들고, 가슴 맞대고 고향을 일굽니다

왕부지, 大學을 논하다

옮긴이 서문

오늘날 우리 사회가 효율성과 실용성을 앞세워 경제적인 경쟁
력을 강화하는 데만 몰두하고 있는 사이에, 인문학은 사회는 물
론, 그것이 보호받아야 할 대학에서조차 외면당하고 있다. 돈벌
이가 안 된다는 이유 때문이다. 이 같은 냉대는 인문학을 연구하
는 사람들이나 뜻있는 이들의 마음을 한층 무겁고 안타깝게 만
들고 있다. 인문학의 위기는 학문의 위축과 사회 구성원들의 지
적 수준 하락이라는 문제를 일으킬 뿐 아니라, 더 근본적인 문제
를 불러오고 있다.

반성적이고 합리적인 사고가 결여된 채 잔재주와 천박한 이론
으로 무장한 군상群像들이 목표 없는 항해를 계속하는 동안, 그보
다 나을 것 없는 그들의 대표들은 비전을 제시하기는커녕 고깃

덩어리를 놓고 아귀다툼이나 하고 있다. 또한 그들을 감시해야할 파수꾼들이 낮잠을 자거나 온갖 협잡으로 제몫 챙기기에 바쁠 때, 그 잘난 척하는 사람들 가운데 지난날 외환 위기로 이어진 '한국호'의 침몰을 누가 예언했던가?

아직도 갈 길은 먼데 누가 진보의 발목을 잡는가? 발목을 잡을 수 있는 힘은 또 누가 주었는가? 자칭 진보를 부르짖는 자들조차도 방향을 잃고 우왕좌왕 허둥대다가 보수 세력의 비난과 웃음거리밖에 되지 않는 것은 무슨 까닭인가? 남을 설득할 수 없는 진보의 행진은 또 얼마나 힘을 얻겠는가? 이런 사정 때문에 우리의 발전과 진보는 아무리 발버둥쳐도 여전히 답보 상태라고 말할 수밖에 없다.

사회를 유지하거나 발전시키는 원동력은 그 사회 구성원들의 수준 높은 문화 의식과 건전하고 균형 잡힌 가치관과 실천력에서 우러나온다. 그것은 특정한 문화나 가치를 주입해서 되는 것이 아니라, 구성원 각자의 내면적 성실성과 자율성에 근거한 원칙의 확립에서 비롯된다. 이런 까닭에 삶에서 철학적 태도의 중요성은 아무리 강조해도 지나치지 않을 것이다. '한국호'의 침몰과 오늘 우리에게 닥친 문제의 근본 원인은 구성원들의 도덕성을 지탱해 줄 철학의 빈곤에 있는 것이 아닌가?

온통 서구 문화로 도배질당한 문화적 토양 속에서 우리의 전통은 겨우 명맥만 이어져 왔다. 그마저도 동양 전통에 대한 반성이나 음미는 더 소홀했던 것 같다. 우리가 전통을 중시하는 이유는 현실적 요구 때문이며, 또 그것이 우리의 사상적 뿌리이기도 하거니와, 세계화가 곧 서구화는 아니기 때문이다.

우리는 이 같은 풍토 속에서도 이 책을 내는 데 주저하지 않았다. 어떠한 역경 속에서도 우리의 뜻을 굽히지 않겠다는 다짐을 나타내는 것이기도 하지만, 무엇보다도 이 책은 학문에 대한 우리의 열정에서 비롯되었기 때문이다. 한 학자가 저술한 책 한권을 놓고 여러 전문 연구자들이 십여 년 동안이나 매달렸다는 사실이 바로 그것을 웅변으로 증명하고 있다.

이 책은 명말청초明末淸初의 유학자인 왕부지王夫之(1619~1692)가 『사서대전四書大全』을 읽고 쓴 『독사서대전설讀四書大全說』가운데 『대학大學』 부분을 옮기고 풀이한 것이다. 『사서대전』은 명明의 호광胡廣 등이 편찬한 것으로, 주자朱子로 존숭되는 주희朱熹를 비롯한 여러 학자들의 주석이 들어 있다.

우리가 이 책을 역주한 의의는 크게 두 가지로 들 수 있다. 하나는 사서四書 해석에 관하여 주자의 입장을 고수하던 우리 유학의 전통적 풍토에 새로운 관점을 내놓는다는 점이다. 더욱이 이 책이 지니는 몇 가지 철학적 관점은 21세기를 사는 우리의 사고를 능가할 정도로 독창적이기 때문에, 그의 사상을 소개하는 커다란 보람을 느끼지 않을 수 없다. 다른 하나는 왕부지의 이 저작을 세계 최초로 역주한다는 점이다.

그 동안 이 책 한 권을 세상에 내놓기 위해 수많은 논의와 토론이 있었다. 나중에 다시 검토하는 데도 몇 년이 걸렸다. 먼저 개인별로 해석할 부분을 나눈 다음, 황금 시간인 토요일 오후에 모여 각자가 맡은 부분을 발표하고 함께 토론하는 형식으로 공부를 진행했다. 그리고 참석자 모두 수긍을 해야만 다음으로 넘어갔다. 그 후에도 여러 차례 더 검토하고 토론하면서 오늘에 이르렀다. 왕부지의 글은 난해하기로 소문나 있고, 게다가『독사서대전설』의 경우 어느 한 개인이 그것을 번역한다는 것은 사실상 불가능한 것으로 생각하는 경향이 있었다. 하지만 동양 철학을 전공한 여러 연구자들이 갈고 닦은 실력을 총동원해서 십여 년을 한결같이 매달려 공부했다는 점에서, 우리들 스스로 크게 자부심을 지니고 있다. 그러나 우리는 여기에 만족하지 않고, 앞으로 몇 년이 더 걸리더라도 왕부지의 이 저술을 모두 역주해 세상에 내놓을 계획이다.

　군이 왕부지의 글을 택한 데는 여러 가지 이유가 있다. 그것을 일일이 거론할 수는 없지만, 우선 왕부지가 중국 철학사에서 지니는 비중과 사상사적 위치를 고려했고, 또 그가 명말청초의 혼란한 시대에 행동하는 민족적 양심을 유감없이 발휘했다는 평가도 작용했으며, 사서를 해석하는 그의 견해에 대해 동양 철학을 연구하는 사람으로서 한 번쯤은 짚고 넘어가야 한다고 생각했기 때문이다.

　한 가지 아쉬운 점은 왕부지의 시각에 맞추어『대학』원문을 다시 새롭게 해석하지 못한 점이다. 그 어려움은 왕부지 자신이『대학』원문 하나하나를 이렇게 저렇게 보아야 한다고 언급하기보다는, 주로 여러 주석가들의 의견을 찬성하거나 비판하는 형식으로 글을 썼기 때문이다. 그래서 그의 견해를 일일이 추적해 원문에 환원시키려면 지금보다 더 엄청난 시간과 노력을 들여야 한다. 솔직히 말해 이 일은 우리의 한계를 벗어나 있다고 생각한다. 그래서 『대학』의 본문은 주자의 해석에 근거해서 해석했다. 독자들이 읽어 갈 때는 이런 점을 염두에 두고 왕부지의 비판을 보기 바란다. 또한 우리가 완벽하게 번역했다고 자부하더라도 오류가 있을 수 있다는 점을 인정하지 않을 수 없다. 이 점에 대해서도 독자들의 많은 질책과 충고를 바라 마지않는다.

이 책의 최초 번역은 다음과 같이 분담했다.

이철승 : 해제
임옥균 : 뜻풀이
이종란 : 대학서大學序,
        성경聖經 1~4 (공자호功者乎),
        전傳8장 2~전9장 1
임옥균 : 성경 4 (신민자新民者)~9 (근지의近之矣),
        전1장~보전補傳,
        전6장~전6장 5,
        전7장~전8장 1,
        전9장 2~5,
        전10장 4~8 (춘자시야春者是也)

김동민 : 성경 9 (유부지惟夫志)~11,

　　　　전1장 13~15 (즉도체야卽道體也)

이철승 : 전6장 6~8,

　　　　전10장 8 (약이천若伊川)~10

　이 책이 만들어지기까지 도와주신 많은 분들, 해제를 쓴 왕부지사상연구회의 이철승 박사, 특히 이 책의 역주가 끝난 후 다시 수차례 검토해 알기 쉽게 뜻풀이를 붙인 본회의 임옥균 박사의 노고를 잊을 수 없다. 그리고 내용을 일일이 정리한 진성수 간사, 또 토론에 참여하고 아낌없이 조언해 준 김재경, 박찬호, 권종욱, 이봉호, 조성진, 송봉구, 이상훈 선생과 함현찬 박사의 노고를 빠뜨릴 수 없다. 모두들 최초 번역의 노고 못지않게 수고를 아끼지 않았다. 그러한 노력이 있었기에 이 책이 빛을 보게 되었다. 그리고 이 책이 나오기까지 여러모로 힘써 준 소나무 출판사 관계자 여러분께도 깊은 감사를 드린다.

왕부지사상연구회 회장 이종란

차례

왕부지의 삶과『대학』해제

I. 시대 배경과 왕부지 사상의 특징

왕부지王夫之(1619-1692)가 살았던 17세기의 중국은 총체적 격변기였다. 사회 내부의 모순이 심화됨에 따라 백성들의 삶이 더욱 어려워짐에도 불구하고, 통치자들은 민중의 어려운 삶을 헤아리지 않았다. 통치 집단 내부에서는 오히려 붕당 현상이 가속화되어 권력 투쟁에 여념이 없었다. 이러한 상황은 민중으로 하여금 더 이상 명조明朝에 희망을 가질 수 없도록 만들었다. 민중은 스스로의 삶터를 떠나 유랑하기도 했지만, 다른 한편으로 조직을 결성해 항거하기도 했다.

민중의 저변에 깔린 정부에 대한 불만 의식은 이자성李自成과 장헌충張獻忠 등의 농민군에게 흡수되었다. 이자성과 장헌충 등은 민중의 이러한 상황을 정확하게 인식했다. 그들은 '귀천균전貴賤

均田’·‘균전면부均田免賦’의 구호를 내걸고 봉기하여 마침내 1644년 3월에 북경北京을 함락했다. 이렇게 명조는 276년 만에 농민군에 의해 무너졌다.

한편 만주족은 세력을 강화하여 국호를 ‘청淸’이라 하고, 1644년 5월에 북경을 점령했으며, 그해 9월에 복림福臨(順治帝)이 심양에서 북경으로 천도하여 중국을 통치하기 시작했다.

16세기와 17세기에는 강남 지역을 중심으로 농업과 수공업 및 상품 경제가 예전보다 발달했을 뿐만 아니라, 서양의 예수회 선교사들에 의해 천주교 사상과 자연 과학에 대한 지식이 광범위하게 소개되었다. 이 시기에는 자연 과학에 대한 저술 활동도 활발하게 진행되었는데, 대표적인 학자와 서적으로는 이시진李時珍의 『본초강목本草綱目』, 서광계徐光啓의 『농정서農政書』, 송응성宋應星의 『기론氣論』과 『천공개물天工開物』, 방이지方以智의 『물리소지物理小識』 등이 있다. 또한 이 시기의 철학적 사조는 송명 시대에 주류를 이루었던 리학理學의 위상이 약화되고, 기학氣學의 위상이 제고되었다.

왕부지는 이러한 시대 상황에 주체적인 자세로 임하면서 민족과 민중에 대한 애정을 깊게 간직했다. 그는 당시 명왕조의 정책이 민중을 위한 것이 아니라고 생각했기에 개혁의 필요성을 강조했다. 그러나 그는 균등 사상을 기치로 내걸면서 좀더 근원적이고 구조적인 변혁을 요구하며 명왕조에 맞선 농민군의 항쟁에 대해 찬성하지 않았다. 이것은 그의 사상적 기반이 한편으로 민

중을 중시한 것임에 틀림없지만, 다른 한편으로 민중을 역사의
전면에 부각시키는 민중 주체의 관점이 아님을 드러낸 것이다.
그의 이와 같은 민중관은 유가의 전통적 민본 사상에 근거한 것
이다. 즉 그의 민중관은 민중 스스로가 역사의 주체로서 자신들
의 삶을 선택하고 결정해야 한다는 이론이 아니라, 훌륭한 위정
자의 혜시 대상으로서 위정자의 통치를 받으며 살아야 한다는
관점이다.

그는 청나라 정권을 이민족의 침입으로 여기고 청에 대한 투
쟁에 적극적으로 참여함으로써, 한족 중심의 '중화주의'적인 자
세를 견고하게 유지했지만, 그의 바람과 달리 청나라 세력은 더
욱 강고해졌다.

이 때문에 왕부지는 말년에 청에 대한 군사적인 투쟁을 접고,
호남의 석선산에 은거하면서 연구에 몰두하여 방대한 저술을 남
겼다. 왕부지는 격변하는 당시의 사회를 목도하면서 형이상학적
이며 초역사적인 철학 이론들에 대해 비판적 관점을 취했다. 그
는 현실적이고도 구체적인 방법으로 학문적인 역량을 발휘했을
뿐만 아니라, 변화하는 현실의 본질적인 측면을 찾기 위해 노력
했다.

왕부지의 학문 영역은 철학과 역사뿐만 아니라, 정치·사회·문
학 등 광범위한 분야와 깊게 관련되어 있다. 철학의 분야에서도
선진 유학, 성리학, 양명학은 물론 도가와 불교를 연구하여 방대
한 저술을 남겼다. 그의 이론 탐구는 어느 분야든 소홀하게 취급

하지 않고 깊이 있게 분석한 후, 자신의 이론을 첨가시키는 방식이었다. 그는 비실제적이라고 생각하는 철학 이론들을 분석하여 비판했고, 실제적이라고 생각하는 이론들을 계승하고 발전시켰다. 특히 송명 시대의 중심적인 철학이었던 성리학과 양명학은 물론 불교와 도가의 이론 가운데 내용이 치밀하지 못하거나 실제적이지 못한 것으로 판단되는 면에 대해 강하게 비판했다.

따라서 그의 학문적인 경향은 현실을 배제하고 추상의 세계에 머무르려는 것이 아니라, 구체적인 현실의 문제를 인식함과 아울러 그것을 해결하려는 의지가 강한 편이라고 할 수 있다.

인식론에서도 그는 인간 이외에 객관적으로 존재하는 대상을 승인하고, 경험적인 인식을 중시했다. 그는 선험적인 앎의 추구보다 경험과 검증을 중시했다. 그는 실천과의 관계에서도 인식이 실천에 대해 반작용하기도 하지만, 궁극적으로는 실천으로 전화하는 것이라고 했다.

이와 같은 그의 사상은 한편으로 정주학을 비판적으로 계승한 측면도 있지만, 다른 한편으로는 역동적으로 변화하는 당시의 시대 상황과 더불어 실질을 중시하는 선진 시대의 공자와 순자荀子, 후한 시대의 왕충王充, 당대의 유월석劉越石, 북송의 장재張載, 명말 청초의 방이지方以智 등으로부터 받은 영향의 확대 재생산이라고 할 수 있다.

또한 왕부지의 철학은 사대부들의 관점을 반영하는 철학이라고 할 수 있다. 그는 민중을 사랑하면서도, 민중을 정치의 주체가 아닌 수동적인 대상으로 여겼다. 이것은 그가 오늘날의 민주주의 개념과 일정한 차이를 가지고 있는 유가의 민본주의를 기반으로 하는 정치적인 관점에서 이론을 전개하고 있음을 보여준다.

따라서 왕부지는 급격하게 변화하는 역사의 소용돌이 한 가운데에 살면서, 한편으로 시대적인 한계를 벗어나지 못하는 점이 있지만, 다른 한편으로 이전 철학자들의 다양한 사유 방식을 체계적으로 분석하고 종합하여 전통 철학을 집대성한 학자라고 할 수 있다.

Ⅱ. 왕부지의 생애

왕부지는 1619년 9월 1일(음력)에 호남성 형양에서 몰락한 중소 지주 계층의 지식인 가정에서 3형제 중 막내로 태어났다. 1622년(4세)에 둘째 형(參之)과 함께 맏형(介之)으로부터 글을 배웠고, 1625년(7세)에 서당에서 십삼경十三經을 읽었다. 1628년(10세)에 아버지(朝聘)로부터 과거 시험 과목인 『경의經義』를 배웠으며, 고대 철학과 역사에 관한 수많은 저작을 읽었다. 1634(16세)년에 숙부(廷聘)로부터 시를 배웠고, 2년 동안 시 10만 수를 읽었으며, 형양세시衡陽歲試에 참가하여 1등을 했다. 1637년(19세) 봄에 같은 고향의 처사인 도만오陶萬梧의 딸(16세)과 결혼했다. 1638년(20세)에 장사의 악록서원岳麓書院에서 공부했고, 1642년(24세) 4월에 맏아들인 물약勿葯을 낳았으며(1643년 11월에 죽음), 11월에 맏형과 함께 북경에서 열리는 회시會試에 참가하러 가는 도중에 하남에서 이자성이 봉기하여 길이 막힘으로 인해 남창을 경유하여 되돌아왔다.

1644년(26세) 3월에 이자성에 의해 북경이 공격 받음으로 인해 명왕조가 멸망했고, 그 해 5월에 오삼계吳三桂가 청군을 이끌고 산해관을 거쳐 북경을 함락했다. 왕부지는 이러한 소식을 듣고 『비분시悲憤詩』를 지었다. 그해 8월에 둘째 아들인 반攽을 낳았다. 12월 중순에 남악의 흑사담 부근에 초옥을 짓고 '속몽암續夢庵'이라고 이름지었다. 1645년(27세) 5월에 청군이 남경을 공격하여 홍광

제弘光帝인 주유숭朱由崧을 죽였다는 소식을 듣고 『속비분시』를 지었다. 1646년(28세) 여름에 상음湘陰에 가서 호북순무湖北巡撫 장광章曠에게 남북독군南北督軍과 농민 봉기군을 연합하여 청군을 공격하자는 건의를 했지만 받아들여지지 않았고, 그 해 11월에 부인이 죽었다. 그리고 그는 그 해에 『주역』을 연구하기 시작하여 『주역패소周易稗疏』 4권과 『주역고이周易考異』 1권을 지었으며, 『연봉지蓮峰志』 5권과 『악여집嶽余集』 시1권을 편성했고, 아버지의 명을 받아 『춘추가설春秋家說』을 찬했다. 1647년(29세) 4월에 하여필夏汝弼과 무강주에 가는 도중에 기후의 악화로 가지 못하고, 5월에 청군이 형주를 점령하자 하여필과 함께 상향현湘鄉縣 남백석봉南白石峰으로 도피했다. 도피하는 가운데 8월에 둘째 형이 죽고, 오래지 않아 아버지와 숙부가 잇달아 죽었다.

1648년(30세) 봄과 여름 사이에 남악의 연화봉에 도피하는 가운데 『역易』의 이치를 강술하고, 10월에 관사구管嗣裘, 하여필, 승성한僧性翰 등과 함께 남악의 방광사方廣寺에서 청나라에 항거하는 군대를 일으켰으나 실패했다. 실패한 후 조카인 왕미王敉를 데리고 조경肇慶으로 갔다. 1649년(31세) 봄에 조경에서 계림桂林으로 돌아왔고, 여름에 계림에서 남악으로 돌아왔다. 후에 다시 조경으로 돌아갔다. 1650년(32세) 봄에 계림에서 정의가鄭儀珂의 딸(18세)과 재혼했다. 8월에 어머니인 담譚씨가 죽었다. 1651년(33세) 1월에 아내, 조카와 함께 형양으로 돌아왔다. 1653년(35세) 1월에 『장영부章靈賦』를 짓고, 자신의 가세와 나라의 변고에 대해 찬술

했으며, 2월에 셋째 아들인 물막勿幕을 낳았다.

1654년(36세) 8월 청나라 정부의 수색을 피하기 위해 3년 동안의 유랑 생활을 시작했고, 겨울에 상령常寧에서 『주역』과 『춘추』를 강의했다. 1655년(37세) 봄에 유랑지인 침주郴州 흥령산興寧山의 절에 기거하면서 『주역외전周易外傳』을 짓기 시작했으며, 그 해 8월에 『노자연老子衍』의 초고를 완성했다. 1656년(38세)에 서장원西庄源으로 돌아왔고, 그 해 3월에 『황서黃書』를 집필했으며, 같은 해 5월에 넷째 아들인 어敔를 낳았다. 1657년(39세) 4월에 형양 남악 연화봉 아래의 '속몽암'으로 돌아옴으로써 3년 동안의 유랑 생활을 마쳤다. 그 해 12월에 유근노劉近魯를 방문했고, 이후에 유근노의 장서 6,000여 권을 자주 빌려 보았다.

1658년(40세) 9월에 『가세절록家世節錄』을 썼다. 1660년(42세)에 셋째 아들인 물막이 죽었다. 후에 형향현 금난향 고절리로 이사와서 초옥을 짓고 이름을 '패엽려敗葉廬'라고 했으며, 겨울에 『정락화시正落花詩』 10수를 지었다. 1661년(43세) 6월에 둘째 부인인 정씨가 죽었다. 1662년(44세)에 '패엽려'에 거하면서 남명南明이 멸망했다는 소식을 듣고, 『삼속비분시』를 지었다. 1663년(45세) 9월 『상서인의尚書引義』의 초고를 썼다. 1664년(46세)에 둘째 아들인 반이 유근노의 딸과 결혼했다. 1665년(47세) 『독사서대전설讀四書大全說』을 완성했다. 1666년(48세)에 『사서훈의四書訓義』를 집필했고, 1667년(49세)에 오랜 벗인 유상현劉象賢과 어울리면서 유상현의 딸을 넷째 아들인 어와 혼인시키자고 했다. 1668년(50세)에

『춘추가설』3권과『춘추세론春秋世論』2권을 집필했다. 1669년(51세)에 여전히 '패엽려'에 살면서 장張씨 부인을 세 번째 아내로 맞이했다. 그 해 봄에『오십자정고五十自定稿』를 편찬했으며, 여름에『속춘추좌씨전박의續春秋左氏傳博議』상·하권을 찬술했다. 그리고 그 해 겨울에 초당을 지어 '관생거觀生居'라고 이름지었다. 1671년(53세)『시광전詩廣傳』을 다시 고쳤다. 1672년(54세)에 '관생거'에 살면서, 여름과 가을에는 여전히 '패엽려'에서 머물렀다. 그 해 봄에는『노자연』을 다시 고쳤고, 8월에는 친구인 방이지方以智의 사망 소식을 듣고 통곡하면서 시 두 수를 지어 애도를 표했다. 1673년(55세)에『예기장구禮記章句』의 초고를 완성했다. 1674년(56세)에 오삼계의 군대가 호남성의 각 곳을 공격하자, 제자인 당단홀唐端笏과 함께 배를 타고 도피 생활을 다시 시작했다. 1675년(57세) 가을에 '관생거'에 돌아온 후, 석선산石船山 기슭에 초당을 지어 '상서초당湘西草堂'이라고 이름짓고, '상서초당'에서 살기 시작했다. 1676년에 '상서초당'에서『주역대상해周易大象解』를 찬하기 시작했다. 1677년(59세)에『예기장구』49권을 완성했다.

1678년(60세) 윤3월에 오삼계가 형주에서 황제로 칭하면서 국호를 '대주大周'라고 하며 그의 무리들이 강제로『권진표勸進表』를 쓰라고 하자, 그것을 거절하고 깊은 산 속으로 피난하여『볼계부祓禊賦』를 지어 그들을 멸시했다. 1679년(61세)에 청의 군대가 형주를 수복하자 장유모章有謨와 함께 청의 군대를 피하여 숲 속에 들어가서『장자통莊子通』을 지었다. 1680년(62세)에 시집인『육십

자정고六十自定稿』를 편찬했다. 1681년(63세)에 『장자해莊子解』를 썼다. 1682년(64세) 9월에 『설문광의說文廣義』 2권을 썼으며, 10월에 『악몽噩夢』 1권을 썼다. 1684년(66세) 봄부터 가을까지 심하게 아픈 가운데에서도 『사해俟解』를 썼다. 1685년(67세) 봄에 『장자정몽주張子正蒙注』 9권을 썼으며, 8월에 『초사통석楚辭通釋』 14권을 썼고, 9월에 『주역내전周易內傳』 12권과 『주역내전발례周易內傳發例』 1권을 지었다. 1686년(68세) 봄에 만형이 죽었다. 1687년(69세)에 『독통감론讀通鑑論』을 찬하기 시작했고, 1688년(70세)에 『칠십자정고七十自定稿』를 편성했다. 1691년(73세)에 오랜 병에도 불구하고 『독통감론』 30권과 『송론宋論』 15권의 집필을 완성했다. 1692년(74세) 1월 2일(음력)에 '상서초당'에서 사망했다.

왕부지는 이와 같이 74년 동안 격동하는 역사의 한가운데 살면서 실질적인 문제 의식을 가지고 치열하게 논구했다. 비록 삶의 노정에 적지 않은 어려움이 있었지만, 그러한 상황에 자신을 복속시키지 않고, 꿋꿋하면서도 꾸준하게 연구에 전념하여 방대하면서도 수준 높은 저서(약 100여 종 398권이며, 글자는 약 800여 만자. 그런데 그 중 약 20여 종은 유실되었고, 현재에 전해지는 것은 74종 373권)를 집필했다.

Ⅲ. 왕부지의 『대학』 해제

왕부지의 『대학』은 10권으로 되어 있는『독사서대전설』가운데 첫째 권에 해당하는 것으로, 그가 왕성하게 저술할 무렵인 47세(1665년)에 완성한 것이다. 그는 이 저작에서 정주程朱학과 육왕陸王학의 문제점을 분석하고 비판하면서 자신의 학설을 세워 나갔다. 또한 그는 이 책을 저술하면서 당시에 상당 부분 확대된 백화문白話文을 자주 사용함으로써, 이 책을 읽는 사람에게 고대의 한문과 현대의 중국어를 아울러 섭렵할 수 있게 해 주었다.

왕부지가 『대학』 원전을 분석한 방법은, 주희를 비롯한 선유先儒들에게서 드러난 이론의 문제점에 대해 치밀하게 논구하면서 자신의 견해를 피력하는 방식이다. 이 책에서 왕부지는 육상산과 왕양명의 논리를 불교와 관련시키면서 비실제적인 사상으로 평가한다. 그리고 소주小註에 나오는 많은 학자들의 이론에 대해서도 엄밀하게 분석한다. 뿐만 아니라 그는 비록 소주에 기재되어 있지 않지만, 다른 고전에 실려 있는 많은 사람들의 방대한 이론을 분석함으로써 자신의 이론 틀을 세워 나갔다.

그는 정호(명도)·정이(이천) 형제와 주희의 이론에 대해 적지 않은 부분에서 긍정적으로 평가한다. 그러나 문제점이 있는 것으로 판단되는 곳에서는 날카롭게 비판한다. 특히 그는 주희의 이론에 대해 긍정하는 부분과 비판하는 부분을 명확하게 설정한다. 대체

적으로 그는 다른 사람들의 이론을 비판하는 과정에서 주희의
이론으로 방패를 삼는다. 그러면서도 그는 주희 이론의 문제점에
대해 직접 비판의 화살을 당긴다.

왕부지는 이 책에서 많은 사람의 이론을 비판했는데, 우리는
다른 사람들의 이론을 비판하는 과정에서 그의 감정적인 대응을
찾아볼 수 없었다. 그는 철저하게 이성적으로 자신의 논리를 세
워 나갔던 것이다. 특히 그는 이론을 엄밀함으로 이끄는 밑바탕
에 허구적인 관념의 세계가 아닌, 구체적이고 실제적인 삶을 배
경으로 하고 있다.

『대학』의 핵심 내용에 대해 학자들마다 편차는 있겠지만, 대
부분의 학자들은 '삼강령(明明德·親民·止於至善)'과 '팔조목(格物·致知·
誠意·正心·修身·齊家·治國·平天下)'을 중요하게 취급한다. 왕부지 역시
이 부분을 중요하게 생각한다.

왕부지는 먼저 『대학』의 저술 배경에 대해 언급한다. '대학의
도'는 애초부터 어지러운 시대의 군사君師를 대상으로 말한 것이
아니라는 것이다. 저술 배경의 하나는 "백성이 어린이부터 어른
까지 덕의 교화를 받들지 않고, 아예 더러운 곳으로 흘러 들어갔
기" 때문이고, 다른 하나는 "사람이 선을 행하면 반드시 날마다
선함으로 옮겨가야 하는데, 우연히 한 가지 선한 일을 하고 스스
로 선한 사람이라고 믿는다면 그 나머지가 모두 악일뿐만 아니
라, 이 한 가지 선도 이미 그것을 믿고서 교만하고 업신여기게

되기” 때문에, “날마다 새롭게 하라(日新)”는 의미에서 지은 것이라고 설명한다. 즉 그는 『대학』 한 권은 옛날에 대학에서 사람을 가르치던 것으로 처음부터 끝까지 조리가 일관되어 있는 귀중한 책이지, 공자가 짓고 조목을 세워 배우는 사람들에게 요구한 것은 아니라는 관점이다.

그리고 그는 지선至善의 경지에 도달해야 비로소 목적지에 도달한 것인데, 이미 지선의 경지에 도달했다면 물러서지 말아야 한다고 주장한다. 그는 명덕明德을 밝히기 위해 사욕을 제거한다면서 결혼과 벼슬을 하지 않는 행위와, 인仁을 실천한다면서 우물에 뛰어들어 사람을 구하는 일과, 의義를 세운다면서 재상이 급료를 받지 않는 행위 등에 대해 지나친 것으로 평가한다. 이어 그는 대상을 파악하고, 앎을 완성하고, 뜻을 정성스럽게 하고, 마음을 바르게 하는 것으로 명덕을 밝혀야 비로소 지나침도 없고 모자람도 없을 것이라고 한다.

주희는 “정함(定), 고요함(靜), 편안함(安), 생각함(慮), 얻음(得) 등은 공효功效의 순서이지, 공부工夫의 절목節目이 아니다”고 말한다. 이에 대해, 왕부지는 “공효라는 것은 단지 공부할 때 얻은 것을 스스로 깨닫는 효과”이기 때문에 “공부라고 말해서는 안 된다”는 관점이다. 왕부지는 이 다섯 가지의 효과가 단계에 따라 머물러 공功을 드러내는 것이 아니라, ‘머무를 줄을 아는 것(知止)’으로부터 ‘얻을 수 있는 것(能得)’까지 긴밀하게 연결되어 있는 것으로 본다. 즉 이 다섯 가지는 배움과 더불어 서로 처음과 끝이 되기도 하고, 하나를 알면 다른 것도 반드시 파악할 수 있으니, '천하를 평화롭게 하는 것(平天下)'까지도 그렇다는 관점이다.

다시 말해 왕부지는 '대상을 파악하는 것'으로부터 '명덕'을 천하에 밝히는 것까지, 그리고 '명덕'을 천하에 밝히려고 뜻을 세우기 시작한 것으로부터 천하를 평화롭게 하는 데까지 이 다섯 가지가 드러나기 때문에, '머무를 줄을 아는 것(知止)'과 '밝은 덕(明德)'과 '백성을 새롭게 하는 것(新民)'의 '온전한 본체와 큰 작용(全體大用)'이 반드시 여기에 이르러 머무를 줄 알아야 하는 것으로 보았다.

또 주희는 "마음을 바르게 한다(正心)"에서 "마음(心)은 몸의 주인이 된다"고 말한다. 왕부지는 그 말이 잘못된 것은 아니지만, 주희가 이와 관련된 다른 개념에 대해 엄밀하게 설명하지 않았기 때문에, 실질적인 내용이 없는 것으로 평가한다. 왕부지는 마음(心)을 몸(身)과 뜻(意)을 이어주는 매개 고리로 본다. 그는 뜻(意)은 간혹 느끼는 대상이 없어도 생기지만(눈앞에 아름다운 이성이 없는데도 이성을 생각하는 것), 마음은 느끼는 대상이 없으면 드러나지 않는 것(어린 아기가 우물에 들어가는 것을 보지 않으면 보존된 측은지심(惻隱之心)도 발동하지 않음)으로 본다.

그는 주희와 같은 방법으로 공부할 경우, 배움이 낮은 사람은 뜻(意)을 마음으로 생각하고, 배움이 높은 사람은 "마음은 성(性)과 정(情)을 통괄하고 있다"는 식으로 말하게 되어, 실질적인 공부가 이루어질 수 없다고 한다. 그는 마음을 보고 듣고 말하고 움직이는 주체로 삼는다면 이미 마음이 발하여서 대상과 서로 감응하게 되니, 그것은 '뜻(意)'이기 때문에 정성스럽게 행해야 할 일이지, 바르게 하는 공부로 삼을 수 있는 것이 아니라고 했다.

그는 "마음을 바르게 한다는 것은 바르지 않은 것을 바르게 한다는 것으로서, 바르지 않은 것이 바르게 되어야 비로소 공부가 된다"고 말했다. 따라서 장재가 말한 '심통성정心統性情'의 단계는 성정性情을 포함하고 있는 근원을 가지고 말한 것이기 때문에, 처음부터 바른 마음이어서 바르게 할 필요가 없다는 것이다. 즉 주희는 장재의 심통성정心統性情 이론을 성정性情에 대한 마음(心)의 주재主宰로 해석했다. 이는 성性을 마음(心)의 미동未動 상태로 여김과 아울러 정情을 마음의 이동已動 상태로 여기는 것으로, 사단四端을 정情으로 해석하는 입장이다.

왕부지는 장재의 심통성정心統性情 이론은 성정性情을 서로 포함하고 있는 마음의 상태를 말한 것이지 마음(心)이라는 글자를 해석한 것이 아니라고 지적한다. 그는 심통성정心統性情에서의 통統은 주재主宰의 의미가 아니라 '겸兼'의 의미이고, 사단四端은 정情이 아니라 성性이며, 희로애락喜怒哀樂이 정情이라고 하여, 사단四端과 칠정七情을 구별하면서 주희와 다른 관점을 드러냈다.

왕부지는 심통성정心統性情에서의 통統자가 겸兼의 의미가 아니라 '통統'의 의미라면, 성정性情에 선후先後가 있게 되어 서로 병립할 수 없게 된다고 했다. 그는 도심道心이 인심人心을 떠나 별도로 출현할 수 없다고 지적한다. 이 문제에 대한 주희와 왕부지의 서로

다른 견해는 불선不善의 근원을 기氣의 영역으로 설정하는 정주학
程朱學과 정情의 치우침으로 여기는 선산학船山學 간의 이론 차이이
다.

　주희는 "대상을 파악하고 앎을 완성하는 것은 단지 한 가지
일이지, 오늘 대상을 파악하고 내일 앎을 완성하는 것이 아니다"
고 말했다. 이에 대해 왕부지는 "이것은 두 조목에 대해서 큰 도
리를 말한 것이지, 앎을 완성하는 것과 대상을 파악하는 것이 섞
이어 마침내 하나가 되는 것은 아니다"고 말한다. "종합해서 말
하자면 대상을 파악하는 데에서 천하를 평화롭게 하는 데 이르
기까지 모두 한 가지 일일 뿐"이지만, "나누어서 말하자면 대상
을 파악하여 완성된 것이 바로 대상이 파악된 것(物格)이고, '대상
이 파악된 이후에 앎이 지극해지는 것(知至)'"이라고 말하면서, 인
식의 과정에 대한 세밀한 분석의 중요성을 지적한다. 즉 그는 인
식의 과정에 대해 묶어서 하나로 말할 경우, 단계의 엄밀함이 모
호해지므로 대상의 이치를 탐구하기만 하면 앎이 저절로 완성될
것으로 잘못 생각하게 될 수 있다고 말한다. 이렇게 될 경우 결
국 '완성한다(致)'는 한 부분의 공부를 사장시키는 오류를 범할
것이라고 그는 주장한다.

　왕부지는 또한 선유들이 '팔조목'에 대해, '앎을 완성하는 것'
과 '대상을 파악하는 것'을 '인식(知)'의 영역에 포함시키고, '뜻
을 정성스럽게 하는 것' 이하를 '실천(行)'의 영역에 포함시키는
오류를 범하였다고 비판한다. 그는 선유들의 주장에 대해 크게

나눈다면 그럴 수 있지만, 한 항목씩 차례로 공부를 한다면 '앎을 완성하는 것'과 '대상을 파악하는 것'에도 '실천'이 있고, '뜻을 정성스럽게 하는 것' 이하에서 '천하를 평화롭게 하는 것'에 이르는 부분에도 '인식'이 있다고 했다.

이러한 지적은 왕부지의 인식론 가운데 중요한 부분이다. 중국 철학사에서 인식과 실천의 관계 문제는『춘추좌전春秋左傳』「소공십년昭公十年」과 『상서商書』「열명중說明中」에서 '난이難易' 문제로 시작되었는데, 이후 '선후先後', '경중輕重' 문제 등이 첨가되면서 철학의 중요한 영역으로 자리잡았다. 왕부지는 이 부분에서 인식의 선후 문제에 대한 자신의 관점을 피력했다. 대부분의 선유들이 주로 '지선행후知先行後'의 관점임에 비해, 왕부지는 '행선지후行先知後'의 관점을 토대로 '인식과 실천이 통일'되어 있는 것으로 본다.

또한 그는『대학』을 해석하면서 인식의 한계와 가능성에 대해서도 자신의 관점을 피력했다. 그는 세계의 대상은 끝이 없기 때문에 인간이 그것을 파악하는 데에 한계가 있음을 인정한다. 그러면서도 그는 인간의 인식 가능성에 대해서는 제약을 받지 않는다는 관점을 피력함으로써, 인식 불가능성의 이론을 수용하지 않고, 인식 가능성의 이론을 채택했다.

왕부지는 전傳의 "스스로 속이지 말라(毋自欺)"와 "스스로 만족한다(自謙)"는 내용에 대해서도 '팔조목'의 '성의'·'정심' 부분과 관련시켜 자세하게 분석하고 있다. 이 부분에서 그는 '자自'를

'뜻(意)'으로 보는 선유들의 이론에 반대하면서, '마음(心)' 즉 "자기 몸을 닦고자 하는 사람이 바르게 하는 마음"으로 풀이한다. 그는 원문의 "속에서 정성스러우면 밖으로 드러난다"와 "마음이 넓어지고 몸이 펴진다"는 내용에 대해, 이것은 모두 "뜻(意)이 몸과 마음(心)의 관건임을 밝히기 위한 것이지, 속임을 경계하고 만족함을 구하는 것으로 뜻(意)을 정성스럽게 하는 실질적인 공부로 삼으려는 것이 아니다"라고 지적한다. 가령 속임을 경계하고 만족함을 구하는 경우, "여기에 의지하여 마음을 바르게 하는 것이지, 그 뜻(意)을 정성스럽게 하는 것이 아니다"라고 말하면서, 바로 장후의 말미에 있는 "그러므로 군자는 반드시 그 뜻(意)을 정성스럽게 한다"는 글을 인용하여 자신의 관점을 강화시켰다.

왕부지는 『대학』 공부의 순서로 "마음을 바르게 하고자 하는 사람은 먼저 그 뜻(意)을 정성스럽게 해야 한다"는 내용에 대해서도, 이것을 '선후' 문제로 인식하면 안 된다는 관점이다. 그는 '성냄'·'두려워함'·'즐거워함'·'근심함'은 몸과 마음의 교차점에 거居하는 것이므로 '뜻(意)'으로 보아야 한다는 관점이다. 그는 마음(心)과 뜻(意)이 서로 인因·용用·공功·효效가 되기 때문에, 정성스러움(誠)으로 말미암아 바르게 되기도 하고, 닦이기도 하는 것이라고 말할 수는 있지만, 뜻(意)—마음—몸의 순서로 작용하는 것은 아니라는 관점이다. 나아가 마음이 몸에 대해 공功이 되고 과過가 되는 것은 반드시 뜻(意)이 전해주는 것이라고 그는 강조한다. 따라서 그는 '마음을 바르게 하는 것(正心)'이란, 과거를 잊지 않고 미래를 예측하며 당면한 것을 조금이라도 놓아버리거나 지나치지 않을 수 있는 것이기 때문에, 비록 성냄·두려워함·즐거워함·근심함이 있더라도 주체성이 있으므로 어지러울 수 없다는 관점이다.

몸을 닦는 것(修身)에 대해서도 그는 말과 행위와 동작을 닦아 편벽됨이 없도록 하는 것이라고 정의를 내리면서, 마음(心)과 뜻(意)과 앎(知)의 작용이 몸을 닦는 근본이라고 말한다.

왕부지는 집안을 가지런히 하는 것(齊家)에 대해서도, 집안을 가지런히 한 후에 나라를 다스릴 수 있는 것이 아니라, 집안을 가르치는 것이 나라를 가르치는 것의 근본이며, 효도와 공경과 자애는 임금을 섬기고 어른을 섬기며 백성을 부리는 근본이므로, 집안에서 효도와 공경과 자애를 가르치듯 나라에서도 효도와 공경과 자애를 가르쳐야 한다고 했다.

또한 왕부지는 집안을 가지런히 하는 것은 '가르침'에 의존하는 것이지만, 나라가 바로 되기 위해서는 반드시 '법도'에 의지하여 '헤아리는 도(絜矩之道)'를 세워야 한다는 관점을 피력함으로써, 구체적인 역사에서 일의 규모와 상황에 따른 적절한 방법의 중요성을 역설했다. 즉 그는 구체적인 역사에서 백성들이 좋아하거나 싫어하는 것을 법도로 삼아 '헤아리는 도'를 생산적으로 적용시킬 때, 천하가 평화로울 수 있을 것으로 생각했던 것이다.

왕부지가 『대학』에서 주장하는 핵심적인 내용은 바로 성리학에서 주장하는 것과 같은 '리일분수理一分殊' 사상이라고 할 수 있다. 그러나 이 사상을 실현하는 구체적인 방법에서 왕부지의 사상은 성리학이나 양명학과 구별된다. 그는 이 책의 곳곳에서 선유들의 글에 대해 문제가 되는 것으로 판단되는 곳이라면 주저 없이 자신의 논리로 비판한다. 그는 육왕학陸王學의 기본 논지에 대해 근본적으로 동의하지 않는다. 정주학程朱學에 대해서는 기본 전제를 같이 하면서도, 내용을 구체적으로 실현하는 과정에서 차이를 드러낸다. 특히『대학』의 핵심 사상 중의 하나라고 할 수 있는 '명덕明德'에 대한 해석에서 주희의 해석과 차이를 드러내면서 그의 독창적인 사상의 단면을 보여주고 있다.

그는 주희가 '명덕'에 대해『장구』와『혹문』에서 "먼저 덕을 삼간다"와 "덕은 이른바 밝은 덕이다"고 하고, 이어 "사람이 하늘에서 얻은 것으로, 텅 비고 신령스러우며 어둡지 않아(虛靈不昧) 뭇 이치를 갖추어 모든 일에 응하는 것"이라고 해석한 것에 대해 잘못된 해석이라고 지적한다. 왕부지는『예기禮記』에 나오는 '홀로 있을 때에 삼가는 것(愼獨)'과 관련시키면서, "홀로(獨)라는 것은 뜻이 나타나기 이전의 기미, 선악이 아직 결정되지 않은 상태이다. 만약 텅 비고 신령스러우며 어둡지 않은 본체가 나에게 존재하고 있다면 선만 있고 악은 없으며, 얻음만 있고 잃음이 없는데, 어찌 그 선하지 않은 것을 골라냄으로써 그 선을 오로지 보존하고자 하겠는가? 이로써 명덕에 대해서는 밝힌다고 말할 수 있지 삼간다고 말할 수 없다는 것을 알 수 있다"고 했다.

그는 또한 "혹 주자의 의도가 명덕을 밝히는 것을 명덕이라고 부르는 것이라면, 그것이 아직 밝지 않을 때는 밝다고 말할 수 없으며, 그것이 이미 밝아진 후에는 또한 삼갈 필요가 없으니, 어찌 군자가 그 덕을 먼저 삼가 밝힌다고 말할 수 있겠는가? 게다가 덕을 밝히는 공부는 대상을 파악하고 앎을 완성하고 뜻을 정성스럽게 하고 마음을 바르게 하는 것일 뿐이다. 전傳이 다만 뜻을 정성스럽게 하는 데에서 삼감을 말한 것은 뜻이 일과 관련하여 존재하며, 뜻으로 일에 임한다면 또한 마음으로 뜻에 임하는 것이기 때문이다. 마음은 삼간다고 말할 수 없다. 그러므로 뜻은 성찰하는 것이고 마음은 오직 존양하는 것이다. 성찰하므로 삼가지 않을 수 없지만, 존양은 삼갈 필요가 없으니, 마음은 대상과 관련하지 않고도 악으로 가기 때문이다. 앎을 완성하고 대상을 파악하는 데 이르면 널리 배우고 자세하게 묻고 밝게 구별하는 것에 더해서 삼가 생각함이 그 중 하나를 차지하는데, 이를 보면 삼감이 파악하고 완성하는 공부를 모두 다 할 수 없는 것이 분명하다. 어찌 삼감이라는 한마디로 명덕에 대한 배움 전체를 다 표현할 수 있겠는가? 그러므로 덕을 명덕이라고 하는 것은 무시해도 좋다"라고 하고 있다.

왕부지는 '덕德'을 '행하여 마음에 얻는 것'으로, '삼감(愼)'을 올바름에서 삼가 편벽되지 않게 하는 것으로서 '좋아함이나 싫어함(好惡)'으로 정의한다. 군자는 안으로 뜻(意)을 엄하게 하고, 밖으로 몸을 닦으면서 자기 자신을 벗어나 백성에게 나아가기 때문에, "군자는 먼저 덕에 삼간다"라고 말한다는 것이다.

따라서 그는 『대학』의 핵심 사상인 '삼강령'과 '팔조목'에 대해, 그것을 '격물'·'치지'·'성의'·'정심'을 토대로 한 '수신'과 '수신'·'제가'·'치국'을 토대로 한 '평천하'를 실현하는 과정으로 설정하고, 명덕을 근본으로 하면서 명덕과 백성을 새롭게 하는 것(新民)의 두 축을 올바로 자리매김하는 것이 중요하다고 했다.

이러한 파악은 어떤 문제에 대해 생동감 있으면서도 깊이 있게 논구함으로써, 유학의 기본 정신이라고 할 수 있는 '현실 중시' 사상을 생생하게 회복시킨 것으로 평가할 수 있다. 뿐만 아니라 왕부지가 풀이한 『대학』은 유교 경전사를 통해 대단히 의미 있는 저작임과 동시에 철학적인 내용에서도 중국 전통 철학의 인식 수준을 한 단계 높인 철학서라고 할 수 있다.

서울의 한 자락에서
이철승 씀

大學

王夫之의 讀四書大全說에서

일러두기

1. 이 책은 왕부지王夫之, 『독사서대전설讀四書大全說』(臺北:河洛圖書出版社, 1973)의 『대
   학大學』 부분을 완역한 것이다.
2. 문장 부호는 대체로 위의 판본을 따랐으나, 해석에 따라서는 달리하기도 했다.
   원문 뒤의 일련번호는 편의를 위해 역자들이 임의로 붙인 것이다.
3. 저자가 『사서대전四書大全』의 편찬 순서를 따르고 있으므로, 해당 부분의 『사서
   대전』의 소주小註에 나오는 내용에 대해서는 꼭 필요하다고 생각되는 것을 제외
   하고는 따로 주를 달지 않았다. 편찬 순서가 동일한 주자朱子의 『대학혹문大學或
   問』에 대해서도 마찬가지이다. 주에서는 한문을 바로 드러내어 썼다.
4. 왕부지의 문체가 워낙 어렵고, 책에서 다루고 있는 내용도 쉽지 않다. 그래서
   뜻풀이는 부연 설명보다는 내용 이해를 돕는 데 중점을 두고 썼다. 따라서 번역
   만 읽어도 내용 파악에 문제가 없는 경우, 뜻풀이를 읽지 않아도 될 것이다.

대학서大學序

凡「仁義禮智」兼說處,[1] 言性之四德. 知字,[2] 大端在是非上說   人有人之是非, 事有事之是非, 而人與事之是非, 心裏直下分明, 只此是智. 胡雲峰據朱子解「致知」知字:「心之神明, 所以妙衆理·宰萬物」釋此智者,[3] 大妄. 知字帶用說, 到才上方有; 此智字則是性體.「妙衆理, 宰萬物」, 在性體卻是義·禮上發底朱子釋義曰「心之制, 事之宜」, 豈非以「宰萬物」者乎? 釋禮曰「天理之節文」, 豈非以「妙衆理」者乎? |1-1|

[1] 蓋自天降生民, 則旣莫不與之以仁義禮智之性矣. 왕부지가 말하는 「大學序」는 주자의 「大學章句序」이다.

[2] 知其性之所有而全之也(「章句序」).

[3] 胡雲峰은 智를 "마음의 신명이 뭇 이치를 묘합하여 만물을 주재하는 것이다(心之神明所以妙衆理而宰萬物者也)"라고 해석했다.

일반적으로 인의예지를 겸하여 말한 곳은 성性의 네 가지 덕을 말한 것이다. 앎(知)은 대체로 옳음과 그름에 대해 말하는 것이다. 사람에게는 사람의 옳음과 그름이 있고 일에는 일의 옳음과 그름이 있는데, 사람과 일의 옳음과 그름을 마음속에서 곧바로 분명하게 하는 것은 다만 이 지智이다. 호운봉은 주자가 '앎을 완성한다(致知)'고 할 때의 앎을 "마음의 신명이 뭇 이치를 묘합하여 만물을 주재한다"라고 해석한 것에 근거하여 이 지智라는 글자를 해석했는데, 크게 잘못되었다. 앎은 작용을 가지고 말한 것이기 때문에 재질이 있으면 곧 앎이 있게 되지만, 이 지智는 성의 본체이다. "뭇 이치를 묘합하여 만물을 주재하는 것"은, 성의 본체인 의와 예에 대해서 말한 것이다. 주자가 의를 해석하여 "마음을 가다듬고 일을 마땅하게 하는 것"이라고 했는데, 그것은 "만물을 주재하는 것"이 아니겠는가? 또 예를 해석하여 "천리를 본받아 행동을 세세하게 규정한 것"이라 했는데, 그것은 "뭇 이치를 묘합한 것"이 아니겠는가?

| 뜻풀이 |

인의예지라고 우리가 붙여서 말할 때, 그것은 성의 네 덕, 즉 성이 본래 갖고 있는 능력을 지칭한다고 볼 수 있다. 왕부지는 여기에서 앎(知)과 지智는 구분해서 써야 한다고 주장한다. 지智가 성이 본래 갖고 있는 능력을 지칭한다면, 앎은 성의 작용을 지칭한다는 것이다. 둘 다 시비를 말할 때 쓰는 말이지만, 지는 시비를 마음속에서 곧바로 알아차리는 능력을 지칭하고, 앎은 지의 능력이 마음 밖으로 드러나 시비를 가리는 작용을 하는 것을 지칭한다는 것이다. 그러므로 왕부지는 "마음의 신명함으로 뭇 이치를 묘합하고 만물을 주재한다"는 것으로 지를 해석한 호운봉의 해석이 틀렸다고 한다. 그것은 어디까지나 성의 본체로서의 의와 예를 설명한 것일 뿐이라는 말이다.

沈氏之說,¹⁾ 特爲精當. 云「涵」云「具」, 分明是個性體. 其云「天理動靜之機」, 方靜則有是而無非, 方動則是非現, 則「動靜之機」, 卽「是非之鑑」也. 惟其有是無非, 故非者可現; 若原有非, 則是非無所折衷²⁾矣. 非不對是, 非者非是也. 如人本無病, 故知其或病或愈. 若人本當有病, 則方病時亦其恒也, 不名爲病矣. |1-2|

1) 智者, 涵天理動靜之機, 具人事是非之鑑(小註).
2) 한 편에 편벽되지 않고 알맞은 것을 취하는 것.

심씨의 말은 매우 정밀하고 타당하다. '머금고 있다', '갖추고 있다'고 말한 것은 분명히 성性의 본체이다. "천리가 움직이거나 고요한 기틀"이라고 말한 것은, 고요하면 옳음만 있고 그름이 없다가 움직이면 옳음과 그름이 드러난다는 것이니, '움직이거나 고요한 기틀'은 '옳음과 그름의 거울'이다. 오직 옳음만 있고 그름이 없으므로 그름이 나타날 수 있다. 만약 원래부터 그름이 있다면 옳음과 그름은 절충될 수 없다. 그름은 옳음의 짝이 되는 것이 아니라, 옳음이 아닌 것이다. 마치 사람에게 본래 병이 없으므로 혹 병들거나 치유됨을 아는 것과 같다. 만약 사람에게 본래부터 병이 있는 것이 당연하다면, 병이 났을 때에도 본래의 상태와 다름이 없기 때문에 병이 났다고 할 수 없을 것이다.

옳음만 있고 그름이 없기 때문에 그름이 드러날 수 있다는 왕부지의 말이 의미심장하다. 사람에게 본래 병이 없기 때문에 병이 났을 때 병이 난 줄 알 수 있다는 말도 그렇다. 옳음과 그름이 어떻게 한 마음에 같이 있을 수 있겠는가! 마음이 작용할 때 옳음과 그름으로 드러날 수 있는 것이다. 옳음과 그름은 언뜻 보이는 것처럼 대립적으로 있는 것이 아니다. 그름이란 옳음이 아닐 뿐이다. 선과 악도 마찬가지이다. 악은 선과 짝하여 있는 것이 아니고 다만 선하지 않은 것을 지칭할 뿐이다. 다시 말해서 악은 선의 결여태일 뿐이다.

先王以樂敎人, 固如朱子說, 以調易人性情. 抑樂之爲道, 其精微者旣徹乎形而下之器, 其度數聲名亦皆以載夫形而上之道; 如律度量衡, 皆自黃鐘生之類是也. 解會及此, 則天下之理亦思過半矣. 若專以「急不得. 緩不得」借爲調心之法, 將與釋氏參沒意味話頭相似, 非聖敎也. |2-1|

　선왕이 음악으로 사람을 가르쳤다는 것은 주자의 설과 같이 음률을 가지고 사람의 성정을 바꾸었다는 것이다. 음악이라는 것은 그 정미한 것이 형이하의 기器에 통하며, 그 음 사이의 간격과 소리의 이름이 또한 모두 저 형이상의 도를 담고 있으니, 예를 들면 율려律呂와 도량형이 모두 황종黃鐘으로부터 생겨 나왔다는 것과 같다. 이것을 이해하면 천하의 이치를 거의 알 수 있을 것이다. 만약 오로지 "급하게 하지도 않고, 천천히 하지도 않는다"는 말을 빌어서 마음을 조절하는 법으로 삼는다면, 불교의 의미 없는 화두를 탐구하는 것과 같을 것이니, 성인의 가르침이 아니다.

형이상의 세계와 형이하의 세계는 전혀 별개의 두 세계가 아니라, 서로 긴밀하게 연결되어 있다. 그것들은 동일한 세계를 파악하기 위한 인간의 인식 작용에 의해서 두 세계로 나뉠 뿐이다. '나눔'이 없이 인식은 불가능하기 때문이다. 그리고 세계는 일정한 기준에 의해 구성되어 있다. 도량형이 모두 황종으로부터 나온 것과 같이. 이 때문에 왕부지는 항상 "이치는 하나인데 나누어짐에 따라 다르다(理一分殊)"고 강조한다. 다르지만 하나에서 나온 것이고, 하나에서 나왔지만 각각 다르므로, 모든 것을 하나로 환원시켜버리거나 다른 것만 보고 그것을 꿰뚫고 있는 하나의 이치를 파악하지 못하면 세계를 바로 볼 수 없다는 것이다. 이것이 바로 성인의 가르침이다. 그러므로 왕부지는 모든 것을 마음으로 귀일시키는 불교는 성인의 가르침과는 확연히 다르다고 강조한다.

「書」有識字・寫字兩件工夫.　識字便須知六書[1]之旨,
寫字卻須端妍合法.　合法者,　如今人不寫省字之類.
注疏家專以六書言, 卻遺下了一半. |3-1|

1) 한자의 자형과 자음 및 의미를 이루는 여섯 가지 원리. 즉, 象形・指事・
會意・形聲・轉注・假借를 말함.

글 공부에는 글자를 아는 것과 글자를 쓰는 것, 두 가지가 있
다. 글자를 알기 위해서는, 반드시 육서六書의 의미를 알아야 하
고, 글자를 쓰기 위해서는 반드시 바르고 예쁘면서도 서법에 맞
아야 한다. 서법에 맞는다는 것은, 오늘날 사람들이 생략된 글자를 쓰지 않는
것과 같은 종류이다. 주석하는 사람들이 오로지 육서만을 말하였기
때문에 도리어 반쪽만 남게 되었다.

| 뜻풀이 |

옛 학인들은 글을 읽고 쓰는 것 못지않게 '글씨'를 쓰는 것도 중요하
게 생각했다. '글씨'를 통해서도 인격이 드러난다고 보았기 때문이다.
글씨는 공자 때만 하더라도 학문의 중요한 한 분야였다. 즉, 육예六藝
(禮・樂・射・御・書・數)의 한 가지였던 것이다.

성경聖經

大學之道, 在明明德, 在新民, 在止於至善. 知止而后有定, 定而后能靜, 靜而后能安, 安而后能慮, 慮而后能得. 物有本末, 事有終始, 知所先後, 則近道矣. 古之欲明明德於天下者, 先治其國, 欲治其國者, 先齊其家, 欲齊其家者, 先脩其身, 欲脩其身者, 先正其心, 欲正其心者, 先誠其意, 欲誠其意者, 先致其知, 致知在格物. 物格而后知至, 知至而后意誠, 意誠而后心正, 心正而后身脩, 身脩而后家齊, 家齊而后國治, 國治而后天下平. 自天子以至於庶人, 壹是皆以脩身爲本. 其本亂而末治者否矣, 其所厚者薄而其所薄者厚, 未之有也.

대학의 도는 명덕明德을 밝히는 데 있고, 백성을 새롭게 하는 데 있으며, 지극한 선에 머무는 데에 있다. 머무를 데를 안 후에 정해짐이 있고, 정해짐이 있은 후에 고요할 수 있고, 고요한 후에 편안할 수 있고, 편안해진 후에 생각할 수 있고, 생각한 후에 얻을 수 있다. 대상에는 근본과 말단이 있고, 일에는 끝과 시작이 있으니, 먼저 할 것과 나중에 할 것을 알면 도에 가깝다. 옛날에 명덕을 천하에 밝히려고 한 사람은 먼저 그 나라를 다스리고, 그 나라를 다스리려고 한 사람은 먼저 그 집안을 가지런히 하고, 그 집안을 가지런히 하려고 한 사람은 먼저 그 몸을 닦고, 그 몸을 닦으려고 한 사람은 먼저 그 마음을 바르게 하고, 그 마음을 바르게 하려고 한 사람은 먼저 그 뜻을 정성스럽게 하고, 그 뜻을 정성스럽게 하려고 한 사람은 먼저 그 앎을 완성했으니, 앎을 완성하는 것은 대상을 파악하는 데에 있다. 대상을 파악한 후에 앎이 완성되고, 앎이 완성된 후에 뜻이 정성스럽게 되고, 뜻이 정성스러워진 후에 마음이 바르게 되고, 마음이 바르게 된 후에 몸이 닦이고, 몸이 닦인 후에 집안이 가지런하게 되고, 집안이 가지런하게 된 후에 나라가 다스려지고, 나라가 다스려진 후에 천하가 평화롭게 된다. 천자로부터 서민에 이르기까지 한결같이 다 몸을 닦는 것을 근본으로 삼는다. 근본이 어지러운데도 말단이 다스려지는 경우는 없으며, 두텁게 해야 할 것을 엷게 하고, 엷게 해야 할 것을 두텁게 하는 경우는 있지 않다.

緣「德」上著一「明」字, 所以朱子直指爲心. 但此所
謂心, 包含極大, 託體最先, 與「正心」心字固別.
性是二氣五行妙合凝結以生底物事,　此則合得停
勻, 結得淸爽, 終留不失, 使人別於物之蒙昧者也.
德者有得之謂, 人得之以爲人也. 繇有此明德, 故
知有其可致而致之, 意有其不可欺而必誠焉, 心有
所取正以爲正, 而其所著, 發於四肢, 見於事業者,
則身脩以應家國天下矣. 明德唯人有之, 則已專屬
之人. 屬之人, 則不可復名爲性. 性者, 天人授受
之總名也. 故朱子直以爲心. 而以其所自得者則亦
性也, 故又擧張子「統性情」之言以明之. 乃旣以應
萬事, 則兼乎情, 上統性而不純乎性矣. |1-1|

‘덕’에 ‘명’자를 붙였으므로(明德) 주자는 바로 이것을 가리켜서
마음(心)이라고 했다. 그러나 이른바 이 ‘마음’은 범위가 매우 크
지만 가장 우선적으로 몸과 관련되므로, “마음을 바르게 한다(正
心)”고 할 때의 ‘마음’과는 본래 다르다. 성性이란 이기二氣와 오행
五行이 묘합하고 응결하여 생긴 것이니, 이것은 균등하게 합하고,
정결하게 맺어졌으며, 끝까지 머무름을 잃지 않아, 사람으로 하

여금 몽매한 동물과 구별되게 하는 것이다. 덕이란 얻음이 있다는 말인데, 사람이 그것을 얻어서 사람이 되는 것이다. 이 명덕이 있기 때문에 앎(知)에는 완성할 수 있는 것이 있어서 완성하고, 뜻(意)에는 속일 수 없는 것이 있어서 반드시 정성스러우며, 마음에는 바름을 취할 것이 있어서 바르게 되는데, 그 드러난 것이 사지四肢에 나타나고, 사업에서 드러나면 몸이 닦여서 집안과 나라와 천하에 응용될 것이다. 명덕은 오직 사람만이 가지고 있으므로 그것은 전적으로 사람에게 속한다. 사람에게 속했으므로 다시 성이라고 말해서는 안 된다. 성이란, 하늘과 인간이 주고받는 것을 통틀어 일컫는 이름이다. 그러므로 주자는 곧바로 마음으로 여겼다. 그리고 그 스스로 얻은 것 또한 성이라고 생각했으므로, 장재張載의 '마음이 성과 정을 통괄하고 있다'는 말을 들어 밝혔다. 이미 만사에 응했다면 정을 겸한 것이며, 위로 성을 통괄한다고 하더라도 성에 순수한 것은 아니다.

주자는 명덕을 바로 마음이라고 말했는데, 주자의 이 해석을 왕부지는 기본적으로 받아들이고 있다. 그러나 "마음을 바르게 한다"고 할 때의 마음과는 의미가 다르다는 것이 왕부지의 주장이다. 바르게 해야 하는 대상으로서의 마음이 아니라 바로 그것을 기준으로 해서 바르게 하는 마음이라는 것이다. 명덕이야말로 사람이 몽매한 동물들과는 다르다는 점을 보여준다. 사람이 명덕을 가지고 있어야 비로소 사람이라고 할 수 있다. 이 명덕을 가지고 있기 때문에 앎은 완성할 만한 것을 완성하고, 뜻은 속일 수 없는 것이 있어서 반드시 정성스럽고, 마음은 바름의 기준을 취하여 바르게 될 수 있다.

명덕은 사람만이 가지고 있으므로 성이라고 할 수 없다는 것이 왕부지의 주장이다. 왜냐하면 성이란 음양오행이 묘합하고 응결해서 이루어진 것인데, 그것은 자연이 사람에게 부여한 것을 통틀어 가리키는 이름이기 때문이다. 즉, 왕부지는 자연이 사람에게 부여한 마음을 갈고 닦아서 얻게 되는 그것을 명덕이라고 표현하고, 그것이 사람을 동물과 달리 사람답게 만들어주는 것이라고 보고 있다. 성이라는 측면에서만 보면 사람이나 동물이나 똑같이 자연으로부터 부여받는 것이기 때문이다.

性自不可拘蔽 儘人拘蔽他, 終奈他不何, 有時還迸露出來. 如乍見孺子入井等. 卽不迸露, 其理不失 旣不可拘蔽, 則亦不可加以明之之功. 心便扣定在一人身上 受拘之故 又會敷施翕受. 受蔽之故 所以氣稟得以拘之, 物欲得以蔽之, 而格·致·誠·正亦可施功以復其明矣 |1-2|

성性은 원래 구속하거나 가릴 수 없다. 사람이 그것을 구속하거나 가리더라도 끝내 어떻게 할 수 없어서, 때때로 노출되기도 한다. 예를 들면, 언뜻 어린 아기가 우물에 빠지려는 것을 보는 경우 등. 밖으로 노출되지 않더라도 그 이치를 잃지는 않는다. 구속하여 가릴 수 없으므로 또한 밝히려는 노력을 더할 수도 없다.

마음은 곧 한 사람의 몸 안에서 움직이거나 안정된다. 구속을 받기 때문이다. 또 펴서 베풀거나 합하여 받아들일 수 있다. 가림을 받기 때문이다. 따라서 기를 부여받은 것은 그것을 구속할 수 있고, 사물에 대한 욕심은 그것을 가릴 수 있으며, 이치를 파악하고 앎을 완성하고 뜻을 정성스럽게 하고 마음을 바르게 하는 노력을 베풀어 그 밝음을 회복할 수도 있다.

　사람의 본성은 얽매거나 가릴 수 없어서 어떤 형식으로든 드러나기 마련이라는 것이다. 맹자는 사람이 누구나 측은하게 여기는 마음을 갖고 있다는 예로 우물에 빠지려는 어린 아기를 보면 누구나 순간적으로 측은하게 여기게 된다고 했다. 바로 인한 본성이 측은한 감정으로 발로된 것이라고 할 수 있다. 그것은 인위적으로 어찌할 수 없는 것이다. 또 성은 밝히는 공부를 더할 수 있는 것도 아니다. 그러므로 명덕을 본성 그것이라고 볼 수도 없다. 『대학』에서 명덕을 밝힌다고 말하고 있기 때문이다. 마음도 얽매고 가릴 수도 있지만 격·치·성·정의 공부를 통해서 원래의 밝음을 회복할 수도 있다.

　결국 왕부지는 명덕이 본성이 아니고 마음이라는 것은 인정하지만, 주자처럼 만사에 응하는 마음이 아니고 최고의 상태로 밝은 마음이라고 말하고 있다. 그러나 그 마음은 항상 공부를 통해서 밝혀야만 하는 마음이다. 뒤에서 밝히지만 이 마음은 심지(志)이다.

朱子「心屬火」之說, 單擧一臟, 與肝脾肺腎分治者, 其亦泥矣. 此處說心, 則五臟五官, 四肢百骸, 一切「虛靈不昧」底都在裏面. 如手能持等. 「虛」者, 本未有私欲之謂也. 不可云如虛空. 「靈」者, 曲折洞達而咸善也. 『尚書』靈字, 只作善解, 孟子所言仁術, 此也, 不可作機警訓. 「不昧」有初終·表裏二義: 初之所得, 終不昧之; 於表有得, 裏亦不昧. 不可云常惺惺. 只此三義, 「明」字之旨已盡, 切不可以光訓「明」. |2-1|

주자의 "마음이 화火에 속한다"는 설(小註)은, 다만 한 장기臟器만을 들어 간장·비장·폐장·신장과 나누어 다루는 것으로서 역시 한 쪽에 치우친 것이다. 여기에서 말하는 마음은 오장五臟·오관五官·사지四肢·백해百骸와 일체의 '텅 비고 신령스러우며 어둡지 않은' 것을 모두 그 속에 포함하고 있다. 마치 손이 잡을 수 있는 것과 같은 것 등. '텅 비었다'는 것은 본래 사욕이 없음을 말한다. 허공과 같은 것이라고 말해서는 안 된다. '신령스럽다'는 것은 온갖 상황에까지 통달하여 모두 선이라는 것이다. 『상서』에서는 영靈자를 단지 선으로 해석했는데, 맹자가 말한 인술仁術이 이것이니 기민하다는 뜻으로 보아서는 안 된다. '어둡지 않다'는 것에는 처음과 끝, 겉과 속의 두 가지 뜻이 있으니, 처음에 얻은 것이 끝까지 어둡지 않으며 겉에서 얻은 것이 속까지 어둡지 않다는 것이다. 항상 깨어 있다고 해서는 안 된다. 단지 이 세 가지 뜻이면, '명明'이라는 글자의 뜻은 다 풀이된 것이니, 빛이라는 뜻으로 '명'을 해석해서는 절대 안 된다.

| 뜻풀이 |

왕부지는 마음을 우리 몸이 갖고 있는 모든 작용이라고 본다. 손이 잡을 수 있는 능력을 갖고 있는 것, 그것이 바로 마음이라는 것이다. 이는 오늘날에 사고 작용을 두뇌에만 연결시켜 생각하는 사고방식과는 다르다. 그러므로 왕부지의 견해대로라면 몸을 떠난 마음은 있을 수 없다. 또 몸과 마음이 분리될 수 있는 것은 아니지만 어디까지나 몸이 일차적인 것이다. 어떤 구체적인 사물을 떠난 기능을 생각할 수 없듯이 몸을 떠난 마음은 생각할 수 없기 때문이다.

왕부지가 '허'를 사욕이 없는 것으로, '령'을 모두 선한 것으로 풀이하는 것을 보면 그가 마음이라는 것을 매우 가치론적으로 파악하고 있음이 드러난다. 마음이 대상을 갖지 않고 텅 비어 있다든가 기민하다고 해석해서는 안 된다는 것이다. 또 어둡지 않다는 것도 처음에 얻은 것을 끝까지, 외부에서 얻은 것을 내부까지 동일하게 유지한다고 풀고 항상 깨어있다는 식으로 불교적으로 해석해서는 안 된다고 말하고 있다.

이렇게 왕부지식으로 본다면 사실 명덕은 밝은 덕이라기보다는 순수한 덕으로 풀어야 할 것이다.

孟子曰: 「日月有明, 容光必照焉.」[1] 明自明, 光自光. 如鏡明而無光, 火光而不明, 內景外景之別也. 「明德」只是體上明, 到「致知」知字上, 則漸繇體達用, 有光義矣. |2-2|

1)『孟子』「盡心上」.

맹자가 말하기를 "해와 달에 밝음이 있는데, 빛을 받아들일 수 있는 틈은 반드시 비춘다"고 했으니, 밝음은 밝음이고 빛은 빛이다. 거울은 밝으나 빛이 없고, 불은 빛이 있으나 밝음이 없는 것과 같은 것은, 안으로 밝음과 밖으로 밝음의 차이다. '명덕'은 단지 본체상의 밝음이니, '앎을 완성한다'고 할 때의 앎에 이르면 점차 본체로부터 작용에 도달하여 빛의 뜻을 갖게 된다.

| 뜻풀이 |

'명'은 내적인 밝음을, '광'은 외적인 밝음을 말한다. 왕부지는 이 둘을 구분하고 있다. 거울은 내적인 밝음을 갖고 있지만 밖으로 빛을 발하지는 않는다. 반면에 불은 밖으로 빛을 발하지만 그 내부 자체에 밝음을 갖고 있지는 않다. 그러므로 명덕은 내적인 밝음(순수함)을 갖고 있는 것이며, 그것이 앎을 완성한다고 할 때의 앎에 이르러 작용을 더하게 되어 대상을 밝게 해주는 빛의 의미를 갖게 된다고 한다. 즉, 명덕은 개인의 마음의 상태인데 그것이 앎을 완성하는 단계에 와서야 다른 대상에 영향을 미칠 수 있다는 것이다.

「舊染之汚」¹⁾有二義, 而暴君之風化・末世之習俗不與焉. 大學之道, 初不爲承亂之君師言也. 一則民自少至長, 不承德敎, 只索性流入汚下去. 一則人之爲善, 須是日遷, 若偶行一善, 自恃爲善人, 則不但其餘皆惡, 卽此一善, 已挾之而成驕陵. 故『傳』云「日新」, 云「作新」, 皆有更進・重新之意. |3-1|

1) 言旣自明其明德, 又當推以及人, 使之亦有以去其舊染之汚也

‘예전에 물든 더러움’에는 두 가지 뜻이 있는데, 폭군의 풍속과 말세의 습속은 그것에 포함되지 않는다. 『대학』의 도는 애초에 어지러운 시대의 군사君師를 대상으로 해서 말한 것이 아니다. 하나는, 백성이 어린이부터 어른까지 덕의 교화를 받들지 않고 아예 더러운 데로 흘러 들어갔기 때문이다. 또 하나는, 사람이 선을 행하면 반드시 날마다 선으로 옮겨가야 하는데, 우연히 한 가지 선을 행하고 스스로 선한 사람이라고 믿는다면, 그 나머지는 모두 악일뿐만 아니라, 이 한 가지 선도 이미 그것을 믿고서 교만하고 업신여기게 되기 때문이다. 그러므로 『전傳』에 이르기를 “날마다 새롭게 하라”하고, 또 “새롭게 만들라”고 하니, 모두 더욱 발전하고 거듭 새로워진다는 뜻이 있다.

　『대학』은 높은 수준의 학문을 이야기 하고 있으므로, '예전에 물든 더러움'이라고 말하더라도 그것은 정말로 나쁜 행동을 지칭하는 것이 아니다. 날마다 진보해야 하는데 그러지 못하고 정체하거나 퇴보하는 상태를 지칭하는 것이다. 사실 『예기』「예운禮運」에서 말하는 대동 세계를 이상으로 삼는다면, 개인이나 사회는 끊임없이 수양하고 정화하지 않으면 안 되므로, 대동 세계로 나아가는 것은 곧 영원한 과정이자 과업이 될 것이다.

1)『書經』「胤征」.
2) 新安陳氏曰, 書云舊染汚俗咸與維新, 章句本此以釋新民.

신안 진씨가 『서경』의 "옛날에 물든 더러운 풍속을 모두 새롭
게 한다"는 말을 인용하여, 이 말을 해석한 것은 지나치게 출처
에 얽매여 막혔다. 탕湯이 스스로 새긴 '날마다 새롭게 하라'는
구절이 어찌 걸桀의 더러운 풍속에 물들었기 때문이겠는가?
하물며 『서경』의 "모두 새롭게 한다"는 말은, 다만 이전의 일을
제거하고 다시는 구하지 않는다는 뜻인데, 이것과 무슨 상관이
있겠는가?

| 뜻풀이 |

『서경』의 구절에 대한 해석의 예를 들어 앞 단락에서 주장했던 자신
의 의견이 옳음을 입증하고 있다. '예전에 물든 더러움'을 이야기한 것
은 결국 과거를 돌아보라는 의미라기보다는 미래를 향해 매진하라는
의미라는 것이다.

「必至於是」[1]是未得求得,「不遷」是已得勿失.「止
於至善」須一氣讀下,歸重「至善」一「至」字.言必
到至善地位,方是歸宿,而旣到至善地位,不可退
轉也.朱子以「不能守」[2]反「不遷」,最爲明切.此
中原無太過,只有不及.『語錄』中作無太過不及
說,[3] 自不如『章句』之當.蓋旣云至善,則終無有
能過之者也. |4-1|

1) 止者, 必至於是而不遷之意(『章句』. 여기서부터 『章句』라고 표시하는
   것은 『大學章句』의 주자의 주를 말하는 것임).
2) 至此不能守, 亦不可謂止(小註).
3) 『朱子語類』卷第十六「大學三·傳三章釋止於至善」.

"반드시 여기에 이른다"는 것은 아직 얻지 못한 것을 얻으려고
하는 것이며, "옮기지 않는다"는 것은 이미 얻은 것을 잃지 않는
것이다. "지극한 선에 머문다"는 말은 반드시 단숨에 읽어 내려가
야 '지극한 선'의 '지극한'이라는 글자의 중요성을 알 수 있다. 말
하자면 반드시 지극한 선의 경지에 도달해야 비로소 목적지에 도
달할 수 있고, 이미 지극한 선의 경지에 도달했다면 물러서서는 안
된다. 주자는 '지킬 수 없는 것'을 '옮기지 않는 것'의 반대로 보았
는데, 가장 명확하고 적절하다. 이 중에는 원래 '너무 지나침'이 없

고 단지 '미치지 못함'만 있다. 『주자어류』에는 너무 지나치거나 미치지 못함이 없다는 설이 있는데,『장구』만큼 타당하지 않다. 이미 지극한 선이라고 말했으므로 끝내 그것을 지나칠 수 있는 경우는 없다.

| 뜻풀이 |

왕부지는 '지극한 선'에서 '지극한'이라는 말을 매우 중시하고 있다. 우리가 아무리 선을 추구하고 실천하더라도 그것이 지나친 것이라고는 할 수 없다는 것이 왕부지의 생각이다. 항상 모자랄 뿐이다. 공자도 『논어』에서 "배움이란 항상 미치지 못했다고 생각하고 계속 노력해야 한다"고 말했는데, 같은 의미라고 할 수 있다.

或疑明德固無太過之慮, 若新民, 安得不以過爲防? 假令要民爲善, 敎格過密, 立法過峻, 豈非太過? 然使但向事跡上論, 則明德亦將有之. 如去私欲而至於絶婚宦, 行仁而從井救人, 立義而爲宰辭粟, 亦似太過. 不知格物·致知·正心·誠意以明明德, 安得有太過? 「補傳」云「卽凡天下之物, 莫不因其已知之理而益窮之, 以求至乎其極」, 何等繁重! 「誠意傳」云「如惡惡臭, 如好好色」, 何等峻切! 而有能過是以爲功者乎? |4-2|

어떤 사람이 의심하여, "명덕은 본래 너무 지나칠 염려가 없지만, 백성을 새롭게 하는 것과 같은 경우는 지나침을 막아야 하지 않겠는가? 가령 백성을 선하게 하려고 해서, 가르치고 바로잡는 것을 지나치게 엄밀하게 하고 법을 세우기를 지나치게 준엄하게 한다면, 너무 지나친 것이 아닌가?"라고 말했다. 그러나 단지 실제적인 일만을 가지고 논해 본다면, 명덕 또한 너무 지나치는 경우가 있는 것처럼 보인다. 사욕을 제거한다면서 결혼과 벼슬을 끊는 데 이르고, 인仁을 실천한다면서 우물에 뛰어들어 사람을 구하며, 의義를 세운다면서 재상이 되어 급료를 사양한다면, 또한 너무 지나친 듯하다. 잘 모르겠으나, 대상을 파악하고 앎을 완성하며, 뜻을 정성스럽게 하고 마음을 바르게 하여 명덕을 밝힘에, 어찌 너무 지나침이 있겠는가? 「보전補傳」에 "천하의 대상에 나아가서 자기가 이미 알고 있는 이치를 근거로 삼아 더욱 그것을 파악하여 궁극에 이르기까지 구하지 않음이 없다"고 했으니, 얼마나 임무가 많고 무거운가! 「성의전誠意傳」에 "악취를 싫어하듯이 하며, 이성을 좋아하듯이 하라"고 말했으니, 얼마나 엄격한가! 그런데도 이것을 넘어서 공부할 수 있는 사람이 있겠는가?

| 뜻풀이 |

덕을 밝히는 일은 사람이 끊임없이 추구해야 하는 과제이다. 그것은 궁극적으로 "악취를 싫어하듯, 이성을 좋아하듯" 자연스럽게 되어야 하는 것인데, 결코 쉬운 목표가 아니다. 따라서 미치지 못할까를 걱정해야지, 지나칠까를 걱정할 필요가 없다.

新民者，以孝·弟·慈齊家而成敎於國，須令國人皆從而皆喩. 又如仁人於妨賢病國之人，乃至迸諸四夷，不與同中國，擧賢唯恐不先，退不善唯恐不遠，則亦鰓鰓然惟不及之爲憂. 安得遽防太過, 而早覓休止乎? 「如切如磋，如琢如磨」，是學問中精密之極致; 親賢樂利,[1] 須漸被於沒世後之君子小人而不窮. 奈何訓止爲歇息，而棄「至善」至字於不問耶? 『或問』云「非可以私意苟且而爲」，盡之矣. |4-3|

1)『大學』三章 :「君子賢其賢而親其親, 小人樂其樂而利其利」의 준말.

백성을 새롭게 한다는 것은 효도와 공경과 자애로 집안을 다스려 나라에 가르침이 이루어져서, 나라 사람들이 모두 따르고 깨우치도록 하는 것이다. 또 어진 사람이 '현명한 사람을 방해하고 나라를 병들게 하는 사람들'을 오랑캐 땅으로 물리쳐서 나라 안에서 함께 살지 못하도록 하는 것, 현명한 사람을 등용함에는 우선으로 하지 못할까를 염려하고, 착하지 못한 사람을 물리침에는 더 멀리하지 못할까를 염려하는 것, 이런 일들은 조심스럽게 미치지 못할까를 근심해야 하는 것이다. 어찌 '너무 지나침'을 막아 일찍부터 머무는 것만을 구할 수 있겠는가? "자른 듯, 민 듯 하며, 쪼은 듯, 간 듯하다"라는 말은 학문 가운데 정밀함의 극치이고, "군자는 그의 현명함을 현명하다고 여기고 그가 친한 이를 친하게 여기며, 소인은 그의 즐거움을 즐거워하고 그가 이롭게 여긴 것을 이롭게 여긴다"는 것은 반드시 점차 영원히 후세의 군자와 소인에게 영향을 미쳐 끝이 없도록 해야 한다. 어찌 '지止'라는 글자를 '그친다'고만 이해하여 '지극한 선'의 '지극한' 이라는 글자를 버리고 묻지 않는가? 『혹문』에 "사사로운 뜻으로 구차하게 할 수 있는 것이 아니다"라고 말했으니, 제대로 풀이했다.

| 뜻풀이 |

앞 단락에서는 덕을 밝히는 것에 대해서 말했는데, 왕부지는 이 단락에서는 백성을 새롭게 하는 일도 마찬가지로 미치지 못할까를 걱정해야지 너무 지나칠까 걱정할 필요는 전혀 없다고 역설하고 있다. 그래서 왕부지는 "지극한 선에 머문다"고 할 때 강조해야 할 것은 '머문다'는 말이 아니라 '지극한' 이라는 말이라고 한다. 후자에 주목할 때 끊임없는 공부의 필요성을 더 잘 깨우칠 수 있기 때문이다.

‘있다(在)’라고 한 것은 말하자면, 대학에서 사람을 가르치는 항
목에 비록 여덟 가지가 있고, 배워야 할 것들이 많고 무겁고 넓고
크지만, 그 도를 요약하면 세 가지에 있다는 것이다.『대학』한 편
은 옛날 대학에서 사람을 가르치던 방법과 처음부터 끝까지 일관
된 조리의 큰 뜻을 가리켜 보여준 것이지, 공자가 처음으로 이 책
의 조목을 세워서 배우는 사람에게 요구한 것이 아니다.

| 뜻풀이 |

여기서 ‘있다’고 말한 것은『대학』첫 머리의 “대학의 도는 명덕
을 밝히는 데 있고, 백성을 새롭게 하는 데 있으며, 지극한 선에 머
무는 데에 있다”고 할 때의 세 가지 ‘있다’는 말이다. 그래서 일반적
으로『대학』의 구조를 말할 때 3강령, 8조목을 드는데, 여덟 가지
항목의 벼리가 되는 것이 이 셋이기 때문이다. 이렇게 ‘있다’는 말
을 강조한다면 사실상 ‘달려 있다’는 표현이 더 적절할 것이다. “대
학의 도는 명덕을 밝히는 데 달려 있고, 백성을 새롭게 하는 데 달
려 있으며, 지극한 선에 머무는 데에 달려 있다.”

『章句』三「當」字,[1] 是推開論理. 張氏曰「在猶當也」,
鹵莽甚矣. 藉令以此敎學者「當明明德」, 亦令彼茫然
不知從何處明起. |5-2|

1) 學者當因其所發而遂明之. 又當推而及人. 當止於至善之地而不遷.
 (『章句』)

『장구』의 세 '당當'자는 미루어 이치를 논한 것이다. 장씨가
"재在는 당當과 같다"고 말했으니, 표현이 매우 거칠다. 가령 그
런 식으로 배우는 사람들에게 "마땅히 명덕을 밝혀야 한다"고
가르친다면, 그들로 하여금 어디서부터 밝혀 나가야 하는지 멍하
니 알지 못하게 하는 것이다.

| 뜻풀이 |

3강령은 어디까지나 강령이기 때문에 구체적인 방법을 제시해 주는
것은 아니다. 그러므로 "마땅히 명덕을 밝혀야 한다"는 식으로 해석한
다면 구체적으로 어떻게 밝혀야 하는지를 전혀 언급하고 있지 않으므
로 공론이 되고, 공부하는 사람들도 도대체 어디서부터 시작해야 할지
를 모르게 되고 만다는 것이다.

黃氏說「氣稟所拘有分數,　　　物欲所蔽則全遮而昏」.
不知物欲之蔽, 亦有分數. 如淫聲淺而美色深者, 則
去耳之欲亦易, 未全昏也. |6-1|

황씨가 "기를 부여받은 것에 의해 구애받는 것은 차이가 있으
나, 사물에 대한 욕심에 의해 가려지면 완전히 막혀서 어둡게 된
다"고 말했으니, 사물에 대한 욕심에 가려지는 것도 또한 차이가
있다는 사실을 모른 것이다. 예를 들면, 음란한 음악에 대한 욕
구는 적으나 미색美色에 대한 욕구가 깊은 사람은, 귀의 욕구를
제거하는 것이 쉬워서 완전히 어둡지는 않다.

| 뜻풀이 |

이제마는 『동의수세보원』에서 다음과 같은 이야기를 했다. 사람이
사상四象에 따라서 강력하게 집착하는 것이 있는데, 그것을 극복할 수
있으면 다른 집착은 쉽게 이겨낼 수 있다는 것이다. 마찬가지로 왕부지
도 사람이 욕심에 의해 가려지는 것도 사람마다 차이가 있다고 보고
있다.

曾見魏¹⁾黨中有一二士大夫, 果然不貪. 他只被愛官
做一段私欲, 遮卻羞出倖門一段名義, 卻於利輕微,
所以財利蔽他不得; 而其臨財毋苟得一點良心, 也究
竟不曾受蔽. 此亦分數偏全之不齊也. |6-2|

1) 명나라 말기의 환관 魏忠賢. 무뢰한 출신으로 희종의 환관이 되어 정사
　를 마음대로 하다가 다음 의종 때에 탄핵을 받아 스스로 목매어 죽었다.

위충현魏忠賢의 당 가운데 한 두 사람의 사대부를 살펴보면 과
연 탐욕이 없었다. 그들은 단지 관직을 좋아하여 어느 정도의 사
욕을 부림으로써, 권문에 나아가기를 부끄러워하는 일종의 명의
名義에는 가려졌으나, 이익을 가볍게 여겼기 때문에 재물의 이익
이 그들을 가릴 수 없었고, 재물을 구차히 구하지 않는 한 점 양
심은 끝내 가려지지 않았다. 이것 또한 분수의 '치우치거나 온전
함'이 고르지 않았기 때문이다.

| 뜻풀이 |

위 단락의 주장에 대한 예증이다. 권력 추구에 혈안이 되어 있던 위
충현의 일당 중에서도 어떤 사람들은 이익에는 초연한 태도를 취했는
데, 이것이 바로 사람마다 욕심에 의해 가려지는 것도 차이가 있다는
것이다.

朱子說「定・靜・安・慮・得是功效次第，　不是工夫節目」.
謂之工夫，固必不可. 乃所謂功效者，只是做工夫時自
喩其所得之效，　非如『中庸』形・著・明・動,[1]　逐位各有
事實. 故又云:「纔知止，自然相因而見」|7-1|

1)『中庸』二十三章 : 誠則形, 形則著, 著則明, 明則動, 動則變, 變則
化.

　　주자는 "정함(定), 고요함(靜), 편안함(安), 생각함(慮), 얻음(得)은
공효功效의 순서이지 공부의 절목節目은 아니다"라고 했다. 공부
라고 말해서는 절대로 안 된다. 공효라는 것은 공부할 때 얻은
것을 스스로 깨닫는 효과이지, 『중용』에서 말하는 형성되는 것
(形), 드러나는 것(著), 밝아지는 것(明), 움직이는 것(動)처럼 자리에
따라 각각의 사실이 있는 것과는 다르다. 그러므로 또한 "머물
줄 알아야 비로소 자연히 서로 연관되어 드러난다"고 말했다.

정함, 고요함, 편안함, 생각함, 얻음은 각각의 공부를 필요로 하는 것이 아니다. 즉, 정함의 공부가 필요하고 또 고요함의 공부가 필요하고 하는 식은 아니라는 것이다. 왕부지는 그것들은 단지 공부를 해나가면서 차례로 얻게 되는 결과일 뿐이라고 본다.

總之, 此五者之效, 原不逐段歇息見功, 非今日定而明日靜也. 自「知止」到「能得」, 徹首徹尾, 五者次見而不舍. 合而言之, 與學相終始; 分而言之, 格一物亦須有五者之效方格得, 乃至平天下亦然. 又格一易格之物, 今日格之而明日已格, 亦然. 戒一念之欺, 自其念之起, 至於念之成, 亦無不然. 若論其極, 則自始敎「格物」, 直至「明明德於天下」, 自「欲明明德於天下」立志之始, 乃至天下可平, 亦只於用功處見此五者耳. 爲學者當自知之. |7-2|

총괄하면, 이 다섯 가지 효과는 원래 단계에 따라 머물면서 공功을 드러내는 것이 아니니, 오늘 정해지고(定) 내일 고요해지는(靜) 것은 아니다. '머물 줄을 아는 것(知止)'으로부터 '얻을 수 있는 것(能得)'까지 철두철미하게 다섯 가지가 차례로 빠지지 않고 드러난다. 합해서 말하면 배움과 더불어 서로 처음과 끝이 되고, 나누어서 말하면 한 대상을 파악할 때에도 반드시 다섯 가지 효과가 있어야 파악될 수 있으니, 천하를 평화롭게 하는 데에(平天下) 이르기까지도 또한 그러하다. 또 쉽게 파악할 수 있는 한 대상을 파악하는데, 오늘 파악하고 내일 완전히 이해하는 것 또한 그러하다. 한 생각이라도 속임이 있을까 경계하여 생각의 일어남부터 이루어짐까지 그렇게 하지 않음이 없다. 그 최고 경지를 논한다면, 처음으로 '대상을 파악하는 것(格物)'으로부터 '명덕을 천하에 밝히는 것'까지, '명덕을 천하에 밝히려고' 뜻을 세우기 시작하는 것으로부터 천하를 평화롭게 하는 데까지, 공부하는 데에서 이 다섯 가지가 드러날 뿐이다. 배우는 사람은 마땅히 스스로 그것을 알아야 할 것이다.

| 뜻풀이 |

정함, 고요함, 편안함, 생각함, 얻음이 차례로 이루어지는 것이라고 할지라도 그것이 시간적 차례를 의미하는 것은 아니다. 그것은 어디까지나 논리적으로 따져볼 때 그러한 차례로 나타날 수 있다는 것이다. 그리고 각 공부의 단계마다 이 다섯 가지가 적용된다는 것이다.

「知止」是知道者明德新民底全體大用,　必要到此方休. 節云知止, 具云知止於至善. 「定」則於至善中曲折相因之致,　委悉了當. 內不拘小身心意知而喪其用, 外不侈大天下國家而喪其體,　十分大全,　一眼覷定,　則定理現, 故曰有定. 定體立矣. 偏曲之學, 功利之術, 不足以搖之, 從此下手做去,　更無移易矣. 此卽從「知止」中得, 故曰:「纔知止,　自然相因而見.」|8-1|

‘머물 줄 아는 것’은 ‘명덕’과 ‘백성을 새롭게 하는 것’의 ‘온전한 본체와 큰 작용(全體大用)’이 반드시 지극한 선善에 이르러야 비로소 그칠 수 있음을 아는 것이다. 생략해서 말하면 ‘머물 줄 아는 것’이고, 다 말하면 ‘지극한 선에 머물 줄 아는 것’이다. ‘정해지면(定)’ 지극한 선 가운데 세세하게 서로 연관되어 이루어지는 것이 하나하나 들어맞는다. 안으로는 몸(身), 마음(心), 뜻(意), 앎(知)의 작은 것에 얽매여 작용을 잃어버리는 경우가 없고, 밖으로는 천하와 나라와 집안의 큰 것에 억눌려 본체를 잃어버리는 경우가 없어서, 충분히 완전해져서 한 눈에 정함(定)을 엿보면 정해진 이치가 드러나고, 그러므로 정함이 있다고 한다. 정해진 본체가 서게 된다. 한 편에 치우친 배움이나 이익을 얻는 기술로는 그것을 흔들 수 없으니, 이로부터 착수해 나가면 다시 옮기거나 바뀌지 않는다. 이는 ‘머물

줄 아는 것'으로부터 얻는다. 그러므로 "머물 줄 알아야 비로소 자연히 서로 연관되어 드러난다"고 했다.

| 뜻풀이 |

자동차를 운전할 때에 바로 앞만 보고 운전을 한다면 차가 안정되지 못하고 흔들리게 된다. 그러므로 먼 곳을 보면서 목표를 향해 달려가야 한다. 마찬가지로 명덕을 밝게 하고 백성을 새롭게 하는 일이 최선에 이르도록 한다는 목표를 뚜렷이 파악하고 있으면 마음은 정해지기(안정되기) 마련이다. 이로부터 시작해서 고요함, 편안함, 생각함, 얻음이 차례로 이루어지게 된다는 것이다.

後四者其相因之速亦然. 就此下手做去時, 心中更無
恐懼疑惑, 卽此而「心不妄動」, 是謂之靜. 妄動者,
只是無根而動. 大要識不穩, 故氣不充, 非必有外物
感之. 如格一物, 正當作如是解, 卻無故若警若悟, 而
又以爲不然, 此唯定理不見, 定志不堅也. 若一定不
易去做, 自然不爾, 而氣隨志靜, 專於所事以致其密
用矣. 唯然, 則身之所處, 物之來交, 無不順而無不
安, 靜以待之故也. 如好善如好好色, 則善雖有不利,
善雖不易好, 而無往不安心於好. 此隨擧一條目, 皆可類推得之
要唯靜者能之, 心不內動, 故物亦不能動之也. |8-2|

뒤의 네 가지(靜·安·慮·得)가 서로 빨리 연관되는 것도 또한 그
러하다. 이것에 나아가 착수해 갈 때 마음속에 다시 두려움이나
의혹이 없고, 이것에 접해서 '마음이 함부로 움직이지 않는 것'
을 고요함이라고 한다. 함부로 움직인다는 것은 근거 없이 움직
인다는 것이다. 대개 앎이 온전하지 못하기 때문에 기氣가 충실
하지 못해서 그런 것이지, 반드시 바깥의 대상이 움직이게 하는
것은 아니다. 한 대상을 파악할 때 마땅히 이와 같이 이해해야
하는데, 까닭 없이 퍼뜩 깨달은 듯도 하고 또한 그렇지 않다고도
여긴다면, 이는 정해진 이치가 드러나지 않고, 정해진 심지(志)가

굳세지 못하기 때문이다. 만약에 확고하게 정하여 바꾸지 않고 해나간다면 저절로 그와 같지는 않을 것이니, 기氣가 심지(志)를 따라 고요해져서 하는 일에 전념하여 모든 쓰임을 다하게 될 것이다. 그렇게 하기만 하면 몸이 있는 곳에 대상이 와서 접함에 순응하지 아니함이 없고 편하지 아니함이 없으니, 이것은 고요함으로 대처하기 때문이다. 선을 좋아하기를 이성을 좋아하듯 하면, 선을 행하여 불리한 것이 있고, 선을 쉽게 좋아하지는 못하더라도 가는 곳마다 좋아하는 것에서 마음이 편안하다. 이는 되는 대로 한 조목을 든 것으로, 나머지는 모두 유추해서 알 수 있다. 요컨대 오직 고요해야 그렇게 할 수 있으니, 마음이 안에서 움직이지 않기 때문에 대상이 또한 움직이게 할 수 없다.

| 뜻풀이 |

정함으로부터 고요함을 얻고, 고요함으로부터 편안함을 얻게 되는 과정을 설명하고 있다. 한 번 정하여 중간에 바꾸지 않고 계속한다면 고요해 질 수 있고, 마음이 고요해서 안에서 움직이지 않으면 밖에 있는 대상이 마음을 움직일 수 없어서 편안함을 얻게 된다고 한다.

慮而云「處事精詳」者, 所謂事, 卽求止至善之事也. 所以謂之事者, 以學者所處之事, 無有出於明德新民之外也. 纔一知當止於至善, 卽必求至焉; 而求止至善, 必條理施爲, 精詳曲至. 唯內不妄動, 而於外皆順, 則條理粲然, 無復疎脫矣. 不亂於外, 故能盡於其中也. |8-3|

생각함(慮)에 대하여 "일을 처리함에 정밀하고 상세하다"고 주석한 것에서, 이른바 '일'이란 지극한 선에 머물기를 구하는 일이다. 일이라고 말한 까닭은 배우는 사람이 행하는 일은 '덕을 밝히는 것'과 '백성을 새롭게 하는 것'에서 벗어나는 것이 아니기 때문이다. 마땅히 지극한 선에 머물러야 함을 안다면 반드시 지극함을 구해야 하고, 지극한 선에 머묾을 구한다면, 반드시 조리와 행위가 정밀하고 상세하며 자세하고 지극해야 한다. 오직 안으로 함부로 움직이지 않고 밖으로 모든 일에 순응하면, 조리가 밝게 빛나 다시는 엉성해지거나 벗어남이 없게 된다. 밖에서 어지럽지 않기 때문에 속에서 다할 수 있다.

  정함, 고요함, 편안함을 통해서 생각함의 단계에 이르면 일을 만났을 때에 잘 처리할 수 있게 된다. 그런데 왕부지는 이 일이라는 것도 바로 덕을 밝히는 일이고 백성을 새롭게 하는 일이라는 점을 다시 한 번 강조하고 있다. 배우는 사람의 일이란 결국 그 테두리 안에 다 있는 것이기 때문이다.

於內有主, 於外不疑, 條理旣得, 唯在決行之而已矣.
行斯得矣. 一日具知, 則慮而得可見於一日之閒; 終
身不舍, 則定靜安相養於終身之久要.[1] 則定靜安慮
相因之際, 不無相長之功, 而不假更端之力. 惟至於
得, 則篤行之事, 要終而亦刱始. 故『或問』云「各得
其所止之地而止之」, 「而止之」三字在能得後. 亦明非得之
爲盡境也. |8-4|

[1] 『論語』「憲問」: 見利思義, 見危授命, 久要不忘平生之言, 亦可以爲
成人矣.

안으로 주관이 있고 밖으로 의심하지 않아 조리를 얻었다면
오직 결행하는 일만 있을 뿐이다. 행하면 곧 얻어진다. 하루에
앎을 갖추면 생각하여 얻음을 하루 사이에 볼 수 있고, 죽을 때
까지 놓지 않으면 정함·고요함·편안함이 죽을 때까지 오래도록
서로 길러질 것이다. 정함·고요함·편안함·생각함이 서로 연관되
는 사이에 서로 길러주는 효과가 항상 있어서 다시 시작하는데
힘쓸 필요가 없다. 오직 얻음에 이르면 독실하게 행하는 일을 끝
마무리 짓고 새롭게 다시 시작해야 한다. 그러므로『혹문』에 "각
각 머물러야 할 자리를 얻어 머문다" '머문다(而止之)'는 세 글자는 '얻
을 수 있다(能得)'는 말 뒤에 있다. 고 했으니, 얻는 것이 가장 높은 차원
이 아님을 밝힌 것이다.

왕부지의 입장에서 보면 조리를 얻어 행하는 것이 아니고, 행함으로 써 조리를 얻게 되는 것이다. 즉, 실천하는 과정에서 이론을 터득하게 된다는 것이다. 모택동의 실천론도 이 연장선상에 있다고 할 수 있다. 따라서 중화인민공화국 성립 후에 왕부지가 새롭게 조명을 받게 된 까닭은 이러한 실천관 때문이라고 할 수 있다.

또한 정함·고요함·편안함·생각함은 논리적인 순서이지, 시간적인 순서가 아니다. 그것은 차례로 진행되는 것이 아니라 동시에 서로 관련을 가지면서 진행되는 것이다. 그러므로 정함이 끝나고 고요함을 새로 공부하기 시작하는 식으로 진행되는 것이 아니다. 이것이 바로 왕부지가 다시 시작하는 데 힘들일 필요가 없다고 말하는 이유이다. 그렇게 공부해 나가서 조리를 얻게 되면 비로소 독실히 행하는 일의 한 단계를 마무리 짓고 다른 일로 향하게 된다는 것이다.

朱子於正心之心， 但云「心者身之所主也」， 小註亦
未有委悉及之者, 將使身與意中閒一重本領, 不得分
明. 非曰「心者身之所主也」其說不當， 但止在過關
上著語, 而本等分位不顯, 將使卑者以意爲心, 而高
者以統性情者言之, 則正心之功, 亦因以無實. |9-1|

주자는 '마음을 바르게 한다(正心)'는 마음에 대해서 다만 "마음
이란 몸의 주인이 되는 것이다"라고 했고, 소주小註도 또한 자세
하게 언급한 것이 없어서 몸(身)과 뜻(意)의 중간에 있는 중요한
본령에 대해서 분명히 설명하지 않았다. "마음이란 몸의 주인이
되는 것이다"라는 설이 타당하지 않다는 것이 아니고, 다만 어물
쩍 넘어가려는 식으로 말하게 되면 본래의 개념이 불분명해져서,
배움이 낮은 사람은 뜻을 마음으로 생각하고, 배움이 높은 사람
은 '성과 정을 통괄하고 있다'는 식으로 말하게 하므로, 마음을
바르게 하는 공부도 이 때문에 실질이 없게 된다는 것이다.

주자가 마음에 대해 자세하고 곡진하게 설명하지 않아서 배우는 사람들로 하여금 오해를 유발하게 했다는 비판이다. 왕부지는 이 마음(心)이야말로 뜻(意)과 몸(身)을 이어주는 중요한 매개의 고리로 본다.

夫曰正其心, 則正其所不正也, 有不正者而正始爲
功. 統性情之心, 虛靈不昧, 何有不正, 而初不受正.
抑或以以視‧以聽‧以言‧以動者爲心, 則業發此心而
與物相爲感通矣, 是意也, 誠之所有事, 而非正之能
爲功者也. 蓋以其生之於心者傳之於外, 旋生旋見,
不留俄頃, 卽欲正之, 而施功亦不徹也. |9-2|

　마음을 바르게 한다는 것은 바르지 않은 것을 바르게 한다는
것으로서, 바르지 않은 것이 있어서 그것을 바르게 해야 비로소
공부가 된다. 성과 정을 통괄하고 있는 마음은 텅 비고 신령스러
우며 어둡지 않으니 어찌 바르지 아니함이 있겠는가? 처음부터
바르게 할 필요가 없다. 혹 보고 듣고 말하고 움직이는 주체로
마음을 삼는다면, 이미 이 마음을 발하여 대상과 더불어 서로 감
통한 것이니, 그것은 뜻(意)이고, 정성스럽게 행해야 할 일이지,
바르게 하는 공부로 삼을 수 있는 것이 아니다. 마음에서 생겨난
것이 밖에 전해져 금방 생기고 금방 드러나 잠시도 머물지 않기
때문에 바르게 하려고 해도 공을 기울이는 것이 철저하지 못하
다.

장재는 "마음이 성과 정을 통괄하고 있다"고 말했는데, 이는 주자를 비롯하여 이후 성리학의 심성론 수립에 지대한 영향을 미쳤다. 그러나 왕부지는 『대학』에서 말하는, "마음을 바르게 한다"고 할 때의 마음은 장재가 말하는 성과 정을 통괄하는 마음과는 다른 것이라고 말하고 있다. 그런 마음은 처음부터 바른 마음이어서 애당초 바르게 할 필요가 전혀 없는 마음이므로 "마음을 바르게 한다"고 말할 수 있는 마음이 아니라는 것이다. 또 어떤 사람들은 뜻이라고 해야 할 것을 마음이라고 생각하는데 그것도 잘못된 것이라고 왕부지는 주장한다. 뜻이란 바르게 할 수 없는 것이고 오로지 정성스럽게 해야 하는 것일 뿐이기 때문이다.

蓋曰「心統性情」者，　自其所含之原而言之也．　乃性
之凝也，其形見則身也，其密藏則心也．是心雖統性，
而其自爲體也，則性之所生，與五官百骸竝生而爲之
君主，常在人胸臆之中，而有爲者則據之以爲志．故
欲知此所正之心，則孟子所謂志者近之矣．|9-3|

　"마음이 성과 정을 통괄한다"는 것은 포함하고 있는 근원을
가지고 말한 것이다. 성性이 응결함에 형체로 드러난 것은 몸이
고, 깊이 감추어진 것은 마음이다. 이 마음은 성을 통괄하고 있
으나 마음이 본체를 이루는 것은 성의 작용이고, 마음은 오관五
官·백체百體와 더불어 생겨나 그것들의 군주가 되어 항상 사람의
가슴속에 있어, 무언가 하려는 사람은 거기에 근거하여 심지(志)
를 삼는 다. 그러므로 이 바르게 해야 하는 마음을 알고자 한다
면, 맹자가 심지라고 한 것이 거기에 가깝다.

왕부지는 '심통성정'이라는 말을 액면 그대로 받아들이지 않는다. 마지못해 인정하고 있는 듯하지만 그 해석 내용은 다르다. 왕부지에 의하면 성의 작용으로 몸과 마음이 생겨나는 것이다. 그렇다면 왕부지가 여기에서 말하는 성은 '심통성정'이라고 말할 때의 성처럼 본연지성으로 설명할 수 있는 것이 절대 아니다. 오히려 성이 몸과 마음을 포함한다고 말하는 것이 그의 의도에 가까운 것이 될 것이다. 왕부지가 심을 심지와 일치시키고 있는 점도 흥미롭다. 마음을 바르게 한다는 것은 곧 심지를 바르게 갖는다는 뜻이라는 것이다.

惟夫志, 則有所感而意發, 其志固在, 無所感而意不發, 其志亦未嘗不在, 而隱然有一欲爲可爲之體, 於不睹不聞之中. 欲脩其身者, 則心亦欲脩之. 心不欲脩其身者, 非供情欲之用, 則直無之矣. 傳所謂「視不見, 聽不聞, 食不知味」[1]者是已. 夫唯有其心, 則所爲視·所爲聽·所欲言·所自動者, 胥此以爲之主. 惟然, 則可使正, 可使不正, 可使浮寄於正不正之閒而聽命於意焉. 不於此早授之以正, 則雖善其意, 而亦如雷龍之火, 無恒而易爲起滅, 故必欲正其心者, 乃能於意求誠. 乃於以脩身, 而及於家·國·天下, 固無本矣. |9-4|

1)『大學』七章 :「心不在焉, 視而不見, 聽而不聞, 食而不知其味」.

심지라는 것은 느낌이 있어서 뜻(意)이 발하여도 그 심지는 본래 있고, 느낌이 없어서 뜻이 발하지 않아도 그 심지는 또한 일찍이 있지 않은 적이 없어, 보지도 듣지도 못하는 사이에 은연중에 할 수 있는 것을 하고자 하는 하나의 본체를 갖게 된다. 그 몸을 닦고자 하는 사람은 마음도 또한 그 몸을 닦고자 한다. 마음이 그 몸을 닦고자 하지 않는 사람은 정욕에 쓰이는 용도가 아니라면 바로 그러한 마음이 없을 것이다. 전傳에 "보아도 보이지 않고, 들어도 들리지 않으며, 먹어도 그 맛을 알지 못한다"고 한 것이 바로 이것이다. 오직 그 마음이 있다면 보고 듣고 말하고자 하고 스스로 움직이는 것 모두가 이 마음을 주로 삼을 것이다. 그렇게 되어야만 바르게 할 수도 있고 바르지 않게 할 수도 있으며, 바르거나 바르지 않은 사이에 걸쳐 있어서 뜻으로부터 명령을 받게 할 수도 있다. 여기에 바름을 먼저 부여하지 않으면 비록 그 뜻을 선하게 해도 또한 번갯불과 같이 항상성이 없어서 쉽게 생겼다가 사라져 버리게 된다. 따라서 반드시 그 마음을 바르게 하고자 하는 사람은 뜻에서 정성스러움을 구할 수 있어야 한다. 그것은 바로 몸을 닦아서 집안·나라·천하로 나아가는 데 근본이 없는 것이다.

결국 왕부지가 보기에 (이 문단에 국한해서 본다면) 심지는 본체이며 뜻은 그 작용이다. 우리가 어떤 심지를 갖고 있을 때, 그것이 뜻으로 드러난다고 보는 것이다. 뜻을 정성스럽게 하고 마음을 바르게 해야만 그것을 바탕으로 수신, 제가, 치국, 평천하까지 나아갈 수 있다는 것이다. 마음을 바르게 하지 않으면 뜻을 정성스럽게 하더라도 항상성을 기대할 수 없고, 따라서 그 이후의 일을 진행할 수 없게 된다. 마음을 바르게 한다는 기본이 되어있지 않기 때문이다.

그러나 이와 같은 설명은 어디까지나 이 문단에 국한해서 설명할 때 그렇다는 말이다. 이 책 전체를 볼 때 왕부지는 심지와 뜻의 관계가 서로 바뀔 수 있는 것이라고 생각한다. 즉, 이 문장에서는 심지를 본체로, 뜻을 작용으로 보았으나, 다른 곳에서는 뜻을 본체로, 심지를 작용으로 보고 있기도 하다. 둘의 관계가 서로 바뀔 수 있다고 보는 데 왕부지의 생각의 독창성이 있다. 마찬가지로 뜻과 마음의 관계에 대해서도 왕부지는 그 관계가 뜻-마음으로 이어지는 것만은 아니며, 때로는 뜻이 본체로 마음이 작용으로, 때로는 마음이 본체로 뜻이 작용으로 된다고 생각하고 있다. 그러나 물론 뜻이 항상적인 본체를 가지고 있는 것은 아니기 때문에, 바로 본체의 작용이라는 측면에서 뜻-마음-몸의 순서로는 볼 수 없고 항상 마음-뜻-몸의 순서로 보아야 한다고 주장한다.

夫此心之原, 固統乎性而爲性之所凝, 乃此心所取正之則. 而此心旣立, 則一觸卽知, 效用無窮, 百爲千意而不迷其所持. 故『大學』之道, 必於此授之以正, 旣防閑之使不向於邪, 又輔相之使必於正, 而無或倚靡無託於無正無不正之交. 當其發爲意而恒爲之主, 則以其正者爲誠之則. 『中庸』所謂「無惡於志」.[1] 當其意之未發, 則不必有不誠之好惡用吾愼焉, 亦不必有可好可惡之現前驗吾從焉; 而恒存恒持, 使好善惡惡之理, 隱然立不可犯之壁壘, 帥吾氣以待物之方來, 則不睹不聞之中, 而脩齊治平之理皆具足矣. 此則身意之交, 心之本體也, 此則脩誠之際, 正之實功也. 故曰「心者身之所主」, 主乎視聽言動者也; 則唯志而已矣. |9-5|

1) 『中庸』三十三章.

이 마음(心)의 근원은 본래 성(性)에 통괄되는 것으로, 성이 응결된 것이니 곧 마음이 바름을 취하는 법칙이다. 그래서 이 마음이 세워지면 한 번 접하기만 하여도 곧 알게 되고, 그 효용이 무궁하여 백 가지 행위와 천 가지 뜻에도 그 지키는 것이 미혹되지 않는다. 그러므로 『대학』의 도는 반드시 여기에 바름을 부여하여 사악한 데로 향하지 못하도록 막으며, 또 반드시 바른 데로 가도록 도와서, 혹시라도 바름도 없고 바르지 않음도 없는 사이에서 의탁할 곳이 없도록 하지 않는 것이다. 발하여 뜻이 될 때에 항상 주인이 되면 그 바른 것이 정성스러움의 법칙이 된다. 『중용』에서 "심지에 악이 없다"고 말한 것이다. 그 뜻이 아직 발하지 않은 때에는 좋아하거나 싫어하는 것이 정성스럽지 않을까에 대해서 내가 반드시 신중할 필요도 없고, 또한 좋아할 수도 싫어할 수도 있는 것이 앞에 나타난다고 해서 내가 따라야 할 것인가를 시험할 필요도 없다. 항상 보존하고 지켜서, 선을 좋아하고 악을 미워하는 이치가 은연중에 침범할 수 없는 벽루壁壘를 세워서, 나의 기氣를 거느려 대상이 오는 것을 기다린다면, 보지도 듣지도 못하는 사이에 닦고 가지런히 하고 다스리고 평화롭게 하는 이치가 모두 충분히 갖추어지게 될 것이다. 이것이 바로 몸과 뜻의 사이에 있는 마음의 본체이고, 이것이 바로 '닦음'과 '정성스러움'의 사이에 있는 '바르게 하는' 실질적인 공부이다. 그러므로 "마음이란 몸의 주인이 되는 것이다"라고 말한 것이니, 보고 듣고 말하고 움직이는 것을 주관하는 것은 오직 심지일 뿐이다.

朱子說「格物·致知只是一事, 非今日格物, 明日又致知」, 此是就者兩條目發出大端道理, 非竟混致知·格物爲一也. 正心·誠意, 亦非今日誠意, 明日又正心. 乃至平天下, 無不皆然, 非但格致爲爾. |10-1|

주자는 "대상을 파악하는 것과 앎을 완성하는 것은 단지 한 가지 일이지, 오늘 대상을 파악하고 내일 또 앎을 완성하는 것은 아니다"라고 말했다. 이것은 두 조목에 대해서 큰 근본 도리를 말한 것이지, 앎을 완성하는 것과 대상을 파악하는 것이 섞여서 마침내 하나가 된다는 것은 아니다. 마음을 바르게 하고 뜻을 정성스럽게 하는 것 또한 오늘 뜻을 정성스럽게 하고 내일 마음을 바르게 하는 것이 아니다. 그리고 천하를 평화롭게 하는 데 이르기까지 모두 그러하지 않은 것이 없으니, 단지 파악하고 완성하는 것만이 그렇게 되는 것은 아니다.

| 뜻풀이 |

왕부지의 말은 주자가 그렇게 말한 것은 시간적인 순서가 있는 것은 아니라는 것을 강조하는 의미에서 '한 가지 일'이라고 말했지만, 그것이 결코 정말로 한 가지 일이라는 의미는 아니라는 것이다. 즉, 주자가 '한 가지 일'이라고 말한 것은 실상 '동시에 일어나는 일'이라는 의미로 풀어야 한다는 것이다.

若統論之, 則自格物至平天下, 皆止一事. 如用人理財, 分明是格物事等. 若分言之, 則格物之成功爲物格, 「物格而后知至」, 中閒有三轉折. 藉令欒而爲一, 則廉級不清, 竟云格物則知自至, 竟刪抹下「致」字一段工夫矣. |10-2|

종합해서 말한다면, 대상을 파악하는 데에서 천하를 평화롭게 하는 데 이르기까지 모두 한 가지 일일 뿐이다. 사람을 쓰고 재물을 다스리는 것과 같은 것은 분명히 대상을 파악하는 일이다. 나누어서 말한다면, 대상을 파악하여 이루어지는 것이 바로 대상이 파악된 것(物格)이고, '대상이 파악된 이후에 앎이 지극해 지는 것(知至)'이니, 중간에 세 번의 전환이 있다. 만약 묶어서 하나로 만든다면 그 단계를 살피는 것이 분명하지 않게 되어서, 마침내 대상의 이치를 탐구하면 곧 앎이 저절로 지극해 진다고 말하게 될 것이니, 결국 '완성한다(致)'는 한 단계의 공부를 없애버리는 것이다.

| 뜻풀이 |

그러나 동시에 일어나는 일이더라도 분명 경계가 다르니만큼 한 단계의 완성이 다른 단계들의 완성을 보장해 주는 것은 아니다. 즉, 대상을 파악했다고 해서 앎이 저절로 완성되는 것은 아니다. 그렇게 생각한다면 "앎을 완성한다"고 할 때의 '완성하는' 공부를 생략해버리는 결과를 가져오게 된다는 것이 왕부지의 생각이다.

　만약 대상을 파악하는 것은 밖으로써 말한 것이고, 앎을 완성하는 것은 안으로써 말한 것이므로, 안과 밖이 이름은 다르지만 작용은 하나라고 말한다면, 대상은 정말로 밖에 있지만 내가 그것을 파악하는 것이니 어찌 밖일 수 있겠는가? 작용이 이미 하나라면, 또 "앎을 완성하는 것은 대상을 파악하는 것에 있다"고 한 말이 '대상을 파악하는 것은 대상을 파악하는 것에 있고, 앎을 완성하는 것은 앎을 완성하는 것에 있다'고 말할 수 있겠는가?

| 뜻풀이 |

　작용이 하나라고 하면서 '대상을 파악하는 것=앎을 완성하는 것'이라고 한다면, "앎을 완성하는 것은 대상을 파악하는 것에 있다"고 한 말이 결국 동어반복에 불과한 말이 되고 만다는 것이다. 그렇게 되면 8조목을 나누어 놓은 의미가 전혀 없게 될 것이다.

今人說誠意先致知, 咸云知善知惡而後可誠其意, 則是知者以知善知惡言矣. 及說格物致知, 則又云知天下之物, 便是致知. 均一致知, 而隨上下文轉, 打作兩橛, 其迷謬有如此者. |10-4|

지금 사람들은 뜻을 정성스럽게 하는 것이 앎을 완성하는 것보다 앞선다고 말하면서 모두 선을 알고 악을 안 이후에 그 뜻을 정성스럽게 할 수 있다고 하니, 이 앎은 선을 알고 악을 아는 것으로써 말한 것이다. 대상을 파악하고 앎을 완성하는 것을 말하는데 이르러서는, 또한 천하의 대상을 아는 것이 바로 앎을 완성하는 것이라고 일컫는다. 똑같이 앎을 완성하는 것인데 아래 위의 문장에 따라 바뀌며 이리저리 왔다갔다 하니, 그 미혹되고 어긋남이 이처럼 심하다.

앎에는 두 가지가 있는데, 하나는 대상을 아는 것이고 하나는 선악을 아는 것이다. 주자가 이야기하는 앎은 전자가 아니고 후자를 지칭한다. 대상을 객관적으로 아는 것은 직접 자신의 행위와 관련되지는 않는다. 오직 대상의 파악을 통해 선악을 알고 행위의 준칙을 얻어가는 것이 주자의 앎이라고 할 수 있다. 그런데 후세의 학자들이 주자를 해석하면서 두 가지 앎을 혼동해서 이야기함으로써 혼란을 초래하게 되었다는 왕부지의 비판이다.

至如『或問』小註所引『語錄』,　　有謂「父子本同一氣,
只是一人之身分成兩個」爲物理,　於此格去,　則知子之
所以孝,　父之所以慈.　如此迂誕鄙陋之說,　必非朱子
之言而爲門人所假託附會者無疑　天下豈有欲爲孝子
者,　而癡癡呆呆,　將我與父所以相親之故去格去致,
必待曉得當初本一人之身,　而後知所以當孝乎?　卽此
一事求之,　便知吾心之知,　有不從格物而得者,　而非
卽格物卽致知審矣.　|10-5|

『혹문』의 소주小註에서 인용한『주자어류』는 "아버지와 아들
은 본래 동일한 기氣인데, 단지 한 사람의 신체가 나누어짐에 따
라 두 개의 개체로 된 것이다"라고 하는 것을 대상의 이치로 삼
아서, 여기에서 파악해 나아가면 자식이 효도해야 하는 이유와
아버지가 자애로워야 하는 이유를 알 수 있다고 했다. 이와 같은
거짓되고 비루한 말은 반드시 주자의 말이 아니고 문인이 주자
의 이름을 빌어 지어내어 억지로 갖다 붙인 것이 분명하다. 천하
에 어찌 효자가 되려고 하는 사람이 어리석게도 나와 아버지가
서로 가까운 까닭을 파악해서 앎을 완성하여 반드시 본래 하나
의 몸임을 알고 난 이후에 마땅히 효도해야 된다는 것을 알겠는
가? 이 하나의 일에 나아가 이치를 구해보면, 곧 내 마음의 앎이

대상을 파악하는 것을 따르지 않고도 얻음이 있는 것을 알 수 있으니, 대상을 파악하는 것에 나아가 곧 앎을 완성하는 것이 아님이 분명하다.

| 뜻풀이 |

왕부지는 주자의 앎을 철저히 선악을 아는 가치론적으로 풀어야 하는 것임을 강조하고 있다. 주자가 말하는 앎이 대상을 파악해서 아는 존재론적인 것이 아니라는 것이다. 그러므로 주자의 격물도 대상을 파악하는 것이기는 해도 객관적이고 과학적으로 인식해 들어가는 것은 아니다.

이는 주자뿐만 아니라 동양 사상 일반의 특징이라고 할 수도 있겠다. 그것이 어떤 결과를 가져왔고 어떤 영향을 끼쳤는가는 또 다른 문제이다. 일반적으로 존재론을 가치론으로 환원시키는 동양적 사유가 과학적 사유의 결여로 이어지고 그것이 현대에 와서 서양에 뒤떨어지는 결과를 가져왔다고 이야기하지만, 윤리적인 검토는 일체 없이 다만 '있는 그대로'를 밝히기만 하면 된다는 듯이 내달리는 현대의 과학과 의학이 어떤 파멸을 가져올지 모른다는 점을 생각해 본다면, 모든 걸 가치와 연결시키는 동양적 사유의 역할도 간과할 수 없을 것이다. 결국 인간이란 가치판단을 떠날 수 없는 존재이므로.

且如知善知惡是知，　而善惡有在物者，　如大惡人不可
與交，　觀察他舉動詳細，　則雖巧於藏奸，　而無不洞見；
如砒毒殺人，　看『本草』，　聽人言，　便知其不可食：　此
固於物格之而知可至也.　至如吾心一念之非幾，　但有
媿於屋漏，　則卽與蹠[1]爲徒；　又如酒肉黍稻本以養生，
只自家食量有大小，　過則傷人：　此若於物格之，　終不
能知，　而唯求諸己之自喩，　則固分明不昧者也.　|10-6|

1) **盜蹠** : 고대 중국의 큰 도둑. 9천여 명의 부하를 거느리고 천하를 횡행
　했다고 함.

또 선을 알고 악을 아는 것이 앎인데, 대상에 선악이 있는 경
우가 있으니, 예를 들어 사귀어서는 안 될 큰 악인에 대해서 그
의 거동을 자세하게 관찰하면 비록 악의를 품는 것이 교묘해도
간파하지 못함이 없는 것, 또 예를 들어 비상의 독이 사람을 죽
이는 데, 『본초강목』을 보고 다른 사람들의 말을 들으면 그것을
먹어서는 안 된다는 것을 아는 것, 이러한 것들은 진실로 대상에
대해서 그것을 파악하고 나서 앎이 지극해질 수 있다. 그러나 예
를 들어, 내 마음에서 하나의 좋지 않은 생각이 일어나 다른 사
람들이 안보는 집의 가장 구석진 곳에서라도 부끄럽게 여기는
것이 있다면, 곧 도척과 더불어 한 패가 되는 것, 또 예를 들어

술·고기·기장·벼와 같은 것은 본래 삶을 보양하는 것으로 스스로 먹는 양에는 많고 적은 것이 있어야만 하는데, 그것이 지나치게 되면 사람을 해치는 것, 이러한 것들은 대상에서만 파악하면 끝내 알지 못하는 것이니, 오직 자기에게서 구하여 스스로 깨우치게 되면 참으로 분명하여 어둡지 않게 되는 것이다.

| 뜻풀이 |

왕부지가 말하는 앎이 대상에 대한 객관적 앎이 아니더라도, 대상에 대한 객관적 앎이 바로 선악을 아는 것일 경우가 있을 수 있는데, 그것은 바로 선악이 대상에 관련되어 있을 때이다. 예를 들어 나쁜 사람을 사귀면 안 된다든가 나쁜 약을 먹어서는 안 된다는 것을 아는 경우이다. 이런 경우는 나쁜 것이 대상에 있으므로 대상에 대한 파악이 앎을 완성하게 해준다. 그러나 내 마음에 나쁜 생각이 일어나는 것은 결코 대상에서 파악해서 알 수는 없는 것이며, 자기 자신에게서 구해야만 알 수 있는 것이다. 과식이 나쁘다는 것을 아는 것도 마찬가지로 자기 자신이 직접 경험해서 알 수 있는 일이다. 그러나 결국 대상에 있는 선악을 아는 것이건 나에게 있는 선악을 아는 것이건 중요한 것은 왕부지가 말하는 '앎은 선악을 아는 것(知善知惡是知)'이라는 점이다.

是故孝者不學而知，不慮而能，慈者不學養子而
後嫁，意不因知而知不因物，固矣．唯夫事親之
道，有在經爲宜，在變爲權者，其或私意自用，則
且如申生[1]匡章[2]之陷於不孝，乃藉格物以推致其
理，使無纖毫之疑似，而後可用其誠．此則格致
相因，而致知在格物者，但謂此也．|10-7|

[1] 申生 : 춘추시대 晉 獻公의 太子.
[2] 匡章 : 전국시대 齊나라 사람. 孟子의 제자.『孟子』「滕文公下」,「離婁
　　下」참조.

　그러므로 효도라는 것은 배우지 않고도 알고, 생각하지 않고
도 잘 할 수 있으며, 자애라는 것은 자식 키우는 것을 배우지 않
고도 이후에 시집가서 하게 되는 것이니, 뜻(意)은 앎에 말미암지
않고, 앎 역시 대상에 말미암지 않는 것은 당연하다. 오직 어버
이를 섬기는 방법에는 일상적인 때의 당위적인 준칙과 변통의
때의 권도權道가 되는 것이 있어서, 간혹 사사로운 뜻으로 자기
마음대로 하게 되면 신생申生과 광장匡章이 불효에 빠진 것과 같
이 되니, 곧 대상의 파악에 의지함으로써 미루어 그 이치를 다하
여 조금의 의혹도 없게 된 이후에야 그 정성스러움을 쓸 수 있
다. 이것이 바로 대상을 파악하는 것과 앎을 완성하는 것이 서로

근거가 되는 것이니, 앎을 완성하는 것이 대상을 파악하는 것에 있다고 하는 것은 다만 이것을 말한다.

그러므로 왕부지에 의하면 앎을 완성하는 것이 전적으로 대상을 파악하는 것에 의지하는 것은 아니고, 다만 보조적인 역할을 할 뿐이다.

헌공獻公은 자기가 사랑하는 여자 여희驪姬가 낳은 해제奚齊를 후계자로 삼기 위해 그의 아들 신생을 의도적으로 죽이려 했다. 그런데 왕부지는 왜 신생이 불효했다고 말하는가? 신생은 망명을 권유하는 부하에게 "어디에 간들 아버지가 없겠는가?"라고 말하고 자살했다. 즉, 어느 나라의 왕이든 다 아버지인데 아버지를 버리고 떠난 자기를 누가 받아주겠느냐는 뜻이다. 그런데 왕부지는 이 행위가 권도를 모르고 정도만 고집한 결과로 결국 아버지에게 아들을 죽였다는 이름을 끼치게 했으므로 불효라고 판단한다. 결국 신생은 죽고 해제가 임금이 되었으나 신생의 사부였던 이극里克에 의해 시해를 당하고 만다. 이를 두고 채택蔡澤은 "신생은 효도했으나 진나라가 어지럽게 되었다"고 평가했다.(『사기열전』「범저·채택열전」)

광장에 대해서는 공도자公都子라는 맹자의 제자가 "온 나라 사람이 불효자라고 한다"면서 맹자가 왜 그와 교유하는지 묻는 장면이 「이루하」에 나온다. 그러나 맹자는 그가 불효자라는 것을 인정하지 않았다. 광장은 아버지에게 '선을 요구(責善)'하다가 그렇게 된 것일 뿐이라는 이유였다. 왕부지는 바로 이것이 권도를 모르는 것이라고 판단하고 있다. 그 결과로 부모에게 쫓겨나게 되었으니 불효가 아니냐는 것이다.

天下之物無涯, 吾之格之也有涯. 吾之所知者有量, 而及其致之也不復拘於量. 顏子聞一知十, 格一而致十也. 子貢聞一知二, 格一而致二也. 必待格盡天下之物而後盡知萬事之理, 旣必不可得之數. 是以「補傳」云「至於用力之久, 而一旦豁然貫通焉」,[1] 初不云積其所格, 而吾之知已無不至也. 知至者, 「吾心之全體大用無不明」[2]也. 則致知者, 亦以求盡夫吾心之全體大用, 而豈但於物求之哉? 孟子曰:「梓匠輪輿, 能與人規矩, 不能使人巧.」[3] 規矩者物也, 可格者也; 巧者非物也, 知也, 不可格者也. 巧固在規矩之中, 故曰「致知在格物」; 規矩之中無巧, 則格物·致知亦自爲二, 而不可偏廢矣. |10-8|

1) 2)『章句』傳 五章.
3)『孟子』「盡心下」.

천하의 대상은 끝이 없고 내가 그것을 파악하는 데에는 한계가 있다. 내가 아는 것은 양이 한정되어 있으나, 앎을 완성하는 인간의 인식은 또 양에 제약을 받지 않는다. 안자顏子는 하나를 들으면 열을 알았으니, 하나를 파악하여 열의 앎을 완성한 것이다. 자공子貢은 하나를 들으면 둘을 알았으니, 하나를 파악하여 둘의 앎을 완성한 것이다. 반드시 천하의 대상을 다 파악한 이후에 만사의 이치를 다 안다는 것은 도저히 불가능한 방법이다. 따라서 「보전」에 "힘을 오래도록 쓰게 되면, 하루아침에 모든 이치를 환히 깨닫게 된다"라고 말했지, 애당초 그 파악하는 것을 쌓아서 내가 아는 것이 이미 지극하지 않음이 없게 된다고는 말하지 않았다. 앎이 지극하다는 것은 "내 마음의 온전한 본체와 큰 작용(全體大用)이 밝지 않음이 없다"는 것이다. 그러므로 앎을 완성한다는 것은 또한 내 마음의 온전한 본체와 큰 작용을 다하는 것을 구함으로써 할 수 있는 것이니, 어찌 단지 대상에서만 그것을 구하겠는가? 맹자는 "목수와 수레를 만드는 장인은 다른 사람에게 도구를 줄 수는 있지만, 다른 사람으로 하여금 솜씨가 뛰어나게 할 수는 없다"고 했다. 도구는 구체적인 대상(物)이므로 파악할 수 있는 것이지만, 솜씨가 뛰어남은 구체적인 대상이 아니라 앎이기 때문에 파악할 수 없는 것이다. 솜씨가 뛰어남은 본래 도구를 사용하는 가운데 있기 때문에, "앎을 완성하는 것은 대상을 파악하는 것에 있다"고 말하는 것이다. 도구를 사용하는 가운데 솜씨가 뛰어남이 없다면, 대상을 파악하는 것과 앎을 완성하는 것도 저절로 둘이 되고, 그렇다고 해서 어느 하나를 버릴 수는 없다.

대상을 파악한다고 해서 천하의 모든 대상을 다 파악할 수 있는 것은 아니다. 사람의 삶에는 한계가 있기 때문이다. 그래서 장자도 "우리의 삶에는 한계가 있는데 알아야 할 것은 한이 없다. 한계가 있는 삶으로 한계가 없는 앎을 추구하면 위태롭다"고 했다. 또 대상을 다 파악할 필요도 없다. 우리의 인식 능력은 모든 대상을 다 파악하지 않더라도 유추를 통해서 보편에 도달할 수 있다. 예를 들어 모든 삼각형을 다 조사해 봐야 삼각형의 세 각의 합이 180도라는 것을 아는 것은 아니다. 성리학에서 말하는 대상을 파악하여 앎을 완성한다는 것은 대상의 파악을 통해서 내 마음에 이미 있는 이치를 확인한다는 의미이고, 왕부지도 기본적으로 이러한 해석을 벗어나지는 않는다.

大抵格物之功, 心官與耳目均用, 學問爲主, 而思辨輔之. 所思所辨者皆其所學問之事. 致知之功則唯在心官, 思辨爲主, 而學問輔之, 所學問者乃以決其思辨之疑. 「致知在格物」, 以耳目資心之用而使有所循也, 非耳目全操心之權而心可廢也. 朱門諸子, 唯不知此, 反貽鵝湖[1]之笑. 乃有數字句‧彙同異以爲學, 如朱氏公遷[2]者. 嗚呼! 以此爲致知, 恐古人小學之所不暇, 而況大學乎! 勿軒熊氏[3]亦然. |10-9|

1) 鵝湖 : 朱子가 呂祖謙, 陸九淵 형제와 학문을 講論했다. 지금의 江西省에 있는 산. 이곳의 鵝湖寺에서 나중에 이를 기념하여 四賢堂을 세웠다. 그 뒤 文宗書院으로 사액되었고, 明代에 鵝湖書院으로 이름을 고쳤다.

2) 朱公遷 : 元나라 때의 학자. 字는 克升, 明所先生이라고도 부른다. 저서에 『四書通旨』, 『四書約說』, 『餘力稿』, 『詩經疏義』가 있다.

3) 勿軒熊氏 : 宋나라 熊禾의 號. 字는 去非. 후에 이름을 鈇, 字를 位辛으로 고침. 號는 勿軒, 또는 退齋. 濂洛關閩의 學에 뜻을 두고 朱熹의 문인에게 배움. 宋이 망한 후, 武夷山에 들어가 집을 짓고 강독함. 저서에 『三禮考異』, 『春秋論考』, 『經序學解』, 『勿軒集』이 있다.

대체로 대상을 파악하는 공부는 심관心官과 이목耳目이 균등하게 작용하며, 배우고 묻는 것이 위주가 되고 생각하고 분별하는 것은 보조가 된다. 여기에서 생각하고 분별하는 것도 다 배우고 묻는 일에 관한 것이다. 앎을 완성하는 공부는 오직 심관에 의거하는데, 생각하고 분별하는 것이 위주가 되고 배우고 묻는 것이 보조가 된다. 여기서 배우고 묻는 것은 곧 생각하고 분별하면서 생기는 의문을 해결하는 것이다. "앎을 완성하는 것은 대상을 파악하는 것에 있다"고 한 것은 귀와 눈을 가지고 마음의 쓰임을 도와서 따르도록 하는 것이지, 귀와 눈이 마음의 권한을 완전히 장악해서 마음이 버려져도 되는 것은 아니다. 주자 문하의 제자들이 오직 이것을 알지 못하고 오히려 아호鵝湖 논쟁의 웃음거리를 남겼다. 즉, 몇 글자와 구절을 가지고 같고 다름을 나누는 것을 학문으로 생각했으니, 주공천과 같은 사람이 그랬다. 오호라! 이것으로써 앎을 완성하는 것이라고 생각한다면, 아마도 옛날 사람들은 소학을 다 배울 시간도 없었을 텐데, 하물며 대학을 배움에 있어서랴! 물헌웅씨도 그렇다.

| 뜻풀이 |

외부의 대상을 파악함으로써만 앎을 완성해 가는 것은 아니라는 것에 대한 계속적인 강조이다. 학문을 그런 식으로 해나가는 것이라고 생각한다면 소학 하나도 다 배우지 못한다는 것이다. 여기에서 이목은 감각기관을 통한 경험을 대표하는 것으로, 심관은 이성적 인식 기능을 가리키는 것으로 보면 될 것이다. 감각적 경험과 이성적 인식의 관계를 적절히 설명하고 있다. 감각적 경험은 인간마다 비슷하지만, 이성적 인식은 큰 차이를 보이고 있다. 어떻게 보면 앎을 완성해 가는 것이란 이성적 인식 능력의 향상이라 할 수 있다. 성리학적 앎의 완성도 여기에 가깝다.

『大學』於治國平天下, 言敎不言養. 蓋養民之道, 王
者自制爲成憲, 子孫守之, 臣民奉之. 入官守法, 仕
者之所遵, 而非學者之事, 故『大學』不以之立敎. 所
云厚薄, 如『論語』「躬自厚而薄責於人」[1]之旨, 卽所
謂「其家不可敎而能敎人者無之」[2]也. 其云以推恩之
次第言者, 非是. |11-1|

1) 『論語』「衛靈公」.
2) 「傳」九章.

『대학』은 나라를 다스리고 천하를 평화롭게 하는 것에 대한
가르침을 말했지, 백성을 기르는 것을 말하지 않았다. 백성을 기
르는 도는, 왕 자신이 법을 제정하여 만들면 자손이 그것을 지키
고 신하와 백성이 그것을 따른다. 관직에 들어가 법을 지키는 것
은 벼슬하는 사람이 따르는 것이지, 배우는 사람의 일은 아니다.
그러므로 『대학』은 그것으로써 가르침을 세우지 않았다. 두텁게
하거나 엷게 한다고 말하는 것은 『논어』의 "스스로 책망하는 것
은 두텁게 하고, 남을 책망하는 것은 엷게 한다"는 뜻과 같으니,
이른바 "그 집안을 가르치지 못하고서 다른 사람을 가르칠 수
있는 자는 없다"는 말이다. 그러므로 은혜를 미루어 나아가는 차
례로써 말한 것이라고 한 것은 옳지 않다.

　왕부지에 의하면『대학』도 어디까지나 '학(배움)'이기 때문에 백성을 기르는 것에 대해 논하고 있지는 않다. 그렇지 않다면『대학』이 정치학 교과서가 되었을 것이다. 정치란 관직에 있는 사람이 할 일이고, 배우는 사람이 할 일은 배움과 가르침이기 때문에『대학』에서는 가르침만을 말하고 있다는 것이다. 따라서 집안을 가지런히 하고 나라를 다스리는 것을 은혜를 미루어 나가는 차례로 생각해서, 예를 들어 '집안에서 자애롭게 대하듯이 백성도 자애롭게 다스린다'는 식으로『대학』을 해석하면『대학』의 본 뜻에 맞지 않다. '집안에서 자애를 가르치듯 백성들에게도 자애를 가르친다'고 가르침으로 일관되게 풀어야 한다는 것이다.

전傳 제 1 장

康誥曰, 克明德, 太甲曰, 顧諟天之明命, 帝典曰, 克明峻德, 皆自明也.

『서경』「강고」에 "덕을 밝힐 수 있다"고 말했고, 「태갑」에 "이 하늘의 밝은 명을 돌아보라"고 말했고, 「요전」에 "큰 덕을 밝힐 수 있다"고 말했으니, 모두 스스로 밝히는 것이다.

『章句』云:「明命卽天之所以與我, 而我之所以爲德者.」 須活看一「卽」字. 如「性卽理也」, 倘刪去「卽」字, 而云「性理也」, 則固不可. 卽者, 言卽者個物事, 非有異也. |1-1|

『장구』에서는 "밝은 명命이란 곧, 하늘이 나에게 부여한 것으로서, 내가 덕으로 삼은 것이다"라고 말했으니, '곧(卽)'이라는 글자를 살려 봐야 한다. 예를 들어, "성은 곧 리이다(性卽理也)"에서 '곧(卽)'이라는 글자를 삭제하고 "성은 리이다(性理也)"라고 말한다면 결코 안 될 것이다. '곧(卽)'이라는 것은 바로 그것으로서 다름이 없다는 말이다.

| 뜻풀이 |

따라서 '밝은 명'에 대한 주자의 정의가 정확함을 강조하는 말이라고 할 수 있다.

當有生之初, 天以是命之爲性; 有生以後, 時時處處, 天命赫然以臨於人, 亦只是此. 蓋天無心成化, 只是恁地去施其命令, 總不知道. 人之初生而壯·而老·而死, 只妙合處遇可受者便成其化. 在天旣無或命或不命之時, 則在人固非初生受命而後無所受也. |1-2|

처음 태어날 때에 하늘이 명하여 성性이 되게 하고, 태어난 이후에는 어느 때 어느 곳에서나 천명이 환하게 사람에게 임한다고 했는데, 또한 다만 이러할 뿐이다. 하늘은 무심하게 조화를 이루는데 단지 이같이 명령을 하므로 전혀 알 도리가 없다. 인간은 처음에 태어나서 장성하여 늙고 죽는데, 다만 오묘하게 합치되는 곳에서 받을 수 있는 것을 만나면 문득 그 조화를 이루게 된다. 하늘은 이미 명하다가 명하지 않다가 하는 때가 없으니, 결국 인간도 진실로 처음에 태어날 때에만 명을 받고 이후에 받지 못하는 것은 아니다.

인간도 자연(天)의 일부이므로 자연의 움직임을 따라 살게 된다. 그래서 사람이 태어나서 장성하고 늙고 죽는 것도 다 자연의 움직임을 따르는 것이 된다. 자연이 눈으로 보거나 귀로 들을 수 있게 명령한 것은 아니지만, 자연이 그렇게 하도록 한 것이므로 명령한 것과 같다. 사람이 태어나서 죽을 때까지의 과정이 모두 다 이 자연을 따르는 것이므로, 왕부지는 그것이 태어날 때에 국한되는 것이 아니라고 말한다.

1)『孟子』「盡心上」.

맹자는 "그 바른 것을 순조롭게 받아들여야 한다"고 말했는데, 그것은 원래 태어난 이후의 일이다. 그것이 비록 화와 복에 대한 명이라 할지라도, 이미 '바른 것'이라 말했으니 곧 리이고, 리는 또한 밝은 명이다. 만약 명을 처음에 태어날 때 받은 것으로만 여긴다면, 그것은 반드시 응결하여 오래 머물러서 하나의 사물이 될 것이다. 주자는 "그 형상을 볼 수 있는 하나의 사물이 되지 않는다"고 말했고, 또한 "어느 때고 날마다 쓰는 사이에서 발현되지 아니함이 없다"고 말했으니, 그것이 단지 처음에 태어날 때 받는 것만이 아님은 분명하다. 오계자는 오로지 태어난 처음에만 속한다고 했으니, 주자의 미묘한 말에 통달하지 못한 것이다. 만일 그렇다면 탕湯이 '항상 마음의 눈으로 처음 태어날 때에 얻은 것을 주의해서 생각한 것'이 불교에서 말하는 '본래면목을 찾는 것'과 무슨 차이가 있겠는가?

| 뜻풀이 |

왕부지는 "사람이 원래 태어날 때는 밝은 명을 하늘로부터 부여받았는데, 살아가는 과정에서 외부의 영향으로 어둡게 된다. 그러므로 그것을 밝히는 노력을 게을리 해서는 안 된다"는 식으로 생각하지 않는다. 그렇게 되면 본래의 면목을 찾는 것을 수양의 목표로 삼는 불교와 다를 바가 없게 된다고 왕부지는 강조한다. 오히려 밝은 명이란 과거에 놓여있는 것이 아니라 미래에 놓여있는 것이다. 그러므로 끊임없이 추구해야 하는 것이라고 이해한다. 그런 의미에서 왕부지의 성론은 전체적으로 볼 때 성선설을 주장하면서 처음의 선으로 돌아갈 것(復初)을 주장하는 맹자보다는, 성악설을 주장하면서 선을 쌓아서 이룰 것(積致)을 주장하는 순자에 가깝다.

愚於『周易尚書傳義』中,　說生初有天命,　向後日日
皆有天命,　天命之謂性,　則亦日日成之爲性,　其說似
與先儒不合.　　今讀朱子「無時而不發現於日用之閒」
一語,　幸先得我心之所然.　|1-4|

나는 『주역상서전의』에서 태어났을 때에 천명이 있고, 그 뒤
부터 나날이 모두 천명을 갖게 되며, 천명을 성性이라 한 것도 역
시 나날이 이루어져 성이 된다고 말했는데, 그 설이 선유先儒와
합치되지 않는 것 같다고 생각했다. 그런데 이제 주자의 "어느
때고 날마다 쓰는 사이에서 발현되지 아니함이 없다"라는 한 구
절을 읽어보니, 다행히 내 마음이 그렇게 생각하는 것을 주자가
앞서서 터득했다.

| 뜻풀이 |

왕부지가 본체보다는 작용을, 정靜보다는 동動을 강조한 철학자임을
잘 드러내 주는 구절이다. 본성이라는 것도 태어날 때 일정하게 주어지
는 것이 아니라 날마다 움직이는 가운데 형성된다는 것이 그의 생각이
다. 본성이란 고정된 어떤 것이 아니다. 이는 본성을 둘러싸고 그동안
벌어졌던 수많은 논쟁을 무색하게 만드는 발언이며, 최소한 그것들과
동등한 성론이라고 부를 만하다.

전傳 제 2 장

湯之盤銘曰, 苟日新, 日日新, 又日新, 康誥曰, 作新民, 詩曰, 周雖舊邦, 其命維新. 是故君子無所不用其極.

탕湯 임금의 반명盤銘에 "진실로 날마다 새롭게 하고, 날마다 날마다 새롭게 하고, 또 날마다 새롭게 하라"고 말했고, 「강고」에 "백성을 새롭게 만들라"고 말했고, 『시경』에 "주나라는 비록 옛 나라이지만 그 명은 새롭다"고 말했다. 그러므로 군자는 그 극진함을 쓰지 않음이 없다.

君德可言新, 於民不可言明. 「明明德於天下」, 固如
朱子所云「規模須如此」, 亦自我之推致而言, 非實
以其明明德者施敎於民也. 新則曰「作新」, 則實以
日新之道鼓舞之矣. |1-1|

임금의 덕에 대해서는 새롭게 한다고 말할 수 있지만, 백성에
대해서는 밝힌다고 말할 수 없다. "명덕을 천하에 밝힌다"는 말
은 본래 주자가 말한 것처럼 "규모가 반드시 이와 같아야 한다"
는 말이고, 또한 나로부터 미루어 나아가 이룬다는 말이지, 실제
로 자기가 명덕을 밝힌 것을 가지고서 백성에게 가르침을 베푼
다는 것은 아니다. 새롭게 한다는 것은 '새롭게 만든다'는 말이
니, 실로 날마다 새롭게 하는 도로써 고무시킨다는 말이다.

| 뜻풀이 |

왕부지에 의하면 『대학』은 어디까지나 개인의 수신에 관한 것이지
다른 사람을 다스리는 것에 대한 것이 아니다. 현대적인 말로 하면 도덕
교과서이지 정치학 교과서가 아니다. 그러므로 왕부지는 천하에 명덕을
밝힌다는 말도 자기가 명덕을 밝힌 것을 기준으로 해서 일반 백성들도
그렇게 명덕을 밝히도록 만든다는 뜻으로 해석해서는 안 된다고 본다.
명덕을 널리 밝힌다는 정도로 해석해야 한다는 것이다. 그리고 그것은
명덕을 밝히도록 '다스리는' 것이 아니라 '가르치는' 것일 뿐이다.

明是復性，　須在心意知上做工夫　　若民，　則勿論誠正,
卽格物亦斷非其所能　新只是脩身上，　止除卻身上一段
染污, 卽日新矣. 故『章句』釋盤「銘」, 亦曰「舊染之污」.
但在湯所謂染污者細,　民之所染污者麤　且此亦湯爲銘
自警之詞, 固無妨非有染污而以染污爲戒　|1-2|

　밝힌다는 것은 성性을 회복한다는 말이니, 반드시 마음(心)· 뜻
(意)· 앎(知)에서 공부해야 한다. 백성들의 경우는 뜻을 정성스럽
게 하고 마음을 바르게 하는 것은 물론 대상을 파악하는 것도 결
코 할 수 있는 것이 아니다. 새롭게 한다는 것은 단지 몸을 닦는
것에 대한 것이니, 몸의 오염을 제거해 버리기만 하면 곧 날마다
새롭게 된다. 그러므로 『장구』에서는 「반명」을 해석하면서 또한
'예전에 물든 더러움'을 말했다. 다만 탕의 이른바 오염에 대해
서는 상세히 말했으나, 백성의 오염에 대해서는 상세히 말하지
않았다. 이 역시 탕이 명銘을 만들어 스스로 경계한 말이니, 오염
되었다는 것이 아니라 오염될까 경계하는 것으로 보아도 무방하
다.

사대부의 입장에 확고하게 서 있는 왕부지에게 백성이란 주자처럼 새롭게 해야 하는 대상이지(新民) 왕양명처럼 가까이 해야 하는 대상(親民)은 아니었다. 백성에 대한 생각에 국한해서 말해 본다면 왕부지는 확실히 양명의 급진적 입장으로부터 후퇴한 것이고, 이것이 왕부지가 양명학에 대해 비판적 입장을 견지하는 이유의 하나가 되었다.

임금의 오염에 대해서 상세히 말하고 백성의 오염에 대해서는 그렇게 하지 않은 것은 임금이 실제로 오염이 많다는 것은 아니고, 임금에 대한 기대 수준은 높고 백성에 대한 기대 수준은 그리 높지 않기 때문이다.

詩云, 邦畿千里, 惟民所止. 詩云, 緡蠻黃鳥, 止于
丘隅, 子曰, 於止, 知其所止, 可以人而不如鳥乎.
詩云, 穆穆文王, 於緝熙敬止, 爲人君, 止於仁, 爲
人臣, 止於敬, 爲人子, 止於孝, 爲人父, 止於慈,
與國人交, 止於信. 詩云, 瞻彼淇澳, 菉竹猗猗. 有
斐君子, 如切如磋, 如琢如磨. 瑟兮僩兮, 赫兮喧兮,
有斐君子, 終不可諠兮. 如切如磋者, 道學也, 如琢
如磨者, 自脩也. 瑟兮僩兮者, 恂慄也, 赫兮喧兮者,
威儀也, 有斐君子, 終不可諠兮者, 道盛德至善, 民
之不能忘也. 詩云. 於戲! 前王不忘, 君子賢其賢而
親其親, 小人樂其樂而利其利. 此以沒世不忘也.

『시경』에서 "왕이 다스리는 곳 천리여, 백성이 머무는 곳이로
다"라고 말했다. 『시경』에서 "꾀꼴 꾀꼴 우는 꾀꼬리여, 언덕에
머무는구나"라고 말했는데, 공자는 이에 대해서 "머무는 면에서
그 머물 곳을 아니, 사람으로서 새보다 못해서야 되겠는가"라고
했다. 『시경』에서 "심원한 문왕이여, 아! 계속해서 빛나 경건하
게 머물렀다"고 말했으니, 임금이 되어서는 인仁에 머물고, 신하

가 되어서는 경敬에 머물고, 아들이 되어서는 효도에 머물고, 아버지가 되어서는 자애에 머물고, 나라 사람들과 사귐에는 믿음(信)에 머물렀다.『시경』에서 "저 기수淇水 굽이를 보니 푸른 대나무가 무성하도다. 빛나는 군자여, 자른 듯, 민 듯 하며 쪼은 듯, 간 듯 하도다. 엄하고 굳세며 빛나고 드러나니, 빛나는 군자여, 끝내 잊을 수 없도다"라고 했다. 자른 듯, 민 듯하다는 것은 배움을 말하는 것이고, 쪼은 듯, 간 듯하다는 것은 스스로 닦는 것이다. 엄하고 굳센 것은 조심하고 두려워하는 것이고, 빛나고 드러나는 것은 위엄이 있는 것이며, 빛나는 군자를 끝내 잊을 수 없다는 것은 성대한 덕과 지극한 선을 백성들이 잊을 수 없다는 것을 말한다.『시경』에서 "아! 이전의 왕을 잊지 못하겠도다"라고 하니, 군자는 그의 현명함을 현명하다고 여기고 그가 친한 이를 친하게 여기며, 소인은 그의 즐거움을 즐거워하고 그가 이롭게 여긴 것을 이롭게 여긴다. 이것이 세상 끝 날까지 잊지 못하는 까닭이다.

「敬」字有二義: 有所施敬而敬之敬是工夫, 若但言敬而無所施, 乃是直指心德之體. 故先儒言「主敬」, 言「持敬」, 工夫在「主」・「持」二字上. 敬爲德體, 而非言畏言愼之比. 『章句』云「無不敬」, 猶言無不仁, 無不義. 現成下一「敬」字, 又現成統下一「止」字, 故又曰「安所止」, 皆贊其已成之德. 工夫只在「緝熙」上. 「緝熙」者, 卽『章句』所謂「常目在之」, 『傳』所謂「日日新, 又日新」也. |1-1|

　“경敬”에는 두 가지 의미가 있는데, 경을 베풀 데가 있어서 경을 행한다고 할 때의 경은 공부이고, 경을 말하고 있지만 베풀 데가 없을 때의 경은 단지 심덕心德의 본체를 가리킨다. 그러므로 선유는 ‘경을 주로 하는 것(主敬)’을 말하고 ‘경을 유지하는 것(持敬)’을 말했으니, 공부는 ‘주로 하는 것(主)’과 ‘유지하는 것(持)’ 두 글자에 있다. 경은 덕의 본체이니 두려워함을 말하고 삼감을 말하는 것에 비길 바가 아니다. 『장구』에서 ‘경건하지 않음이 없다’고 말한 것은, 인하지 않음이 없고 의롭지 않음이 없다는 말과 같다. 이미 ‘경’이라는 한 글자를 말하고 또한 이미 ‘머문다(止)’는 한 글자와 함께 표현했으니, 그러므로 또 ‘머문 곳에서 편안하다’라고 말한 것도 모두 이미 이루어진 덕을 찬양한 것이다.

공부는 다만 '계속해서 빛나는 것'에 있다. '계속해서 빛나는 것'
은 『장구』에서 말하는 "항상 눈이 거기에 있다"는 것이고, 전에
서 말하는 "날마다 날마다 새롭게 하고 또 날마다 새롭게 하라"
는 것이다.

| 뜻풀이 |

왕부지는 경을 두 가지로 나누고 있다. 하나는 공부하는 과정으로서
의 경이고, 다른 하나는 그 결과로 얻게 되는 마음의 본체로서의 경이
다. 주자가 경을 주로 한다, 경을 유지한다고 말할 때, 주로 하고 유지
하는 것이 바로 공부하는 과정이 된다. 공부는 계속하는 데 의의가 있
다. 그러므로 계속해서 갈고 닦아 빛이 나게 해야 하며, 항상 거기에
눈을 두어야 하며, 날마다 새롭게 해야 하는 것이다. 그러한 공부의 과
정을 통해서 이미 이루어진 덕은 바로 본체로서의 경이 되는 것이다.

緣其天理恆明, 昏汚淨盡, 則實理存於心, 而莊敬日
彊. 緣其莊敬日彊, 而欲無不淨, 理無不明, 則德造
其極而無所遷退. 此「緝熙敬止」相因之序也. |1-2|

그 천리가 항상 밝은 것으로 말미암아 어둡고 더러운 것이 다
맑아진다면, 실리實理가 마음에 보존되어 장중한 경이 날로 굳세
게 된다. 그 장중한 경이 날로 굳세게 됨으로 말미암아 욕欲이 맑
아지지 않음이 없고, 리가 밝아지지 않음이 없으면, 덕이 그 극
치를 이루어서 옮기거나 물러나는 바가 없게 된다. 이는 '계속해
서 빛나 경건하게 머무는 것'이 서로 이어지는 순서가 된다.

| 뜻풀이 |

'천리가 항상 밝은 것'은 '계속해서 빛나는 것(緝熙)'이고, 그 결과로
"장중한 경이 날로 굳세게 된다." "장중한 경이 날로 굳세게 되는 것"
은 '경敬'이고, 그 결과로 '옮기거나 물러나는 바'가 없게 된다. '옮기거
나 물러나는 바가 없는 것'이 바로 '지止'이다. 이런 식으로 '집·희·경·
지'가 서로 연관이 된다는 왕부지의 설명이다.

敬但在心體上說,　止則在事上見.　仁敬孝慈信,
皆「安所止」之事也. 緝熙者, 明新之功, 敬止者,
明新之效. 熙而緝, 則不已於明新, 而必止於至
善也. 無不敬而止之安, 則明新不已, 而旣止於
至善矣. 實釋「在止於至善」意, 喫緊在「緝熙」二
字. 諸家拈「敬止」作主者非是. |1-3|

경은 단지 마음의 본체라는 견지에서 말한 것이고, 머무는 것은 일
에서 드러난다. 인仁·경敬·효孝·자慈·신信은 모두 ‘머무는 곳에서 편안
한’ 일이다. 계속해서 빛난다는 것은 밝게 하고 새롭게 하는 공부(功)
이고, 경건하게 머문다는 것은 밝게 하고 새롭게 하는 효과(效)이다.
빛나서 계속되면, 밝게 하고 새롭게 하는 데에만 머무는 것이 아니고
반드시 지극한 선에 머물게 된다. 경건하지 않음이 없고 머문 곳에 편
안하면, 밝게 하고 새롭게 하는 것이 그치지 않아 이미 지극한 선에
머물게 된다. 실제로 “지극한 선에 머무는 데에 있다”는 의미를 해석
하는 때에 요점은 ‘계속해서 빛나는(緝熙)’이라는 두 글자에 있다. 여
러 학자가 ‘경건하게 머문다’는 말을 들어 그것을 위주로 해석한 것은
잘못이다.

왕부지는 결과로서의 경보다, 과정으로서의 경을 더 중요하게 생각한다. 즉 심체상의 경보다 공부상의 경에 중점을 둔다. 공부가 없다면 덕은 이루어질 수 없기 때문이다. 따라서 '계속해서 빛나 경건하게 머무는 것'이라는 말을 해석할 때에도 어디까지나 결과로서의 '경건하게 머무는 것'보다 과정으로서의 '계속해서 빛나는 것'에 중점을 두어야 한다고 주장한다.

朱子謂恂慄威儀爲成就後氣象, 拈出極精. 其又云
「嚴敬存乎中, 光輝著乎外」, 「存」字但從中外上與
「著」字爲對, 非若「存心」·「存誠」之「存」, 爲用力
存之也. 旣云「存乎中」, 又云「氣象」, 此亦大不易
見. 唯日近大人君子, 而用意觀之, 則「存乎中」者,
自有其氣象, 可望而知耳. |2-1|

　주자는 조심하고 두려워하는 것과 위엄 있는 거동은 성취한
후의 기상氣象이 된다고 했는데, 아주 정확하게 지적해 냈다. 그
는 또한 "엄중하고 경건한 것은 속에 있고(存), 밝게 빛나는 것은
밖에서 드러난다(著)"고 말했는데, '있다(存)'는 글자는 속이나 밖
이냐에 따라서 '드러난다(著)'는 글자와 대비가 될 뿐이고, '마음
을 보존한다'와 '정성을 보존한다'의 '보존한다'는 것이 힘써서
보존해야 한다는 의미가 되는 것과 다르다. 이미 '속에 있다'고
말하고 또 '기상'이라고 말했지만, 이것도 마찬가지로 쉽게 드러
나지는 않는다. 오로지 날마다 대인·군자를 가까이하여 주의해
서 관찰해야만, '속에 있는 것'이 저절로 기상을 갖게 되고 조망
하여 알 수 있게 된다.

일반적으로 유학에서 '마음을 보존한다', '정성을 보존한다'라고 하면 노력을 해서 보존하는 것이다. 따라서 그것은 수양에 속하는 일이고 중요한 수양 방법의 하나이다. 그런데 왕부지는 여기에서 '존호중存乎中'이라는 주자의 말을 해석할 때, '속에 보존한다'고 해석해서는 안 되고 '속에 있다'는 정도로 해석해야 한다고 강조한다. 노력해서 보존하라는 강조가 아니라 다만 드러난다는 글자에 대한 대비로 쓰고 있을 뿐이기 때문이다.

所以知恂慄之爲氣象, 而非云存恂慄於中者, 以學脩
之中原有嚴密 學脩皆有. 武毅脩之功, 不待更詠瑟僩. 且
『詩』云「瑟兮僩兮」,¹⁾ 「兮」之爲義, 固爲語助, 而皆
就旁觀者可見可聞, 寓目警心上說 如「挑兮達兮」²⁾·
「侈兮哆兮」³⁾·「發兮揭兮」⁴⁾之類, 皆是. 其藏於密而
致存養之功者, 不得以「兮」詠歎之. |2-2|

1) 엄하고 굳센 모양.

2) 제멋대로 뛰는 모양, 왕래하는 모양.

3) 크게 벌린 모양.

4) 높이 솟은 모양.

　조심하고 두려워하는 것이 기상이 됨을 알면서도, 조심하고 두
려워하는 것을 속에 보존해 둔다고 말하지 않은 까닭은, 배우고 닦
는 가운데 원래 엄하고 치밀하며 배우고 닦는 데에는 모두 있다. 호방하
고 굳센 닦는다. 공功이 있어서, 다시 엄하고 굳센 형상을 읊을 필요
가 없기 때문이다. 또한 『시경』에 "슬혜한혜瑟兮僩兮"라고 했는데,
'혜'의 의미는 본래 어조사이며, 모두 옆에 있는 사람이 볼 수가
있고 들을 수가 있으니, 눈여겨보아서 마음을 경계하라는 것에 대
해 말한 것이다. "도혜달혜挑兮達兮", "치혜치혜侈兮哆兮", "발혜게혜
發兮揭兮"와 같은 종류가 모두 그렇다. 은밀한 곳에 감추어져 있으
므로 존양의 공을 이루는 경우는 '혜兮'로써 영탄할 수가 없다.

조심하고 두려워해야 한다는 것을 알면서도 그것을 보존한다고 말하지 않은 까닭은 그것이 공부하는 과정에 다 포함되는 것이기 때문이고, 또 그 보존되어 있는 모습을 표현하자면 감탄사를 동원할 수밖에 없는데 그렇게 해서는 그 모습을 제대로 표현해 낼 수 없기 때문이다. 예를 들어 조심하고 두려워해야한다는 것을 '조심하네, 두려워하네'라고 표현한다면 그것은 드러난 모습이므로 그것을 보고 다른 사람이 본받을 수는 있겠지만, 자신이 마음속으로 조심하고 두려워하는 모습을 드러내 보여줄 수는 없다.

此「恂慄」字，與上「敬」字略同，皆以言乎已成之德.
但彼言敬，看文王處較深遠闊大，在仁敬孝慈信之無
貳無懈上說；此以「瑟兮僩兮」詠「恂慄」，專於氣象
上相喻耳. |2-3|

이 '조심하고 두려워 함(恂慄)'이라는 글자는 위의 '경'이라는
글자와 대략 비슷한데, 모두 이미 이루어진 덕을 말한다. 다만
저기서 경을 말한 것은 문왕을 본 것이 비교적 심원하고 넓어
인·경·효·자·신을 의심하지 않고 게으르게 하지도 않았다는 데
대해서 말한 것이고, 여기에서는 '엄하고 굳세네'라는 말로 '조
심하고 두려워 함'을 읊어, 오로지 기상氣象으로 서로 비유한 것
이다.

| 뜻풀이 |

경은 마음속에 있는 경우도 있고 마음 밖으로 드러나는 경우도 있기
때문에 이전에는 더 폭넓은 문왕의 덕을 경으로 표현할 수 있었고, 여
기에서는 단지 드러나는 모습을 표현하기 위한 것이었기 때문에 '경'이
라는 글자보다는 '순율'이라는 글자로 표현했다.

「恂慄」二字, 與「威儀」一例, 雖俱爲氣象之善者, 而所包亦廣, 「恂慄」而不能「瑟兮僩兮」者有之矣. 唯此君子之「恂慄」爲「瑟兮僩兮」, 所以爲存中氣象之至善. 詠學脩放此, 亦道此君子學脩之精密, 如切如磋, 如琢如磨, 極其至也. 止此一氣象, 其嚴密武毅者則屬「恂慄」, 其宣著盛大者則屬「威儀」. 『章句』兩「貌」字,[1] 是合倂寫出, 一人不容有二貌也. |2-4|

1) 瑟, 嚴密之貌, 僩, 武毅之貌.

‘조심하고 두려워 함(恂慄)’ 두 글자는 ‘위의威儀’와 같이, 비록 모두 선한 기상이 되지만 포용하는 바가 역시 넓어, ‘조심하고 두려워하나(恂慄)’ ‘엄하고 굳세지(瑟兮僩兮)’ 못한 사람도 있다. 오직 군자의 ‘조심하고 두려워함’이 ‘엄하고 굳세’어야 지극히 선한 기상을 속에 있게 하는 것이 된다. 배우고 닦는 것을 읊은 것도 이와 같으니, 또한 군자가 배우고 닦는 것이 정확하고 치밀함이 자른 듯, 민 듯하며 쪼은 듯 간 듯하여 그 지극함을 다 했음을 말했다. 다만 이 한 가지 기상 중에서 엄하고 치밀하며 호방하고 굳센 것은 ‘조심하고 두려워 함’에 속하고, 환하게 드러나고 성대한 것은 ‘위의’에 속한다. 『장구』의 두 ‘모貌’라는 글자는 합해서 그려낸 것이니, 한 사람이 두 모습을 갖는 것은 쉽지 않다.

‘엄하고 굳세네!’라고 ‘조심하고 두려워하는 것’을 표현했지만, 사실 그것은 ‘조심하고 두려워하는 것’이 최고의 지경에 간 것을 형용하는 말이다. ‘조심하고 두려워 하’더라도 ‘엄하고 굳세’지 못할 수도 있기 때문이다. 더욱이 ‘조심하고 두려워 하’면서도 ‘위의’까지 갖춘다는 것은 언뜻 상반되는 것처럼 보이기 때문에 결코 쉬운 일이 아니다. 그것은 각고의 노력을 통해서만 달성할 수 있는 것이다. 그러므로 절차탁마하여 배우고 닦는 것을 통해 그런 경지에 이른 훌륭한 군자를 백성들이 찬미하고 잊지 못하는 것이다.

但其宣著盛大者, 多在衣冠擧動上見, _{衣冠如「襜如也」之類} 嚴密武毅則就神情氣魄上見　徒有其威儀, 而神情_{嚴密} 氣魄_{武毅} 或疎或弛, 則以知其非根心所生之色, 故以「存乎中」言之　然亦有神情氣魄不失有道者之色, 而擧動周旋, 或脫略而不一中於禮, 則其感人者不著不盛. 故又須威儀之宣著盛大有以傳之, 方是至善. |2-5|

　다만 그 환하게 드러나고 성대한 것은 대부분 의관과 거동에서 나타나고, 의관은 '가지런히 한 것'과 같은 것이다. 엄하고 치밀하며 호방하고 굳센 것은 신정神情과 기백氣魄에서 나타난다. 다만 그 위엄 있는 모습만 있고, 신정과 엄밀하고 치밀함 기백이 호방하고 굳셈 거칠거나 풀어져 있다면, 마음에 뿌리를 두고 생겨난 기색이 아님을 알 수 있다. 그러므로 '속에 있는 것'으로써 말했다. 그러나 또한 신정과 기백이 도道가 있는 사람의 얼굴빛을 잃지 않더라도, 거동하고 주선하는 것이 혹시 벗어나서 하나라도 예에 맞지 않으면, 사람을 감동시키는 것이 드러나지 않고 성대하지도 않게 된다. 그러므로 또한 반드시 위엄있는 모습이 밝게 드러나고 성대해서 전해져야 비로소 지극한 선이다.

마음속에 뿌리를 두고 생겨난 기색이라야 참으로 '엄하고 치밀하며 호방하고 굳센 것'이며, 거동하고 주선하는 것이 모두 예에 맞아야 다른 사람에게 영향을 미칠 수 있다. 결국 '순율'과 '위의'를 모두 갖춘 후라야 지극한 경지라고 할 수 있다는 것이다.

보전補傳

凡『大全』所輯無關疑義者, 則不復著說, 故第四章傳闕.『中庸』·『論語』·『孟子』如此類者尤多.

『대전大全』에 모아 놓은 것들 중 그 뜻에 대해 의문이 없으면, 다시 드러내어 설명을 하지 않았다. 그러므로 제4장 전傳이 빠진 것이다.『중용』·『논어』·『맹자』에는 이와 같은 종류가 더욱 많다.

小註謂「已知之理」, 承『小學』說來, 此乃看得朱子胸中原委節次不妄處. 乃旣以小學所習爲已知之理, 則亦洒掃應對進退之當然, 禮樂射御書數之所以然者是也.

소주小註에서 말한 '이미 아는 이치'는『소학』을 이어서 말한 것인데, 여기에서 바로 주자의 생각 속에는 원래 절차에 맡겨서 법도에 어긋나지 않는 경지가 있음을 알 수 있다. 이미『소학』에서 익힌 것을 이미 아는 이치라고 했으니, 역시 물 뿌리고 쓸고(灑掃) 응대(應對)하고, 나아가고 물러나는(進退) 것의 당연함과, 예禮·악樂·사射·어御·서書·수數의 그러한 까닭(所以然)이 그것이다.

『대학』은『소학』을 이미 배운 사람들을 대상으로 교육하는 것이므로, 주자가 '이미 아는 이치'라고 표현한 것은 이미『소학』에서 배운 이치를 지칭하는 것이라는 왕부지의 설명이다. 그러나 또한 이 이치는 『소학』에서 배운 내용 자체를 지칭하는 것이 아니라, 그 내용의 '당연함'과 '그러한 까닭'이라는 것에 주의해야 한다. 주자는 이 이치를 아는 능력은 사람이 선천적으로 가지고 있다고 본다.

以此求之, 傳文「天下之物莫不有理」八字, 未免有疵.
只此洒掃應對進退·禮樂射御書數, 約略旁通, 已括
盡脩齊治平之事. 自此以外, 天下之物, 固莫不有理,
而要非學者之所必格. 若遇一物而必窮之, 則或如張
華[1]·段成式[2]之以成其記誦詞章之俗儒, 或且就翠竹
黃花·燈籠露柱索覓神通, 爲寂滅無實之異端矣.

1) 張華(232~300)는 西晋의 문학자이자 정치가이며, 저서에는 『女史箴』,
   『博物志』가 있다.
2) 段成式(?~863)은 唐의 문인이며, 저서에는 『酉陽雜俎』가 있다.

이를 근거로 살펴보면, 전문傳文의 "천하의 모든 대상이 이치를
가지고 있지 않은 것이 없다(天下之物莫不有理)"는 여덟 글자는 흠이
있다. 다만 이 물 뿌리고 쓸고, 응대하고, 나아가고 물러나는 것
과 예·악·사·어·서·수는 간략하면서도 두루 통하여, 이미 몸을
닦고 집안을 가지런히 하고 나라를 다스리고 세상을 평화롭게
하는 일을 포괄한다. 이외에도 천하의 대상은 본래 이치를 가지
고 있지 않은 것이 없으나, 배우는 사람이 반드시 다 파악해야
하는 것은 아니다. 한 대상을 만날 때마다 반드시 그 대상의 이
치를 파악해야 한다면, 혹 장화張華와 단성식段成式이 사장詞章을
기억해서 암송하는 속된 유생이 된 것과 마찬가지이고, 혹은 또

'취죽翠竹황화黃花'·'등롱燈籠노주露柱'와 같은 화두話頭에 나아가서
신통을 찾는 것이니, 적멸무실寂滅無實의 이단이 된다.

| 뜻풀이 |

우리의 인식 능력은 특수를 통해서 보편을 인식할 수 있으므로 천하
의 모든 대상을 다 파악한 다음에야 보편을 안다고 할 수는 없다. 또
주자가 주로 말하는 이치란 대부분 윤리적 이치를 지칭한다. 그런 윤리
적 이치는 이미 우리가 마음속에 갖고 있는 것이다. 따라서 모든 대상
을 다 파악할 필요도 없으며, 그런 이치를 깨우쳐 줄만한 몇몇 대상을
파악함으로써 충분히 내 마음 속에 본래 갖추고 있는 이치를 터득할
수 있다. 내 마음 속에 없는 것을 만들어내는 것이 아니라, 원래 있는
것을 깨우칠 뿐이기 때문이다.

所謂誠其意者, 毋自欺也. 如惡惡臭, 如好好色, 此
之謂自謙. 故君子必愼其獨也. 小人閒居爲不善, 無
所不至, 見君子而后, 厭然揜其不善, 而著其善. 人
之視己 如見其肺肝然, 則何益矣! 此謂誠於中, 形
於外. 故君子必愼其獨也. 曾子曰, 十目所視, 十手
所指, 其嚴乎! 富潤屋, 德潤身, 心廣體胖, 故君子
必誠其意.

이른바 그 뜻을 정성스럽게 한다는 것은 스스로 속이지 않는 것이다. 악취를 싫어하듯이 하며, 이성을 좋아하듯이 하는 것을 스스로 만족하는 것이라고 한다. 그러므로 군자는 반드시 그 홀로 있을 때에 삼간다. 소인이 한가롭게 거처할 때에 착하지 않은 일을 하여 못하는 짓이 없다가, 군자를 본 이후에 겸연쩍어 하며 그 선하지 않은 행위를 가리고 선한 행위를 드러낸다. 그러나 다른 사람들이 자기를 보는 것이 그 폐와 간을 보는 것 같이 훤히 알 것이니, 무슨 유익이 있겠는가! 이것을 일러 속에서 정성스러우면 밖으로 드러난다고 한다. 그러므로 군자는 반드시 그 홀로 있을 때에 삼간다. 증자는 "열 눈이 보는 바이고 열 손가락이 가리키는 바이니, 엄하도다!"라고 말했다. 부유함은 집을 윤택하게 하고 덕은 몸을 윤택하게 하니, 마음이 넓어지고 몸이 펴진다. 그러므로 군자는 반드시 그 뜻을 정성스럽게 한다.

선유는 앎을 완성하고 대상을 파악하는 것을 앎에 속하는 것
으로, 뜻을 정성스럽게 하는 것 이하를 행함에 속하는 것으로 구
분했는데, 이는 『대학』을 두 절로 구분하는 것과 통한다. 크게
나눈다면 이와 같지만, 만약 한 항목씩 차례로 공부해 본다면,
앎을 완성하고 대상을 파악하는 것에도 행함이 있으며, 뜻을 정
성스럽게 하는 것 이하에서 천하를 평화롭게 하는 데 이르는 부
분에도 역시 앎이 없는 것은 아니다.

| 뜻풀이 |

왕부지는 『대학』의 '대상을 파악하는 것'으로부터 '천하를 평화롭게
하는 것'까지, 8조목 모두에 앎과 행함이 있는 것이라고 본다.

대상을 파악하고 앎을 완성하는 데에도 행함이 있다는 것은 마치 사람이 바둑을 배우는 것과 비슷한데, 하루 종일 기보를 보면서 바둑돌을 놓아본다고 하더라도 돌이 죽고 사는 맥을 이루 다 통달할 수는 없다. 반드시 직접 대국을 해 본 후에야 기보 안팎의 이치에 대해 그 도리를 모두 깨우칠 수가 있다. 그런데 마음을 기울여 기보를 보면서 바둑돌을 놓아보는 일은 이미 힘써 행하는 것에 속한다.

| 뜻풀이 |

대상을 파악하고 앎을 완성하는데도 앎만 필요한 것이 아니라 행함도 필요한 것임을 바둑을 두는 것을 예로 들어 설명하고 있다. 바둑책만 보는 것으로는 참으로 바둑을 파악하고 알았다고 할 수 없으므로, 실제로 다른 사람과 대국을 해봐야 한다. 또한 바둑책을 보면서 바둑돌을 놓아보는 것 자체도 행함에 속한다는 것이다.

蓋天下之事, 固因豫立, 而亦無先知完了方纔去行之
理. 使爾, 無論事到身上, 縣你從容去致知不得; 便
儘有暇日, 揣摩得十餘年, 及至用時, 不相應者多矣.
如爲子而必誠於孝, 觸目警心, 自有許多痛癢相關
處, 隨在宜加細察, 亦硬靠著平日知道的定省溫淸樣
子做不得. 是故致知之功, 非抹下行之之功於不試,
而姑儲其知以爲誠正之用. 是知中亦有行也. |1-3|

세상의 일은 미리 짐작할 수 있기는 하지만 먼저 모든 것을 다
알고(知) 난 뒤에라야 비로소 행할 수 있다는 법은 없다. 그렇게 하
더라도 일이 막상 몸에 닥쳤을 때, 자연스럽게 앎을 완성할 수 없
음은 물론, 내내 한가하게 10여 년 동안을 헤아리더라도 사용할
때에 이르러서는 상응하지 않는 것이 많을 것이다. 만약 자식으로
서 반드시 참된 효도를 하려고 한다면, 보는 것마다 마음을 쓰면
자연히 절실하게 관계되는 것이 많이 있으므로 언제 어디서든 응
당 자세히 살펴야 하는 것이지, 고지식하게 평상시에 알고 있는 대
로 아침 저녁으로 문안하고 따뜻하고 서늘함을 살펴드리는 것 같
은 정도에만 의거해서는 안 된다. 그러므로 앎을 완성하는 공부는,
행하는 일을 시험해 보지 않고 없애버리는 것이 아니라, 우선 그
앎을 쌓아서 정성스럽게 하고 마음을 바르게 하는 방법으로 삼는
것이다. 이것은 앎 가운데 역시 행함이 있다는 것이다.

앎과 행함은 긴밀하게 연결되어 있으므로 앎을 완성한 다음에 행함에 옮기는 것이 아니라는 것이다. 우리가 알아야 하는 대상은 한이 없으므로 그 대상을 다 알 수도 없고 그럴 필요도 없을 뿐만 아니라, 또 충분히 대상에 대해 알았다고 하더라도 그것을 행함에 옮겼을 때에 반드시 옳음을 보장해 줄 수는 없다. 그러므로 앎을 완성하는 공부도 행하는 공부와 병행되어야만 참으로 앎을 완성하는 공부가 된다고 왕부지는 주장한다. 예를 들어 보자. 우리는 어릴 때 효도에 대해 배운다. 가장 흔하게 듣는 말 하나는 "아침 저녁으로 문안드리고 잠자리를 돌보며 겨울에는 따뜻하게 해드리고 여름에는 서늘한지 살펴드려야 한다"는 것이다. 그러나 그것은 효도의 원리가 아니고 한 가지 예에 불과하므로 그것으로 효도를 다 했다고 할 수는 없다. 다른 행동 지침도 마찬가지이다. 만약 "이런 때는 이렇게 하라"는 식으로 효도의 지침을 세운다면 한이 없을 것이다. 또 아무리 효도에 대해 많이 배웠다고 한들 그것을 행함으로 옮기지 않으면 참으로 효도하는 사람이라고 할 수 없다. 효도를 하려는 사람은 반드시 마음을 다해 부모님의 마음을 살피고 부모님과 관계되는 일들에 주의를 기울여 자신의 최선을 다하면 된다. 그 때에 자신이 아는 효도에 대한 지식이 하나의 지침이 될 수 있다. 그러나 그것이 효도에 대한 모든 것을 알려줄 수 있는 것은 아니다. 그러므로 왕부지의 말대로라면 효도를 하려는 사람은 반드시 효도에 대해 아는 것에 만족하지 말고 행함으로 옮겨야 한다. 그래야 앎도 참된 앎이 될 수 있다. 그런 의미에서 앎 가운데도 행함이 있다고 말하는 것이다.

효도뿐만 아니라 세상의 모든 인간관계나 일도 마찬가지이다. 어떻게 모든 구체적인 상황에 대해 그 행동 지침을 일일이 내 놓을 수 있겠는가! 그러나 사람의 인식능력은 모든 대상이나 일을 파악하지 않아도 그 중요한 일부를 파악함으로써 보편적인 원리를 깨우칠 수 있다. 이것이 바로 주자가 말한 '활연관통豁然貫通'이라는 말이다. 무슨 도통한다는 의미(모든 것을 다 안다는 식으로)가 아니다.

知此, 則誠意以下亦有知之之功, 亦可知矣. 如意纔起處, 其爲善爲惡之分界有顯然易別者, 夙昔所致之知可見其效, 而無待於更審矣. 其疑善疑惡, 因事幾以決, 亦有非夙昔之可豫知者. 則方愼之際, 其加警省而爲分別也, 亦必用知. |1-4|

　이것을 알면 뜻을 정성스럽게 하는 것 이하에도 역시 앎의 공부가 있음을 알 수 있다. 예를 들어 뜻이 막 발할 때, 그것이 선이 되고 악이 되는 경계가 뚜렷이 쉽게 구별되는 경우에는 예전에 완성한 앎이 그 효과를 드러낼 수 있게 되므로 다시 살펴 볼 필요가 없다. 하지만 그것이 선으로 될지 악으로 될지 모르는 경우에는 그 일의 징후로 결정해야 하고 예전에 알고 있는 것을 근거로 미리 판단할 수 없는 것이 있다. 그러므로 삼가는 때에 더욱 살펴서 분별을 하여야 하기 때문에 반드시 앎을 사용하여야 한다.

　위의 경우와는 반대로 뜻을 정성스럽게 하는 일로부터 천하를 평화롭게 하는데 이르기까지도 주자는 그것을 행동에 포함시켰지만, 역시 그 가운데에도 앎의 영역이 있을 수 있다. 무조건 정성스럽게 한다고 해서 모든 일이 다 제대로 되는 것이 아니고 반드시 미리 알아서 해야 하는 일이 있다. 예를 들어 나라를 다스리는 일은 최선을 다한다고 해서 최선의 결과가 보장되지는 않는다. 반드시 나라를 다스리는 방법이라든가 나라가 당면한 현재의 상황이라든가 하는 것을 알아야만 올바른 판단을 내릴 수 있고 올바른 행동을 해나갈 수 있다. 그러므로 왕부지는 행함에도 앎이 절대적으로 필요하다고 한다. 즉, 왕부지의 사상에서 이론과 실천은 딱 잘라서 분리되는 것이 아니고 하나로 결합되어 있다. 실천을 통해 이론을 검증하고 이론을 통해 실천의 지침을 마련한다는, 거칠게 요약한 변증법의 이론과 실천 논리에 가장 근접한 생각을 내놓은 사람이 동양의 사상가 중에서는 왕부지라고 할 수 있다.

即以好好色惡惡臭言之, 起念好惡時, 惺然不昧, 豈不屬知? 好而求得, 惡而求去, 方始屬行. 世豈有在心意上做工夫, 而死守舊聞, 一直做去, 更不忖度之理? 使然, 非果敢而窒者, 則亦硜硜之小人而已. |1-5|

　이성을 좋아하고 악취를 싫어하는 것으로 말해 보자. 좋아하는 것과 싫어하는 생각이 일어날 때, 분명하게 그것을 알아차리는 것 자체는 바로 앎의 영역에 속한 것이 아닌가? 좋아서 얻고자 하고 싫어서 버리고자 해야 비로소 행함의 영역에 속할 것이다. 세상에 어찌 마음공부를 하는 사람으로서 지나간 견문을 사수하여 줄곧 그대로 행하고 다시 헤아려 보지 않을 리 있겠는가? 만일 그렇다면 과감하지만 꽉 막힌 사람이거나 답답한 소인일 뿐이다.

| 뜻풀이 |

　예를 들어 이성을 좋아하고 악취를 싫어하는 것을 가지고 말해 본다면, 이성에 대해서 '좋다'라고 판단한다든가 악취에 대해서 '싫다'라고 판단하는 것은 앎에 속하고, 그 이성과 사귀고자 한다든가 악취를 제거한다든가 할 때에 비로소 행함의 영역에 속한다는 것이다. 그러므로 여기에도 앎과 행함이 다 있다고 할 수 있다.

大要致知上總煞分明, 亦只是大端顯現; 研幾審理,
終其身而無可輟也. 倘云如白日麗天, 更無勞其再用
照燭, 此聖神功化極致之所未逮, 而況於學者! 而方
格致之始, 固事在求知, 亦終不似俗儒之記誦講解以
爲格物, 異端之面壁觀心以爲致知, 乃判然置行於他
日, 而姑少待之也. |1-6|

대체로 앎을 완성하는 일의 요지는 매우 분명하나, 다만 커다란 단서만 뚜렷할 뿐이다. 징후와 이치를 파악하고 살피는 것은 죽을 때까지 그만두어서는 안 된다. 만약에 누군가 하늘에서 태양이 빛나는데 다시 촛불을 밝히는 수고를 하지 말라고 한다면, 이는 바로 성스러운 조화가 극에 달하더라도 미치지 못하는 곳인데, 하물며 아직도 배우는 사람들에 있어서랴! 게다가 대상을 파악하고 앎을 완성하기 시작할 무렵에 중요한 일은 앎을 구함에 있으니, 속된 유학자들이 외우고 풀이하는 것을 대상을 파악하는 것(格物)이라고 하고, 이단들이 벽만 바라보고 앉아 마음을 관찰하는 것을 앎을 완성하는 것(致知)이라고 하여, 행하는 것을 딱 잘라서 후일로 미루어 놓고 잠시 기다린다는 것과는 같지 않다.

앎과 행함은 함께 가는 것이기 때문에 앎이 행함에 앞서는 것이라고 할 수 없다. 바로 이런 부분에서 유학의 공부가 이단인 불교의 참선과 다르다고 왕부지는 주장한다. 불교도들이 그런 식으로 참선을 하여 앎을 완성했다고 하더라도 실제적인 행함에 옮길 때에는 잘못이 있을 수밖에 없다는 것이 왕부지의 생각이다. 앎의 최고 경지에 오르기 위해서는 끊임없이 평생 파악해야 한다. 그러나 그렇더라도 행함을 뒤로 미루어 놓아서는 안 될 것이며 계속되는 행함을 통하여 앎을 검증하고 완성해 나가야 할 것이다.

이것을 알면, 곧 제 6장 전傳『장구』에서 말하는 '자기 혼자 아는 것'과 제 8장 전문에서 말하는 '나쁜 점을 아는 것', '좋은 점을 아는 것' 등은 모두 행함 속의 앎이므로, 뜻을 정성스럽게 하는 공부가 앎을 완성하기 전인지 앎을 완성한 후인지에 대해서 분쟁할 필요가 없다. 경은 선후를 말했지 전후를 말하지 않았다. 전후는 옛날과 지금을 말하는 것이고, 선후는 완급을 말하는 것이다.

| 뜻풀이 |

왕부지는 명쾌하게 결론을 내린다. "경經은 선후를 말했지 전후를 말하지 않았다"고. 왕부지의 해석에 의하면 전후는 시간적 순서이며 선후는 완급의 순서이다. 즉, 시간적으로 전에 하고 후에 하는 문제가 아니라, 중요도에 따라 우선 급하게 하고 천천히 하는 문제라는 것이다. 그는 '치지'와 '성의'의 순서만을 논하고 있지만『대학』의 8조목 전체도 그렇다고 할 수 있을 것이다. 물론 왕부지의 말에도 문제가 있다. 급하게 하는 것이 결국 시간적으로도 앞에 오지 않겠는가? 그러나 왕부지가 강조하고자 하는 것은『대학』의 8조목을 엄격하게 시간상의 전후로 해석해서는 안 된다는 점이다.

『或問』云:「無不好者拒之於內, 無不惡者挽之於中.」[1] 夫好惡而必聽命於中之所爲主者, 則亦必有固好者挽之於內, 固惡者拒之於中矣. |2-1|

1) 원문에는 두 '無'字 앞에 '未能'字가 붙어 있다.

『혹문』에서 "좋아하는 것은 안에서 거부할 수 없고, 싫어하는 것은 속에서 당길 수 없다"고 했다. 좋아하고 싫어하되 반드시 속에서 주체가 되는 것으로부터 명령을 듣고 따라야 한다. 그런 즉 반드시 본래 좋아하는 것은 안에서 그것을 당기고, 본래 싫어하는 것은 속에서 그것을 거절한다.

| 뜻풀이 |

참으로 좋아하거나 싫어하는 것은 억지로 해서 되는 것이 아니고, 속에서 저절로 우러나와 자연스럽게 그렇게 되는 것이다.

傳文原非以「毋自欺」爲「誠其意」硬地作註腳, 乃就
意不誠者轉念之弊而反形之. 自欺是不誠. 若無不
誠, 亦須有誠. 要此誠意之功, 則是將所知之理, 遇
著意發時撞將去, 敎他喫個滿懷; 及將吾固正之心,
喫緊通透到吾所將應底事物上, 符合穿徹, 敎吾意便
從者上面發將出來, 似竹笋般始終是者個則樣. 如此
撲滿條達, 一直誠將去, 更不敎他中閒招致自欺, 便
謂之毋自欺也. |2-2|

전문은 원래 '스스로 속이지 말 것(毋自欺)'으로 '그 뜻을 정성스
럽게 함(誠其意)'을 확실하게 주석했던 것이 아니라, 도리어 뜻이 정
성스럽지 않은 사람이 이리저리 생각을 바꾸는 폐해에 대해서 말
함으로써 거꾸로 뜻을 정성스럽게 하는 것을 형용하려 한 것이다.
스스로 속이는 것은 정성스럽지 못한 것이다. 정성스럽지 않음이
없게 하려면 반드시 정성스러움을 가져야 한다. 뜻을 정성스럽게
하는 공부는 이미 알고 있는 이치를 뜻이 발하는 시기에 활용하여
그것이 마음에 꽉 차도록 하는 것이다. 그리고 본래 바른 나의 마
음이 내가 대응하는 일과 대상을 투철하게 꿰뚫어서 철저하게 부
합하여, 그 상면으로부터 내 뜻이 발하여 나오도록 하는데, 죽순이
돋아 나오는 것과 같이 처음부터 끝까지 그런 모습을 지니도록 하

는 것이다. 이와 같이 마음에 꽉 찬 것이 조그마한 데까지 도달하여 한결같이 정성스럽게 하여 다시 중간에 스스로 속이는 일이 일어나지 않도록 하는 것을 곧 '스스로 속이지 않는 것'이라 한다.

| 뜻풀이 |

'스스로 속이지 않는 것'은 '성의'를 정의한 것이 아니고, 오히려 그 반대의 측면을 이야기함으로써 '성의'를 드러내려 했다는 것이다. 우리가 A는 B라고 이야기하지 않고 A는 C가 아니고 D가 아니고 E가 아니라고 이야기해서 A를 드러내려 하는 것과 같다. 공자도 인을 이야기할 때 인이란 이런 것이라고 말하지 않고 이런 것은 인이 아니라고 하여 간접적으로 인을 드러내려 했다. 왕부지가 말하는 '성의'는 결국 이미 알고 있는 이치가 마음에 꽉 차도록 해서 대상을 투철하게 꿰뚫어 그로부터 뜻이 나오도록 하는 것이라고 요약할 수 있겠다.

傳者只爲「誠其意」上更無可下之語, 只說誠意已足. 故通梢說個「毋自欺」. 『章句』云「毋者禁止之辭」, 如今郡縣禁止詞訟, 只是不受, 非挐著來訟者以刑罰治之也. 不然, 虛內事外, 只管把者意揀擇分派, 此爲非自欺而聽其發, 此爲自欺而遏絶之, 勿論意發於倉卒, 勢不及禁, 而中心交戰, 意爲之亂, 抑不能滋長善萌. 況乎內無取正之則·篤實之理爲克敵制勝之具, 豈非張空拳而入白刃[1]乎? 經傳皆云「誠其意」, 不云「擇其意」·「嚴其意」, 後人蓋未之思耳. |2-3|

---

1) 司馬遷, 「報任安書」, "然李陵一呼勞軍, 士無不起, 躬流涕, 沫血飮泣, 張空拳, 冒白刃, 北首爭死敵."

전傳은 다만 "그 뜻을 정성스럽게 하라"는 것에 대해 더 이상할 말이 없어서, 다만 뜻을 정성스럽게 한다고 말하면 충분하다. 내내 "스스로 속이지 말 것"을 여러 번 말하고 있다.『장구』에서 "무毋라는 것은 금지하는 말이다"라고 말했는데, 이는 요즈음 군현이 소송을 금지하는 것과 같이, 다만 소송을 받아들이지 않을 뿐 소송한 사람을 체포하여 형벌로 다스리지 않는 것과 같다. 그렇지 않으면 안은 텅 빈 채로 바깥을 꾸며 오직 뜻을 구별하고 나누는데에만 힘써, 뜻이 스스로 속이는 것이 아니면 그것이 발하도록 놔두고, 뜻이 스스로 속이는 것이 되면 그것을 막아 끊어버린다. 그렇게 되면 뜻이 갑자기 발하여 그 형세를 막을 수 없으므로, 마음에서 싸움이 생기고 뜻이 어지럽게 될 뿐만 아니라, 또한 좋은 싹을 길러 낼 수 없을 것이다. 하물며 안에 적을 이기고 승리를 도모하는 도구가 되는 바른 원칙과 독실한 이치를 갖지 못한다면, 어찌 빈 활을 당기면서 적의 칼날 속으로 뛰어드는 어리석은 짓을 하는 것이 아니겠는가? 경전에서는 다 "그 뜻을 정성스럽게 하라"고 했지, "그 뜻을 선택하라" 혹은 "그 뜻을 엄하게 하라"고 말하지는 않았는데, 후세 사람들이 모두 그것을 생각하지 않았을 뿐이다.

| 뜻풀이 |

뜻을 정성스럽게 하기만 하면 스스로 속이지 않게 된다. 그런데도 어떤 사람은 뜻을 정성스럽게 하는데 힘을 쓰지 않고, 어떤 것이 스스로 속이는 것인가 아닌가를 가리는데 힘쓰는데, 그렇게 해서는 뜻이 발할 때 금지하지 못해서 어지럽게 될 뿐이다. 이것을 왕부지는 관청에서 소송을 받아들이지 않는 것으로 비유하고 있다. 즉, 관청에서 소송을 받아들이지 않으면 되는 것이지 혹 소송을 제기하는 사람이 있다고 해서 쫓아다니며 벌을 줄 필요는 없는데, 뜻을 가리는 사람은 마치 쫓아다니며 벌을 주는 것과 같다는 것이다.

但當未有意時,　其將來之善幾惡幾,　不可預爲擬制,
而務於從容涵養, 不可急迫迫地逼敎好意出來. 及其
意已發而可知之後, 不可强爲補飾, 以涉於小人之揜
著. 故待己所及知, 抑僅己所獨知之時而加之愼. 實
則以誠灌注乎意,　徹表徹裏,　徹始徹終,　彊固精明,
非但於獨知而防之也. |2-4|

　그러나 뜻이 아직 있지 않을 때는 그것이 장차 선한 것이 될지
악한 것이 될지 예측할 수 없으니, 조용히 함양하는 데 힘써야지
성급하게 좋은 뜻이 나오도록 강요해서는 안 된다. 그 뜻이 이미
발하여 그것을 알 수 있게 된 이후에는 억지로 보충하고 꾸며서
선하지 않은 것은 가리고 선한 것은 드러내는 소인처럼 해서는
안 된다. 따라서 자기가 앎에 미치기를 기다리거나, 다만 자기가
홀로 아는 것을 삼갈 때에 더욱 삼간다. 사실 정성을 뜻에 쏟아
부어 겉부터 속까지 처음부터 끝까지 강고彊固하고 정명精明하게
하는 것이지, 단지 홀로 아는 데에서 뜻을 방어할 뿐만은 아니다.

| 뜻풀이 |

　뜻은 부정적인 면에서 금지·강요할 수 없는 것이고, 긍정적인 면에
서 자연스럽게 발휘되도록 해야 한다는 것을 계속 강조하고 있다.

愼字不可作防字解, 乃縝密詳謹之意. 惡惡臭, 好好色, 豈有所防哉? 無不好, 無不惡, 卽是愼. 蓋此誠字, 雖是用功字, 原不與僞字對; 僞者, 欺人者也. 乃與不誠爲對; 如『中庸』言「不誠無物」[1]之不誠. 不誠則或僞, 僞不僅於不誠. 不誠者, 自欺者也; 不誠則自欺, 自欺則自體不成, 故無物. 若僞, 則反有僞物矣. 總爲理不滿足, 所以大槩說得去·行得去便休. |2-5|

1) 『中庸』二十章.

'삼간다'는 글자를 '막는다'는 의미로 해석해서는 안 되니, 이는 곧 엄밀하고 세세히 삼간다는 뜻이다. 악취를 싫어하는 것과 이성을 좋아하는 것이 어찌 막는 것이겠는가? 좋아하지 않음이 없는 것과 싫어하지 않음이 없는 것이 곧 '삼감(愼)'이다. 이 '정성스러움(誠)'이라는 글자는 비록 공부와 관련되는 글자이지만, 원래 '거짓(僞)'이라는 글자와 대응되는 것은 아니다. '거짓'은 다른 사람을 속이는 것이다. 그것은 '정성스럽지 않음(不誠)'과 대응되는 것이니, 『중용』에서 "정성스럽지 않으면 아무 것도 없다(不誠無物)"고 말할 때의 정성스럽지 않음이다. 정성스럽지 않으면 혹 속이게 되지만, 속이는 것은 정성스럽지 않는 데에만 그치지 않는다. 정성스럽지 않다는 것은 스스로 속이는 것이다. 정성스럽지 않으면 곧 스스로 속이고, 스스로 속이면 본체를 이루지 못한다. 그러므로 아무것도 없다. 만약 속이면 도리어 거짓된 것이 있게 된다. 그러한 것들은 결국 이치가 되기에는 만족스럽지 않아, 대부분 말하거나 행하려고 하면 곧 작용을 멈추게 된다.

| 뜻풀이 |

뜻을 정성스럽게 하는 것은 뜻을 오직 한군데 쏟아 붓는다는 것이지, 그 뜻을 단속한다는 것이 아니다. 뜻은 또 단속할 수 있는 것도 아니다. 정성스럽지 못하면 마음속에 어떤 주관도 성립되지 못한다. 그것을 『중용』에서는 "정성스럽지 않으면 아무 것도 없다(不誠無物)"고 표현했다. 오직 뜻을 정성스럽게 할 때에만 마음속에 주관이 뚜렷하게 서서 행함이나 말의 지침으로 삼을 수 있다. 그렇지 못하면 실제로 말하거나 행할 때 아무런 도움도 주지 못하게 된다.

『詩』云「何有何亡, 黽勉求之」,[1] 只爲是個貧家, 所以扯搜敎過. 若誠其意者, 須是金粟充滿, 而用之如流水, 一無吝嗇, 則更不使有支撑之意耳. 此則愼獨爲誠意扣緊之功, 而非誠意之全恃乎此, 及人所共知之後, 遂無所用其力也. 雖至人所共知, 尚有有其意而未有其事之時. 意中千條百緖, 統名爲意. |2-6|

1) 『詩經』「邶風·谷風」.

『시경』에서 "무엇이 있고 무엇이 없는가를 살펴 열심히 구했다"라고 말했는데, 이는 다만 가난한 집이었기 때문에 할 수 없이 지나치게 단속하게 된 것이다. 그 뜻을 정성스럽게 하는 사람은 마치 재물과 곡식이 가득 차고 그것을 흐르는 물처럼 사용하여 조금도 인색하지 않은 것과 같아서, 유지하려는 뜻이 없게 한다. 홀로 있을 때에 삼가는 것이 뜻을 정성스럽게 하는 면에서 중요한 공부이지만, 뜻을 정성스럽게 하는 것이 이것을 전적으로 의지하는 것은 아니며, 사람들이 함께 알게 된 이후에는 그 힘을 쓸데가 없게 된다. 비록 사람들이 함께 아는 것에 미치더라도, 그 뜻은 있으나 그것이 아직 일로 드러나지 않을 때가 있다. 뜻 가운데는 수 만 가지 종류가 있는데 그것을 통틀어 뜻이라고 할 뿐이다.

성의란 부정적인 측면에서 무엇을 단속하거나 억제하는 것이 아니라, 반대로 긍정적인 측면에서 넘쳐나도록 해야 하는 것이다. 이것을 왕부지는 다음과 같은 예로 비유한다. 즉 뜻을 정성스럽게 하는 것은 가난한 집에서 무엇이 모자라는지 항상 신경을 쓰는 것과 같은 것이 아니라, 부잣집에서 넘치는 것을 자유롭게 쓰는 것과 같다는 것이다. 삼간다고 해서 몸조심을 하는 정도로 뜻을 정성스럽게 하는 것을 생각해서는 안 된다는 것이다. 정성스러운 뜻을 마음에 꽉 차게 해서 그것이 몸에 배어 자연스럽게 행할 수 있을 때, 그것을 뜻을 정성스럽게 한 것이라고 할 수 있다는 것이다.

뜻이 정성스럽지 못하기 때문에 어쩔 수 없이 스스로 속이려
고 한다. 평상시에 스스로 속이는 단 하나의 길도 열지 않으려고
한다면, 뜻을 발할 때 그 정성스러움을 힘써 이룬 것이 마땅히
얼마나 돈독하겠는가! 그러므로 뜻을 정성스럽게 하는 것은 반
드시 스스로 속이지 않는 것이며, 또한 스스로 속이는 것을 미리
금지하는 것 역시 뜻을 정성스럽게 하는 방법이므로 둘은 서로
이루어 주는 것이 된다.

| 뜻풀이 |

평소에 스스로 속이지 않으면 뜻은 정성스럽고, 뜻이 정성스러우면
스스로 속이지 않는다. 그러므로 둘은 밀접하게 관련되어 있다.

惡惡臭, 好好色, 是誠之本體. 誠其意而毋自欺, 以
至其用意如惡惡臭·好好色, 乃是工夫至到, 本體透
露. 將此以驗吾之意果誠與否則可. 若立意要如此,
而徑以如惡惡臭·如好好色, 則直是無下手處. |3-1|

악취를 싫어하고 이성을 좋아하는 것은 정성스러움의 본체이
다. 그 뜻을 정성스럽게 하여 스스로 속이지 말아서, 그 뜻을 사
용하는데 악취를 싫어하고, 이성을 좋아하는 듯이 하여 공부가
경지에 도달하면 본체가 뚜렷하게 드러난다. 이것을 가지고 나의
뜻이 과연 정성스러운지를 증명하면 된다. 만약 뜻을 세우기를
이와 같이 하려고 하여 곧바로 악취를 싫어하고 이성을 좋아함
과 같이 하려고 한다면 착수할 데가 없게 된다.

| 뜻풀이 |

정성스러움을 자연스럽게 드러내는 경지는 금방 되는 것이 아니고
공부를 통해서 어느 정도의 경지에 도달했을 때 가능하다. 처음부터 악
취를 싫어하고 이성을 좋아하듯이 하려고 한다면 불가능하다.

이성을 좋아하고 악취를 싫어하는 것은 이미 그렇게 되었다면 막을 수가 없고, 아직 그렇게 되지 않았다면 안배를 할 겨를이 없으므로 바로 정성스러움이라고 할 수 있다. 이와 같지 않은 사람은 환관이 이성을 밝히지 않는 것이나, 코 막힌 사람이 악취를 맡을 수 없는 것과 같으니, 어찌 힘을 쓸 데가 있겠는가?

| 뜻풀이 |

악취를 싫어하고 이성을 좋아하는 것은 자연스러운 것이기 때문에 뜻을 정성스럽게 하는 단계가 그런 정도에 이른 사람은 저절로 그렇게 되기 마련이다. 그러나 그렇지 못한 사람이 억지로 그렇게 할 수 있는 것은 아니다. 한편으로 전혀 뜻을 정성스럽게 하려는 노력조차 안 하는 사람은 환관이나 코가 막힌 사람과 같아서 이성을 좋아할 줄도 모르고 악취를 싫어할 줄도 모른다.

『章句』之說，與『或問』異，看來，『或問』於傳文理勢較順．傳云「此之謂自謙」，明是指點出誠好誠惡時心體，非用功語．『章句』中「務」字・「求」字,[1] 於語勢旣不符合，不如『或問』中「旣如此矣」「則庶乎」七字之當．『或問』雖有「而須臾之頃，纖芥之微，念念相承，無少閒斷」一段，自以補傳意之所必有，非於此始著力，如『章句』「務決去，求必得」之喫緊下工夫也．其云「內外昭融，表裏澄徹」，正是自謙時意象，而心正身脩，直自謙者之所得耳．如此，則「故君子」一「故」字亦傳遞有因．不爾，亦鶻突不分明矣．此文勢順不順之分也． |4-1|

1) 務決去而求必得之.

『장구』의 설명은『혹문』과 다른데, 살펴보면『혹문』이 전문傳文의 문장 흐름을 비교적 잘 따르고 있다. 전傳에 "이것을 스스로 만족함(自謙)이라고 말한다"고 한 것은 분명히 진실로 좋아하고 진실로 싫어할 때의 마음의 본체를 지적해 낸 것이지, 공부하는 과정을 말한 것이 아니다.『장구』가운데의 '힘쓴다(務)', '구한다(求)'는 글자는 어세에 비추어 보아 맞지 않으니『혹문』중의 "이미 이와 같다(旣如此矣)”, “그러면 되리라(則庶乎)”는 일곱 글자들이 합당한 것만 못하다. 『혹문』에 비록 “잠깐 사이의 터럭같이 작은 것도 생각을 계속하여 조금도 중단하지 않는다”는 한 문단이 있지만, 그것은 전의 뜻에 반드시 있는 것을 보충한 것이지, 여기에서 비로소 힘을 써 『장구』에서처럼 “완전히 없애기를 힘쓰고 반드시 얻기를 구한다”는 것 같은 간절한 공부를 한다는 것은 아니다. “안팎이 환하게 빛나고 겉과 속이 맑게 뚫린다”는 말은 바로 스스로 만족(自謙)할 때의 뜻의 모습이니, 마음이 바르게 되고 몸이 닦이는 것은 바로 스스로 만족한 사람이 얻는 것이다. 이와 같다면 ‘그러므로 군자는’의 ‘그러므로’라는 글자가 이 문장에서 중요한 역할을 한다. 그렇지 않다면 갑작스럽게 느껴져 문장의 뜻이 분명하지 못하게 된다. 이는 문장의 흐름이 순조로운가의 여부가 나뉘는 자리이다.

| 뜻풀이 |

왕부지는 『대학』에서 스스로 만족함이라고 표현한 것은 공부하는 과정을 표현한 것이 아니라 공부를 통해서 얻은 마음의 상태를 표현한 것이라고 본다. 그러므로 주자가 『장구』에서 ‘힘쓴다’, ‘구한다’는 식으로 표현한 것은 잘못이라고 한다. 왜냐하면 그것은 공부하는 과정을 표현하는데 적절한 말이지, 그 과정을 통해 얻은 마음의 상태를 표현하는 말이 아니기 때문이다. 오히려 『장구』에서 스스로 만족함을 적절히 표현한 말은 “안팎이 환하게 빛나고 겉과 속이 맑게 뚫린다”라는 말이라고 왕부지는 생각하고 있다. 그것이야말로 마음의 상태를 형용하는 말이기 때문이다.

若以理言, 『章句』云「使其惡惡則如惡惡臭, 好善則如好好色」, 所謂使者, 制之於此而彼自聽令乎? 抑處置有權而俾從吾令乎? 　若制之於此而彼自聽令, 是亦明夫非「決去·求得」之爲功矣. 如處置有權而「務決去之」, 「求必得之」, 竊恐意之方發, 更不容人逗留而施其挾持也. |4-2|

만약 이치로 말한다면 『장구』에 "그 악을 싫어하는 경우는 악취를 싫어하듯이 하고, 선을 좋아하는 경우는 이성을 좋아하듯이 하도록 한다"라고 했는데, 이른바 '하도록 한다(使)'는 것은 이쪽에서 시키니까 저쪽이 스스로 명령을 들은 것인가? 아니면 처리를 적절하게 해서 나의 명령을 따르게 한 것인가? 만약 이쪽에서 시키자 저쪽이 스스로 명령을 들었다면, 이것은 분명히 '결단코 없애고, 얻기를 구하는' 공부에 속하는 것이 되지 않는다. 만약 처리를 적절하게 해서 '결단코 없애기를 힘쓰고', '반드시 얻기를 구한다'면 아마도 뜻이 막 발할 때에 다시는 사람이 그것을 붙잡아 두어 끼고 지킬 수는 없을 것이다.

되풀이 하지만 뜻을 정성스럽게 하는 것이란 공부하는 과정이 아니라 공부의 결과이다. 그러므로 결단코 없애고 구하여 얻는 것과 같은 공부는 뜻을 정성스럽게 하는 것이라고 할 수 없다. 그런 정도의 공부 과정에서는 뜻이 발할 때 정성스러움을 보장해 줄 수 없기 때문이다. 공부를 통해서 정성스럽게 된 마음만이 참으로 악을 싫어하고 선을 좋아할 수 있다.

且求善去惡之功, 自在旣好旣惡之餘, 脩身之事, 而
非誠意之事. 但云好好色·惡惡臭, 則人固未有務惡
惡臭·求好好色之理. 意本不然而强其然, 亦安得謂
之誠耶? |4-3|

또 선을 구하고 악을 버리는 공부는 이미 좋아하고 이미 싫어
한 뒤에 있기 마련이니, 이것은 몸을 닦는 일이지 뜻을 정성스럽
게 하는 일이 아니다. 다만 이성을 좋아하고 악취를 싫어하듯이
한다고 말한 것은, 사람에게는 본래 악취를 싫어하기를 힘써야
한다거나 악취를 싫어하기를 구해야 한다는 이치는 없기 때문이
다. 뜻이 본래 그렇지 않은데도 억지로 그렇게 하려고 한다면 어
찌 정성스러움이라고 말할 수 있겠는가?

| 뜻풀이 |

한편으로 우리는 선을 구하고 악을 버리는 공부를 한 다음에 비로소
선을 좋아하고 악을 좋아하는 것이 아니라, 오히려 반대로 선을 좋아하
고 악을 싫어하기 때문에 선을 구하고 악을 버리는 공부를 계속하게
된다. 이걸 보면 왕부지는 우리 마음이 본래 선악을 구분할 수 있는 능
력을 지니고 있는 것으로 생각하고 있다. 그것은 공부를 통해서 오는
것이 아니라 선천적으로 갖고 있는 것이다. 그리고 그러한 공부는 뜻을
정성스럽게 하는 영역을 넘어서서 몸을 닦는 영역에 속한다고 본다.

子夏入見聖道之時,　非不求必得也.　而唯其起念之
際, 非有根心不已之誠, _{意根心便是誠} 則出見紛華而意
移. 繇此言之, 求必得者, 固不能如好好色矣. |4-4|

자하가 성인의 문하에 들어갔을 때는 반드시 얻기를 구하지
않은 것은 아니었지만, 오직 그 생각이 일어날 즈음에 마음에 박
혀 그만둘 수 없는 정성스러움을 갖지 않으면, 뜻이 마음에 박힌 것
이 바로 정성스러움이다. 나와서는 어지러워져서 뜻이 옮겨가곤 했다.
이를 통하여 말한다면 반드시 얻기를 구하는 것도 본래 이성을
좋아하듯이 할 수는 없다.

| 뜻풀이 |

자하의 예를 들어 반드시 얻기를 구하는 것이 자연스럽게 되는 것이
아님을 밝히고 있다. 그것도 정성스러움이 바탕이 되어야 가능한 것이
다

『章句』爲初學者陷溺已深，　尋不著誠意線路，　開此
一法門，　且敎他有入處.　若『大學』徹首徹尾一段大
學問，　則以此爲助長無益之功，　特以「毋自欺」三字
示以警省反觀之法，　非扣緊著好惡之末流以力用其
誠也.　|4-5|

『장구』는 초학자를 아주 깊이 함정에 빠뜨려서, 뜻을 정성스럽게 하는 길을 찾지 못하고, 이 한 법문을 열어 그들로 하여금 들어가는 곳으로 삼았다. 만약『대학』이 처음부터 끝까지 한 단락의 큰 학문에 대한 설명이라면, 이것은 쓸데없이 조장하기만 하는 공부가 되기 때문에, 단지 "스스로 속이지 말라(毋自欺)"는 세 글자를 가지고 일깨우고 돌이켜 보는 방법을 보인 것이지, 좋아하고 싫어하는 것의 지엽적인 일들을 꼭 닫아두고 그 정성스러움을 힘쓰는 것은 아니다.

『맹자』에 보면 벼가 자라는 것을 돕는다고 벼를 뽑아 올려 죽게 한 사람의 이야기가 나온다. 그러한 일은 벼가 자라는 것을 돕는 일이 아니라 벼를 죽이는 일이다. 왕부지는 주자가 뜻을 정성스럽게 하는 것을 설명하면서 "결단코 없애기를 힘쓰고 반드시 얻기를 힘쓴다(務決去而求必得之)"라고 설명한 것은 바로 그러한 일과 같은 종류라고 비판하고 있다. 주자의 이 설명은 뜻을 정성스럽게 하는 것을 제대로 파악하지 못하게 할 뿐만 아니라 오히려 처음 배우는 사람들을 오도하고 있다는 것이 왕부지의 주장이다. 좋아하는 것은 반드시 얻기를 구하고 싫어하는 것은 제거하기를 힘쓰는 것은 결코 뜻을 정성스럽게 하는 공부가 될 수 없다는 것이다. 또한 스스로 속이지 않는다는 것도 뜻을 정성스럽게 하는 것의 반면을 보인 것이지 그것을 구체적인 공부 방법으로 제시한 것은 아닌데 주자가 그것을 잘못 파악했다고 보는 것이다.

오직 그 뜻을 정성스럽게 하여 스스로 속임이 없으면, 그 뜻이
선을 좋아하고 악을 싫어함이 악취를 싫어하고 이성을 좋아하는
것처럼 정성스럽지 않음이 없어서 스스로 만족하다고 말할 만하
다. 그러므로 군자는 반드시 홀로 있을 때에 삼가서 정성스럽게
하려는 공부를 다한다. 본문을 이처럼 설명하면 진실로 글이 순
조롭고 이치가 자연스러울 것이다.

| 뜻풀이 |

뜻을 정성스럽게 해서 스스로 속이지 않으면 스스로 만족하게 된다.
그러므로 군자는 홀로 있을 때에 삼간다. 이렇게 문장을 해석하는 것이
가장 문리에 순조롭다고 왕부지는 강조하고 있다.

「自謙」云者, 意誠也, 非誠其意也. 故『或問』以「內外昭融」一段, 接遞到心正身脩上, 與經文「意誠而后心正」二句合轍,[1] 而非以釋經文「欲正其心者先誠其意」之旨. 此之不察, 故難免於惑亂矣. |4-7|

1) 內外昭融, 表裏澄澈, 而心無不正, 身無不脩矣.

"스스로 만족한다"고 말한 것은 뜻이 정성스럽다는 말이지 그 뜻을 정성스럽게 한다는 것이 아니다. 그러므로『혹문』은 "내외가 빛난다"는 이하의 한 문장을 "마음이 바르게 되고, 몸이 닦여진다(心正身脩)"는 문장 위에 잇대어 경문經文의 "뜻이 정성스럽게 된 후에 마음이 바르게 된다"는 두 구절과 합치하도록 한 것이지, 경문의 "마음을 바르게 하려고 하는 사람은 먼저 그 뜻을 정성스럽게 한다"는 의미를 해석한 것은 아니다. 이 점을 살피지 않기 때문에 혼란을 면하기 어려운 것이다.

| 뜻풀이 |

뜻이 정성스럽다는 것은 뜻의 상태를, 뜻을 정성스럽게 한다는 것은 공부를 가리키는 말이다. 그러므로 뜻이 정성스럽다(意誠)는 것과 뜻을 정성스럽게 한다(誠意)는 것은 말의 앞뒤만 바뀐 것이 아니라 그 의미가 현저하게 차이가 나게 되는 것이다. 뜻을 정성스럽게 한다는 것은 뜻을 정성스럽게 하는 공부를 한다는 것이며, 뜻이 정성스럽다는 것은 뜻의 현재 상태가 정성스럽다는 말이다.

小註中有「要自謙」之語,[1]　須活看.　若要自謙,　須愼獨,
須毋自欺,　須誠其意.　不然,　雖欲自謙,　其將能乎?　|4-8|

1) 自謙是合下好惡時, 便是要自謙了(朱子).

소주小註의 '스스로 만족해야 한다'는 말을 살려서 보아야 한다. 만약 스스로 만족하려면 반드시 홀로 있을 때에 삼가야 하며, 반드시 스스로 속이지 말아야 하며, 반드시 자신의 뜻을 정성스럽게 해야만 한다. 그렇지 않으면 스스로 만족하려 한들, 그렇게 될 수 있겠는가?

| 뜻풀이 |

"스스로 만족해야 한다"고 할 때, '해야 한다'는 당위의 말을 주의하라는 것이다. 스스로 만족하려면 삼가야 하고, 속이지 말아야 하고, 정성스럽게 해야 한다.

「自欺」·「自謙」一「自」字, 『章句』·『或問』未與分明拈出. 『或問』云「苟焉自欺, 而意之所發有不誠者」, 將在意上一層說, 亦微有分別. 此自字元不與人相對. 其立一欺人以相對者, 全不惺忪之俗儒也, 其謬固不待破. 且自欺旣爾, 其於自謙也, 亦可立一謙人之名以相形乎? |5-1|

‘스스로 속인다(自欺)’·‘스스로 만족한다(自謙)’고 할 때의 ‘스스로(自)’라는 한 글자의 의미를 『장구』와 『혹문』 모두 분명하게 집어내지 못했다. 『혹문』은 "얽매여 스스로 속여, 뜻이 발함에 정성스럽지 않은 점이 있다"고 하여, 뜻과 같은 단계로 말하여 역시 분별하지 않고 있다. 이 ‘스스로’라는 글자는 본래 다른 사람과 상대하는 것이 아니다. 다른 사람을 속이는 경우와 상대하여 설정한다면 전혀 정신을 차리지 못한 속유일 따름이니, 그 잘못을 굳이 지적할 필요도 없다. 또 스스로 속이는 것에 대해 그렇게 말할 수 있다면, 스스로 만족하다는 것에 대해서도 또한 다른 사람을 만족시킨다는 이름을 내세워 서로 대비시킬 수 있겠는가?

그렇지 않다면 반드시 뜻을 '스스로(自)'로 여긴 것이다. 비록 뜻을 가리켜 '스스로'라고 드러내어 말하지는 않았지만, 사람의 마음속에서는 이해되었어도 입으로 말하기 꺼려지는 것이 있으면 이것을 뜻이라고 말할 뿐이다. 진실로 뜻을 '스스로'라고 하면 속이든 속이지 않든, 만족하든 만족하지 않든, 모두 한 가지 뜻이다. 스스로 속이지 않아 스스로 만족한데, 따로 하나의 뜻을 세워서 다스린다면 뜻이 둘로 되는 것은 매우 분명하다. 만약 나중 뜻으로 앞 뜻을 다스린다고 말한다면, 이는 끝내 소를 잃고서야 외양간 고치는 미련함을 벗어나지 못할 것이다. 잘못한 뒤에야 후회할 줄 아는 것은 다만 양심의 발현일 뿐, 뜻을 정성스럽게 하여 뜻이 정성스럽게 된 것이라고 말할 수 있겠는가? 하물며 발한 뜻이 선하다면 애초에 속일 것도 없을 것이고, 발한 것이 선하지 못하다면 이것을 어떻게 흡족히 유쾌하고 만족하게 만들 수 있겠는가?

| 뜻풀이 |

‘스스로’라고 말할 수 있는 것은 뜻이 아니다. 왜냐하면 ‘스스로’라고 표현하면 하나의 주체를 지칭하는 것이고, 그것이 뜻에 대해서 말하는 것이라면 한 가지 뜻이어야 하는데, 속이거나 만족하지 않는 경우에 또 하나의 뜻으로 그것을 바로잡는다고 한다면 뜻이 둘이 되는 결과를 가져온다는 것이다. 또 그렇게 설명하기 어려워 시간적으로 뒤의 뜻으로 앞의 뜻을 바로잡는다고 설명한다면 그것은 애초에 불가능한 일이고, 또 뜻을 정성스럽게 하는 일이라고 할 수 없다는 것이다.

今以一言斷之曰: 意無恒體. 無恒體者, 不可執之爲自, 不受欺, 而亦無可謙也. 乃旣破自非意, 則必有所謂自者. 此之不審, 苟務深求, 於是乎「本來面目」·「主人翁」·「無位眞人」, 一切邪說, 得以乘閒惑人聖賢之學, 旣不容如此, 無已, 曷亦求之經·傳乎? 則愚請破從來之所未破, 而直就經以釋之曰: 所謂自者, 心也, 欲脩其身者所正之心也. 蓋心之正者, 志之持也, 是以知其恒存乎中, 善而非惡也. 心之所存, 善而非惡. 意之已動, 或有惡焉, 以陵奪其素正之心, 則自欺矣. 意欺心. 唯誠其意者, 充此心之善, 以灌注乎所動之意而皆實, 則吾所存之心周流滿愜而無有餒也, 此之謂自謙也. 意謙心. |5-3|

이제 한 마디로 단정하여 말한다면, 뜻은 항상적인 본체가 없다. 항상적인 본체가 없는 것은 꼬집어 '스스로'라고 할 수 없으니, 그것은 속임을 당하지도 않고 만족할 만한 것도 없다. 이미 '스스로'가 뜻이 아니라고 단정했으니, 이른바 '스스로'라고 말하는 것이 반드시 있을 것이다. 이를 살피지 않고, 깊이 따져들기만 힘쓰니, 이에 '본래면목本來面目'·'주인옹主人翁'·'무위진인無位眞

人’ 등 여러 사설邪說들이 틈을 타서 사람들을 현혹시킨다. 성현의 학문은 이와 같은 것을 받아들이지 않으니, 그렇지 않다면 어찌 다시 경과 전에서 구하겠는가? 그런즉 나는 종래에 아직 타파하지 못한 것을 타파하려고 하는데, 바로 경經에 대해 해석하자면, 이른바 ‘스스로’라는 것은 마음(心)이니, 자기 몸을 닦고자 하는 사람이 바르게 하는 마음이다. 마음이 바른 것은 심지(志)를 지켰기 때문이니, 이 때문에 그 속에 항상 보존된 것이 선이지 악이 아님을 알 수 있다. 마음에 보존된 것은 선이고, 악이 아니다. 뜻이 이미 움직여 간혹 악이 생겨 평소의 바른 마음을 빼앗는다면 스스로 속이는 것이다. 뜻이 마음을 속인다. 오직 그 뜻을 정성스럽게 하는 사람이 이 마음의 선을 확충하여 움직인 뜻에 쏟아 부어 모두 채운다면 내가 보존한 마음이 두루 채워져서 모자라는 일이 없게 될 것이니, 이것을 스스로 만족함이라고 말한다. 뜻이 마음을 만족하게 한다.

| 뜻풀이 |

항상적인 본체가 없는 것은 ‘스스로’라고 할 수 없는데, 뜻은 항상적인 본체가 없기 때문에 ‘스스로’는 뜻을 지칭하는 것이 될 수 없다. ‘스스로’라고 표현할 수 있는 것은 마음이다.

且以本傳求之, 則好好色·惡惡臭者, 亦心而已. 意或無感而生, ^{如不因有色現前而思色等.} 心則未有所感而不現. ^{如存惻隱之心, 無孺子入井事則不現等.} 好色惡臭之不當前, 人則無所好而無所惡. ^{雖妄思色, 終不作好.} 意則起念於此, 而取境於彼. 心則固有焉而不待起, 受境而非取境. 今此惡惡臭·好好色者, 未嘗起念以求好之惡之, 而亦不往取焉. 特境至斯受, 因以如其好惡之素. 且好則固好, 惡則固惡, 雖境有閒斷, 因伏不發, 而其體自恒, 是其屬心而不屬意明矣. |5-4|

또 본 전傳을 파악해 보면, 이성을 좋아하고 악취를 싫어하는 것도 마음일 뿐이다. 뜻은 간혹 느낌이 없이 생기기도 하지만, 예를 들어, 눈앞에 이성이 없는데도 이성을 생각하는 일 등. 마음은 느끼는 것이 없으면 드러나지 않는다. 예를 들어, 보존되어 있는 '측은하게 여기는 마음'은 어린 아기가 우물에 들어가는 일이 없으면 나타나지 않는 일 등. 이성이나 악취가 바로 앞에 있지 않으면 사람은 좋아할 것도 싫어할 것도 없다. 비록 멋대로 이성을 생각한다고 하더라도 끝내 좋아하기까지 되지는 않는다. 뜻은 여기에서 생각을 일으켜 저기에서 대상을 취한다. 마음은 본래 있지만 움직이려고 기다리지는 않으며, 대상을 받아들이는 것일 뿐, 대상을 취하는 것은 아니다. 지금 이 악취를 싫어하고 이성을 좋아하는 것은 생각을 일으켜서 좋아하거나 싫어하기를 구하는 것이 아니고, 또 가서 취하지도 않는다. 다만 대상이 이르면 받아들여, 이에 따라 그 본래 좋고 싫은 대로 할 따름이다. 또한 좋으면 본래 좋고 싫으면 본래 싫을 뿐이니, 비록 대상이 끊어짐이 있어 이에 따라 마음이 숨어 드러나지 않더라도 그 본체는 스스로 항상 존재하니, 마음에 속하지 뜻에 속하지 않는다는 것이 분명하다.

| 뜻풀이 |

이성을 좋아하고, 악취를 싫어하는 주체도 뜻이 아니고 마음이다. 왜냐하면 뜻이란 능동적이라 나의 생각을 대상에 투영하는 것이지만, 마음은 수동적이라 대상을 그대로 받아들일 뿐이기 때문이다. 그래서 왕부지는 이성을 좋아하고 악취를 싫어하는 것은 좋아하거나 싫어함이라는 나의 생각을 이성과 악취라는 대상에 투영하는 것이 아니라, 이성과 악취가 대상으로서 나에게 다가올 때 그것을 좋아하거나 싫어함으로 받아들일 뿐이기 때문에, 그것은 뜻에 속하는 것이 아니고 마음에 속하는 것이라고 보는 것이다.

傳之釋經, 皆以明其條理之相貫. 前三章雖分引古以徵之, 第四章則言其相貫. 故下云「誠中形外」・「心廣體胖」 皆以明夫意爲心身之關鑰, 意居心身之介, 此不可泥經文爲次. 而非以戒欺求謙爲誠意之實功. 藉云戒欺求謙, 則亦資以正其心, 而非以誠其意. 故章末云: 「故君子必誠其意.」 猶言故欲正其心者, 必誠其意. 以心之不可欺而期於謙, 則不得不誠其意, 以使此心終始一致, 正變一揆, 而無不慊於其正也. 卽『中庸』所謂「無惡於志.」[1] |5-5|

---

1)『中庸』三十三章.

전전傳으로 경經을 풀이하는 이유는 모두 그 조리가 서로 통함을 밝히기 위한 것이다. 앞의 세 장은 고전을 나누어 인용하여 증명했지만, 제4장은 그것이 서로 통함을 말했다. 그러므로 아래에 "속에서 정성스러우면 밖으로 드러난다" "마음이 넓어지고 몸이 펴진다"라고 말한 것은 모두 뜻이 몸과 마음의 관건임을 밝히기 위한 것이지, 뜻은 마음과 몸 사이에 끼어 있는데, 이것을 경문經文에 사로잡혀 차례로 삼아서는 안 된다. 속임을 경계하고 만족함을 구하는 것으로 뜻을 정성스럽게 하는 실질적인 공부를 삼으려는 것이 아니다. 가령 속임을 경계하고 만족함을 구한다고 한다면, 또한 여기에 의지하여 마음을 바르게 하는 것이지, 그 뜻을 정성스럽게 하는 것이 아니다. 그

러므로 장의 맨 뒤에서 "그러므로 군자는 반드시 그 뜻을 정성 스럽게 한다"고 했다. "그러므로 그 마음을 바르게 하려고 하는 사람은 반드 시 그 뜻을 정성스럽게 한다"는 말과 같다. 속일 수 없는 마음을 가지고 만족하기를 기대한다면, 그 뜻을 정성스럽게 하여 이 마음으로 하여금 처음과 끝이 한결같고 정正과 변變에 한결같아 그 바름에 만족하게 하지 않을 수 없다. 즉, 『중용』의 이른바 "심지에 악이 없다"는 말이다.

| 뜻풀이 |

여기서 왕부지는 매우 중요한 발언을 하고 있다. 즉, 『대학』의 경문 이 뜻을 정성스럽게 함 - 마음을 바르게 함 - 몸을 닦음의 차례로 말하 고 있다고 해서 그 작용의 진행과정을 뜻 - 마음 - 몸이라는 차례로 보 아서는 안 되고, 마음 - 뜻 - 몸의 차례로도 보아야 한다는 것이다. 마음 으로부터 뜻이 나오는 것이고 뜻에 의해 몸이 변화된다는 것이다. 이것 은 왕부지가 앞서 이야기 한 것처럼 마음과 뜻이 서로 본체와 작용이 된다고 보기 때문에 나온 결론이다.

夫唯能知傳文所謂自者,　則大義貫通,　而可免於妄
矣. 故亟爲顯之如此, 以補先儒之未及. |5-6|

오직 전문傳文에서 말한 '스스로(自)'의 의미를 알 수 있다면, 대
의가 꿰뚫어져 오류를 면할 수 있다. 그러므로 누차 이처럼 강조
하여 선유先儒가 언급하지 않은 것을 보충한다.

| 뜻풀이 |

'스스로'가 지칭하는 것이 마음이라는 것을 알아야만 큰 줄거리를
파악하여 오류를 면할 수 있다는 것을 다시 한 번 강조하고 있다.

소인이 "겸연쩍어 하며 그 선하지 않은 것을 가리고 그 선한 것을 드러낸다"는 것에 대해서 진실로 마음을 바르게 할 수 있다고 말해서는 안 되고, 마음을 잠깐 동안 바르게 하고자 하는 것이라고 말해야 한다. 다만 그 뜻이 한결같이 악하기 때문에, 비록 잠깐 동안 바르게 하고자 하는 마음이 바름에 들어맞는다 하더라도 끝내 그렇게 할 수 없다. 이로써 미루어 보면, 군자가 그 마음을 바르게 하고자 하더라도, 뜻에 정성스럽지 않은 것이 있으면 비록 본래의 바름을 믿고서 바르게 하고자 하더라도 끝내는 바르게 할 수 없다는 것을 또한 알게 된다. 그러므로 군자가 그 마음을 바르게 하고자 한다면 반드시 그 홀로 있을 때에 삼가야 한다.

  소인이 선한 것을 드러내는 것은 마음을 바르게 한 결과로 나온 것이 아니고 군자를 보고서 잠깐 바르게 해야겠다는 생각이 들기 때문에 나온 것이다. 그러나 그것은 오래갈 수 없다. 정성스러운 뜻에서 나온 것이 아니기 때문이다. 마찬가지로 군자도 마음을 바르게 하려면 뜻을 정성스럽게 해야 하고, 따라서 홀로 있을 때에 삼가야 한다.

「閒居」, 獨也. 「無所不至」, 不愼之下流也. 「如見
其肺肝」者, 終無有諒其忸怩知愧之心, 而心爲意累,
同入於惡而不可解也. |6-2|

'한가롭게 거처함'이라는 것은 홀로 있다는 것이다. "못하는
짓이 없다"는 것은 삼가지 않음의 말류이다. "다른 사람이 자기
보기를 마치 그 폐와 간을 보듯이 한다"는 것은 끝내 그 부끄러
움을 살펴 부끄러움을 아는 마음이 없으므로, 마음이 그 뜻에 얽
매여 함께 악에 들어가게 되어 풀려날 수 없다는 것이다.

今以揜著爲自欺欺人, 迹則似矣. 假令無所不至之小
人,　並此揜著之心而無之,　是所謂「笑罵緣他笑罵,
好官任我爲之」[1]者, 表裏皆惡, 公無忌憚, 而又豈可
哉? 蓋語君子自盡之學, 則文過爲過之大, 而論小人
爲惡之害, 則猶知有君子而揜著, 其惡較輕也. |6-3|

1) 『宋史』「鄧綰傳」: "鄕人在都者皆笑且罵, 綰曰笑罵從汝, 好官須我
爲之."

이제 가리고 드러내는 것을 스스로 속이고 다른 사람도 속이는 것으로 여기는데, 그 자취는 비슷하다. 그러나 가령, 못하는 짓이 없는 소인이 가리고 드러내는 마음조차 없다면, 이것은 이른바 "비웃고 욕하려면 해라. 좋은 자리는 내가 차지할 테니까"라고 말하는 것과 같은 것으로, 겉과 속이 모두 악하여 공개적으로도 꺼릴 것이 없을 것이니 그래서야 되겠는가? 군자가 자신을 다하는 학문을 기준으로 말한다면 꾸미는 잘못이 큰 잘못이지만, 소인이 악을 행하는 해로움을 가지고 논한다면 오히려 군자가 있는 줄 알아 착하지 않은 것을 가리고 착한 것을 드러내면 그 악은 비교적 가벼워지는 것이다.

總以此一段傳文, 特明心之權操於意, 而終不與上「自欺」·「自謙」相對. 況乎欺之爲義, 謂因其弱而陵奪之, 非揜蓋和哄之謂. 如石勒言「欺人孤兒寡婦」, 豈和哄人孤兒寡婦耶? 厭然揜著, 正小人之不敢欺君子處. 藉不揜不著, 則其欺陵君子不更甚乎? 小人旣非欺人, 而其志於爲惡者, 求快求足, 則尤非自欺. 則朱子自欺欺人之說, 其亦疎矣. |6-4|

정리한다면, 이 한 단락의 전문傳文은 다만 마음의 저울(權)은 뜻에서 잡는다는 것을 밝힌 것으로 결국 위의 '스스로 속인다'·'스스로 만족한다'는 말과 상대해서 말한 것이 아니다. 하물며 속인다는 말의 뜻은 약함을 틈타서 빼앗는다는 것이지, 가리거나 어르는 것을 말하는 것이 아니다. 석륵石勒이 "남의 고아나 과부를 속인다"라고 말한 것이 어찌 남의 고아나 과부를 어르는 것이겠는가? 겸연쩍어 하며 가리고 드러내는 것은 바로 소인이 감히 군자를 속이지 못하는 곳이다. 가령 가리지 않고 드러내지 않는다면 군자를 속이고 업신여김이 더욱 심하지 않겠는가? 소인은 다른 사람을 속이는 것이 아니라 악을 행하는 데 뜻을 둔 사람인데 유쾌함을 구하고 만족함을 구한다면 더욱이 스스로 속이는 것이 아니다. 따라서 주자의 스스로 속이고 다른 사람을 속인다는 말은 또한 엉성하다.

앞에서도 지적한 바와 같이 왕부지는 스스로 속인다는 말이 다른 사람과 상대해서 말한 것이 아니라고 보기 때문에, 주자가 스스로 속이고 다른 사람을 속인다고 풀이한 것이 엄밀하지 못하다고 비판하고 있다.

삼산진씨三山陳氏는 마음은 안이고 몸은 밖이니, 마음이 넓어짐으로 인하여 몸도 편안하게 펴진다고 말했다. 그렇다면 그것은 단지 '마음을 바르게 하는 것'에 해당하는 것이지 뜻을 문제 삼은 것이 아니다. 신안진씨新安陳氏는 마음을 넓혀 몸이 편안하게 펴지는 것을 뜻을 정성스럽게 한 것이 밖으로 드러난 것으로 여겼는데, 그 말이 옳다.

若不細心靜察，則心之爲內也固然. 乃心內身外，將位置意於何地? 夫心內身外，則意固居內外之交. 是充繹內達外之說，當繹心正而意誠，意誠而身脩，與經文之序異矣. 今旣不爾，則心廣亦形外之驗也. 心廣旣爲形外之驗，則於此言心爲內者，其粗疏不審甚矣. |7-2|

만약 세심하고도 고요하게 살피지 않는다면, 마음이 안이 된다는 것 또한 본래 그러한 것 같다. 마음이 안이 되고 몸이 밖이 된다면 장차 뜻을 어느 곳에 위치 지울까? 마음이 안이고 몸이 밖이라면 뜻은 진실로 안과 밖의 교차점에 있게 된다. 이것은 안으로부터 밖으로 통달한다는 말에 해당하니, 당연히 마음이 바르게 됨으로 말미암아 뜻이 정성스러워지며, 뜻이 정성스러워져야 몸이 닦여진다는 것으로 경문經文의 순서와 다르다. 이제 이미 이와 같지 않으면 마음이 넓어지는 것 또한 밖으로 드러나는 효험이다. 마음이 넓어지는 것이 이미 밖으로 드러나는 효험이라면 여기에서 마음이 안이라고 말하는 것은 거칠고 성글어 깊게 살피지 않음이 심하다.

여기서 왕부지가 말하는 마음-뜻-몸의 순서 자체가 경문의 순서와 다르다고 해서 그가 경문을 부정하는 것은 아니라는 점에 주의해야 한다. 마음과 뜻은 서로 내외가 될 수 있기 때문이다. 다만 마음을 안으로 몸을 밖으로 기계적으로 연결시킬 때 문제가 발생한다는 것이다. 왕부지는 마음이 넓어지는 것도 밖으로 드러나기 때문에 반드시 마음이 안이라고만 할 수는 없다는 입장이다.

蓋中外原無定名，　固不可執一而論．　自一事之發而
言，　則心未發，　意將發，　心靜爲內，　意動爲外．　又以
意之肖其心者而言，　則因心發意，　心先意後，　先者爲
體於中，　後者發用於外，　固也．　|7-3|

　　속과 밖은 원래 고정된 이름이 없으므로 본래 하나에 집착해
서 논하면 안 된다. 한 가지 일이 발생하는 것으로써 말하면, 마
음은 아직 발하지 않았는데 뜻이 장차 발하려고 할 때, 마음은
고요하여 안이 되고 뜻은 움직여 밖이 된다. 또 뜻이 그 마음을
본받는다는 것으로써 말하면, 마음으로 인하여 뜻이 발하는데 마
음이 앞이고 뜻은 뒤며, 앞의 것은 속에서 본체가 되고 뒤의 것
은 밖에서 발하여 작용을 한다는 것이니, 옳은 말이다.

　| 뜻풀이 |

　마음이 안, 뜻이 밖이 될 수도 있고, 마음이 밖, 뜻이 안이 될 수도
있다. 이 단락에서는 우선 마음이 안, 뜻이 밖이 되는 것에 대해 논하
고 있다.

然意不盡緣心而起,　則意固自爲體,　而以感通爲因.
故心自有心之用,　意自有意之體. 人所不及知而己所
獨知者,　意也.　心則己所不睹不聞而恒存矣.　乃己之
睹聞,　雖所不及而心亦在.　乃旣有其心, _{如好惡等, 皆素志}
_{也.} 則天下皆得而見之,　是與夫意之爲人所不及知者較
顯也.　故以此言之,　則意隱而心著,　故可云外. |7-4|

그러나 뜻이 다 마음으로 인하여 일어나지는 않으니, 뜻은 본
래 스스로 본체가 되어 감통하는 것을 원인으로 삼아 일어나기
도 한다. 그러므로 마음은 스스로 마음의 작용을 가지고 있고,
뜻은 스스로 뜻의 본체를 가지고 있다. 다른 사람은 알지 못하고
자기만 홀로 아는 것이 뜻이다. 마음은 자기가 보지 않고 듣지
않아도 항상 존재한다. 자기가 보고 듣는 것이 비록 다른 사람에
게 알려지지 않더라도 마음은 또한 존재한다. 이미 그 마음이 있
으면, 좋아하거나 싫어함(好惡) 등과 같은 것은 본래 심지이다. 천하가 다 그
것을 볼 수 있는데, 이것(心)을 다른 사람이 알지 못하는 뜻과 비
교하면 더욱 뚜렷하다. 그러므로 이것으로 말하면 뜻은 숨고 마
음은 드러나므로, 마음을 밖이라고 말할 수 있다.

앞에서 뜻은 본체가 없다고 했기 때문에 언뜻 보면 이 단락에서 뜻은 스스로 뜻의 본체를 가지고 있다고 말하는 것은 모순인 것처럼 보인다. 그러나 자세히 검토해 보면, 앞에서 왕부지는 뜻이 본체를 가지고 있지 않다고 말하지 않고 '항상적인' 본체를 가지고 있지 않다고 말했다는 점을 알 수 있다. 감통하는 것을 원인으로 삼아 일어나기 때문에 항상적인 본체가 없다는 의미이다. 다른 사람이 알지 못하는데 자기만 아는 것이 뜻이다. 반면에 마음은 자기가 알건 모르건 상관없이 다른 사람이 훤히 꿰뚫어보게 된다. 그런 의미에서 보면 오히려 다른 사람에게 숨겨진 뜻보다도 마음이 더 외적으로 드러나기 때문에 뜻이 안이고 마음이 밖이라고도 할 수 있다. 그러므로 일방적으로 마음이 안이고 뜻이 밖이라고는 할 수 없다는 것이다.

體胖之效, 固未必不因心廣, 而尤因乎意之已誠. 若心廣之形焉而見效者, 則不但體胖也. 禹「惡旨酒而好善言」, 武王「不泄邇, 不忘遠」[1], 其居心之遠大而無拘累, 天下後世皆具知之, 豈必驗之於體之胖哉? 小人之爲不善而人見其肺肝, 亦心之形見者也. 不可作意說 故形於外者, 兼身心而言也. |7-5|

1)『孟子』「離婁下」.

몸이 펴지는 효과는 꼭 마음이 넓어지기 때문이 아니라고 할 수는 없지만, 그보다는 뜻이 이미 정성스러워졌기 때문이다. 만일 마음이 넓어진 것이 드러나 효과를 보는 것이라면, 몸이 편안하게 펴지는 것 뿐 만이 아닐 것이다. 우禹 임금이 "맛좋은 술을 싫어하고 선한 말을 좋아했으며", 무왕武王이 "가까이 있는 사람을 업신여기지 않고 멀리 있는 사람을 잊지 않았다"는 것은, 마음가짐이 원대하고 구속됨이 없어서 천하 사람들과 후세 사람들이 모두 그것을 알게 된 것이니, 어찌 반드시 몸이 펴지는 데에만 효험이 있겠는가? 소인이 착하지 않은 일을 하면 다른 사람이 그 폐와 간을 보듯이 한다는 것 또한 마음의 모습이 드러난 것이다. 뜻이라고 말할 수는 없다. 그러므로 밖으로 드러나는 것은 몸과 마음을 겸하여 말하는 것이다.

| 뜻풀이 |

결국 뜻이 정성스러워짐으로 말미암아 마음도 넓어지고 몸도 편안하게 펴진 것이라고 해석해야 한다는 것이다. 이렇게 보면 뜻은 안이 되고 마음과 몸은 모두 밖이 되는 것이라고 볼 수 있다.

「十目所視」一段,　唯雲峰胡氏引『中庸』「莫見乎隱」一節以證此, 極爲脗合.『章句』謂此承上文而言. 乃上文所引小人之爲不善,　特假以徵誠中形外之旨, 而業已以「故君子愼其獨也」一句結正之,　則不復更有餘意. 愼獨之學, 爲誠意者而發, 亦何暇取小人而諄諄戒之耶? |8-1|

　　"열 눈이 본다"는 한 문단을 오직 호운봉胡雲峰이 『중용』의 "숨어있는 것보다 더 잘 보이는 것은 없다"는 한 구절을 인용하여 증명했으니 매우 합당하다.『장구』에서는 이것이 위 구절을 이어서 말한 것이라고 했다. 위 구절에서 "소인이 착하지 않은 일을 한다"는 인용구는 단지 그것을 빌려 속의 정성스러움이 밖으로 드러난다는 뜻을 증명한 것인데, 이미 "그러므로 군자는 그 홀로 있을 때에 삼간다"는 한 구절로써 그것을 결론지은 것이니, 이 밖의 다른 뜻은 남아 있지 않다. 홀로 있을 때에 삼가라는 가르침은 뜻을 정성스럽게 하는 사람을 위하여 말한 것이니, 또한 어느 겨를에 소인으로 하여금 자세하게 그것을 삼가고 경계하게 하겠는가?

주자는 『장구』에서 소인을 경계한 위의 글에 이어서 증자의 이 말을 예로 든 것이라고 해석했다. 그러나 왕부지는 그렇게 보지 않는다. 소인에 대한 것은 "그러므로 군자는 그 홀로 있을 때에 삼간다"라는 한 구절로써 이미 끝났다는 것이다. 또 내용상으로 볼 때도 그 대상은 군자가 될 수 있을지언정 소인은 될 수 없다는 것이다.

且小人之揜著, 特其見君子則然耳, 若其無所不至, 初不畏天下之手目也. 況爲不善而無所不至矣, 使其能逃天下之手目, 亦復何補? 「何益」云者, 言揜著之心雖近於知恥, 而終不足以蓋其惡, 豈以幸人之不知爲有益哉? 旣非幸人之不知爲有益, 則手目之指視, 不足爲小人戒也. |8-2|

또한 소인이 가리고 드러내는 것은 다만 군자를 볼 때 그러할 따름이며 만일 못하는 짓이 없는데 이르게 되면, 처음부터 천하 사람들의 손가락질과 눈초리도 두려워하지 않을 것이다. 하물며 착하지 않은 일을 하여서 못하는 짓이 없는데, 천하 사람들의 손가락질과 눈초리를 피할 수 있다는 정도가 그에게 무슨 영향을 끼칠 수 있을 것인가? "무슨 유익이 있겠는가!"라고 말한 것은, 가리고 드러내는 마음이 비록 부끄러움을 아는데 가깝지만 끝내는 그 허물을 덮기에는 부족함을 말한 것이니, 어찌 요행히도 다른 사람이 알지 못하는 것으로 유익함을 삼겠는가? 이미 요행히 다른 사람이 알지 못하는 것으로 유익함을 삼지 않는다면, 손과 눈이 가리키고 보는 것도 소인을 경계하기에는 부족하다.

且云「無所不至」, 則非但有其意, 而繁有其事矣, 正
萬手萬目之共指共視, 而何但於十? 藉云「閒居」者
獨也; 固人所不及知也. 則夫君子之愼獨也, 以人所
不及知而己獨知之, 故其幾尙託於靜, 而自喩最明.
若業已爲十目十手之所指視, 則人皆知之矣, 而何名
爲獨? 凡此皆足以徵『章句』之疎矣. |8-3|

또한 "못하는 짓이 없다"고 하는 것은, 다만 그러한 뜻이 있을
뿐만 아니라 번거로울 정도로 그러한 일이 많다는 것을 말한 것
이니, 바로 일만 명의 손과 눈이 함께 가리키고 함께 볼 수 있는
데, 어찌 다만 열 명 뿐이랴? 가령 '한가롭게 거할 때'라고 말하
는 것은 홀로 있을 때이므로, 진실로 다른 사람이 알지 못하는
것이다. 그러므로 군자가 홀로 있을 때에 삼가는 것은, 다른 사
람이 알지 못하고 자기만 홀로 그것을 알기 때문이니, 오히려 그
기미가 고요한 것에 의탁하여 스스로 깨우치는 것이 가장 밝다.
만약 이미 열 사람의 눈과 손이 보고 가리킨다면, 다른 사람도
모두 그것을 알게 될 텐데 어찌 혼자라고 이름 하겠는가? 이것은
모두 『장구』가 엄밀하지 못하다는 것을 보여주는 것이다.

　주자는 『장구』에서 "이를 인용하여 위 문장의 뜻을 밝힌 것이니, 비록 어두운 곳이나 홀로 있는 곳일지라도 그의 선과 악을 가릴 수 없는 것이 이와 같으니 매우 두려워 할 만하다는 것이다"라고 하여 증자의 "열 눈이 보는 바이고 열 손이 가리키는 바이니, 엄하도다!" 라는 말을 '신독'에 관한 것으로 풀었다. 그러나 왕부지는 증자가 가리키는 말대로라면 그것은 다른 사람들에게 다 알려지게 된 것을 가리키게 되므로 결코 '신독'에 대한 설명이 될 수 없다고 본다.

『中庸』云「莫見乎隱， 莫顯乎微」，[1]　謂君子之自知也.
此言十目十手， 亦言誠意者之自知其意.　如一物於此,
十目視之而無所遁， 十手指之而無所匿， 其爲理爲欲,
顯見在中， 纖毫不昧， 正可以施愼之之功.　故曰：「其
嚴乎！」謂其尙於此而謹嚴之乎！　能致其嚴， 則心可正
而身可脩矣.　其義備『中庸』說中, 可參觀之. |8-4|

1)『中庸』一章.

『중용』에서 "숨어있는 것보다 더 잘 보이는 것이 없고, 은미隱
微한 것보다 더 잘 드러나는 것이 없다"고 말한 것은 군자가 스
스로 아는 것을 말한다. 이 열 사람의 눈과 손이라는 말은 또한
뜻을 정성스럽게 하는 사람이 스스로 그 뜻을 아는 것을 말한다.
만일 여기에 한 대상(一物)이 있는데, 열 사람의 눈이 그것을 보아
숨을 곳이 없고 열 사람의 손이 그것을 가리켜 감출 곳이 없어
서, 그것이 리理가 되기도 하고 욕欲이 되기도 하는 것이 속에서
드러나 조금도 어둡지 않다면, 바로 그것에 대해서 삼가는 공부
를 베풀 수 있게 된다. 그러므로 '엄하구나!'라고 말했으니, 여기
에 더욱 힘을 써서 조심하고 엄하게 하는 것을 말한다. 그 엄함
을 다 할 수 있다면, 마음을 바르게 할 수 있고 몸도 닦을 수 있
다. 그 의미는『중용』의 말 중에 갖추어져 있으므로 참고해 볼
수 있다.

| 뜻풀이 |

그러므로 왕부지는 증자의 말은 말 그대로 열 사람이 아니라 스스로 마음속에서 명백하게 아는 것을 비유적으로 설명했을 뿐이라고 본다.

전傳 제 7 장

所謂脩身在正其心者, 身有所忿懥, 則不得其正, 有
所恐懼, 則不得其正, 有所好樂 則不得其正, 有所
憂患, 則不得其正. 心不在焉, 視而不見, 聽而不聞,
食而不知其味. 此謂脩身在正其心.

이른바 몸을 닦는 것이 그 마음을 바르게 하는 데 있다는 것은
다음과 같은 내용이다. 몸에 성내는 것이 있으면 그 바름을 얻지
못하고, 두려워하는 것이 있으면 그 바름을 얻지 못하고, 즐거워
하는 것이 있으면 그 바름을 얻지 못하고, 근심하는 것이 있으면
그 바름을 얻지 못한다. 마음이 있지 않으면 보아도 보이지 않
고, 들어도 들리지 않고, 먹어도 그 맛을 모른다. 이것을 '몸을
닦는 것이 그 마음을 바르게 하는 데 있다'고 하는 것이다.

1) 程子의 이 말은 "問, 有所忿懥恐懼好樂憂患心, 不得其正, 是要無此
   數者, 心乃正乎?"에 대해 답한 글이다(小註).

정자는 "성냄·두려워함·즐거워함·근심함은 없애야 하는 것이
아니라, 다만 이것으로써 그 마음을 움직이지 않는 것이다"라고
했는데, 이는 근본을 탐구해서 입론하여 실질적인 공부를 드러낸
것으로, 후세 사람들이 구절만을 좇아서 뜻을 구하면서도 통달할
줄 모르는 것과 다르다.

| 뜻풀이 |

많은 학자들이 "성내는 것이 있으면 그 바름을 얻지 못하고" 이하
의 말을 보고서 성을 내지 않아야 비로소 마음을 바르게 할 수 있다
고 생각했는데, 왕부지는 이것이 터무니없는 해석이라고 일축한다.
어찌 사람이 성냄 등의 감정이 없을 수 있다는 말인가? 그러므로 왕
부지는 정자의 해석이야말로 타당한 해석이라고 본다. 그것들을 없
애라는 것이 『대학』의 원뜻이 아니고 그것 때문에 마음을 움직이지
않으면 된다는 것이다.

不動其心, 元不在不動上做工夫. 孟子曰:「不動心有
道」[1] 若無道, 如何得不動? 其道固因乎意誠, 而頓
下處自有本等當盡之功, 故程子又云:「未到不動處,
須是執持其志.」不動者, 心正也; 執持其志者, 正其
心也.『大全』所輯此章諸說, 唯「執持其志」四字分曉
朱子所稱「敬以直內」, 尚未與此工夫相應. |1-2|

1)『孟子』「公孫丑上」.

그 마음을 움직이지 않는 것은 원래 움직이지 않는 가운데 공부하
는 것은 아니다. 맹자가 "마음을 움직이지 않는 데는 방법이 있다"
고 했는데, 만일 방법이 없다면 어떻게 움직이지 않을 수 있겠는가?
그 방법은 참으로 '뜻이 정성스러움'을 바탕으로 하는 것이니, 바로
처하는 곳에 따라 저절로 자기의 일로 삼아 마땅히 다해야 하는 공
부가 있게 된다. 따라서 정자는 또 "아직 움직이지 않는 경지에 이
르지 못했으면, 반드시 그 심지를 잡아 지켜야 한다"고 했다. 움직이
지 않는다고 하는 것은 마음이 바른 것이고, 그 심지를 잡아 지킨다
는 것은 그 마음을 바르게 하는 것이다.『대전』에 모은 이 장(전傳
제 7장)의 여러 설은 오직 "그 심지를 잡아 지킨다(執持其志)"는 네
글자를 분석하여 밝힌 것이다. 주자가 말한 "경으로써 안을 곧게 한
다(敬以直內)"는 것은 오히려 이 공부와는 상응하지 않는다.

| 뜻풀이 |

마음을 움직이지 않는다고 해서 몸을 움직이지 않고 공부한다는 뜻
은 아니다. 구체적인 상황에서 실천을 해가면서 마음을 움직이지 않는
것이 마음을 움직이지 않는 공부이다.

逐句求義者見傳云「有所忿懥則不得其正」, 必疑謂無所忿懥而後得其正. 如此戲論, 朱子亦旣破之矣, 以其顯爲悖謬也. 而又曰「湛然虛明, 心如太虛, 如鏡先未有象, 方始照見事物」, 則其所破者用上無, 而其所主者體上無也. 體用元不可分作兩截, 安見體上無者之賢於用上無耶? 況乎其所謂「如一箇鏡, 先未有象」, 虛明之心固如此矣. 卽忿懥等之「不得其正」者, 豈無事無物時, 常懷著忿懼樂患之心? 天下乃無此人 假令有無可忿當前而心恒懊惱, 則亦病而已矣. 是則「不得其正」者, 亦先未有所忿懥, 而因所感以忿懥耳. 若其正者則樂多良友, 未得其人而展轉願見; 憂宗國之淪亡, 覆敗無形, 而耿耿不寐, 亦何妨於正哉? |1-3|

구절을 좇아 뜻을 구하는 사람은, 전傳에서 "성내는 것이 있으면 마음의 바름을 얻지 못한다"는 것을 보고, 성내는 것이 없어진 후에야 마음의 바름을 얻을 수 있을 것이라고 의심한다. 이같이 우스운 이야기는 주자도 또한 이미 그것을 논파했는데, 그것이 분명히 틀렸기 때문이다. 또 "맑게 비어 있고 밝아서 마음이 텅 빈 것과 같으니, 거울에 먼저 상이 없어야 비로소 사물을 비취 볼 수 있는 것과 같다"고 한 것은, 곧 작용의 측면에서의 '없음(無)'을 논파하고, 본체의 측면에서의 '없음'을 주장한 것이다. 본체와 작용은 원래 둘로 나눌 수 없는 것인데, 어찌 본체의 측면에서의 '없음'이 작용의 측면에서의 '없음'보다 낫다고 하겠는가? 하물며 이른바 "하나의 거울에 먼저 상이 없는 것과 같다"는 것이, 밝고 빈 마음이 진실로 이와 같다는 것에 있어서랴! 곧 성냄 등이 '그 바름을 얻지 못한' 것이라고 해도 어찌 일이 없고 대상이 없을 때에 늘 성내고 두려워하며, 즐거워하고 근심하는 마음을 품는 것이겠는가? 천하에 이러한 사람은 없다. 가령 앞에 성낼 만한 것이 없는데도 마음이 항상 고뇌한다면 이 또한 병일 따름이다. 사실은 '그 바름을 얻지 못한' 사람도 또한 먼저 성내는 것이 아니고 느낀 것에 따라 성낼 따름이다. 만약 마음이 바른 사람이라면, 좋은 벗이 많음을 즐기되 아직 그런 사람을 얻지 못하면 엎치락뒤치락하며 만나 보기를 원하고, 나라가 멸망하고 패하여 흔적조차 없어지는 것을 근심하고 염려하여 잠 못 이루더라도 그것이 또한 어찌 바름을 방해하는 것이겠는가?

| 뜻풀이 |

어떤 사람들은 『대학』 원문에서 "성내는 것이 있으면 그 바름을 얻지 못하고, 두려워하는 것이 있으면 그 바름을 얻지 못하고, 즐거워하는 것이 있으면 그 바름을 얻지 못하고, 근심하는 것이 있으면 그 바름을 얻지 못한다"고 말한 것을 보고서 성냄·두려워함·즐거워함·근심함이 없어야 마음을 바르게 할 수 있다고 생각하는데 그것은 터무니없는 생각이라는 왕부지의 비판이다. 성냄·두려워함·즐거워함·근심함이 없는 사람을 어찌 사람이라고 할 수 있겠는가! 다만 그것이 마음에 영향을 주지 않도록 하면 된다는 것이다.

又其大不可者, 如云「未來不期, 已過不留, 正應事時
不爲繫縛」, 此或門人增益朱子之言, 而非定論.[1] 不
然, 則何朱子顯用佛氏之邪說而不恤耶? 佛氏有「坐
斷兩頭, 中閒不立」之說, 正是此理. 彼蓋謂大圓智
鏡[2] 本無一物, 而心空及第, 乃以隨緣赴感, 無不周
爾. 迨其末流, 不至於無父無君而不止. 『大學』之正
其心以脩齊治平者, 豈其然哉? 旣欲其虛矣, 又欲其
不期·不留而不繫矣, 則其於心也, 但還其如如不動者
而止, 而又何事於正? |1-4|

1) 小註에 朱子의 말로 기록되어 있다.
2) 佛敎의 이치에서 四德의 하나. 萬德滿圓하여 鏡이 모든 형체를 드러나
   게 보여주어 法界의 諸法을 드러내주는 투철한 지식.

또한 크게 옳지 않은 것은, 예컨대 "미래는 예기하지 말고, 이
미 지나간 것은 머물러두지 말며, 바로 일에 응할 때에 얽매이지
말아야 한다"고 한 것인데, 이것은 아마 문인들이 주자의 말에
덧붙인 것으로서 정론이 아닐 것이다. 그렇지 않다면 어찌 주자
가 불교의 사설邪說을 드러내어 쓰고도 근심하지 않았겠는가? 불
교의 "양쪽 끝을 잘라버리고, 중간에도 서지 않는다"는 설이 바
로 이 이치이다. 저것은 대개 '대원지경大圓智鏡'이 본래 어떤 사

물도 없고 마음이 텅 빈 상태에 이르러 이에 인연에 따라 감응해서 두루 그렇게 하지 않음이 없다는 것이다. 그 끝에 가서는 부모도 없고 임금도 없는 지경에 이르지 않으면 그만두지 않는다. 『대학』의 마음을 바르게 하여 몸을 닦고 집안을 가지런히 하고 나라를 다스리고 천하를 평화롭게 한다는 것이 어찌 그런 것이겠는가? 이미 비우고자 하고 또한 예기하지 않고 머물러 두지 않아서 얽매이지 않으려고 한다면 마음이 다만 본래의 움직이지 않는 상태에 돌아가 머문다는 것이니, 또한 어찌 바르게 하는 것을 일삼겠는가?

| 뜻풀이 |

왕부지는 주자의 말 중에서 자신이 생각하기에 합당하지 않다고 생각되는 말에 대해서는 위처럼 그것이 주자의 말이 아니라고까지 극언하기도 하는데, 사실 그것을 확인하기는 어렵다. 그리고 주자가 40세가 넘어서까지 불교에 깊은 관심을 기울였다는 것을 생각한다면 주자가 불교식의 표현을 쓰고 있다고 해서 이상할 것은 없다. 하여튼 왕부지는 『대학』의 마음을 바르게 하는 것이란 불교에서 말하는 '마음의 공함(心空)'과는 전혀 다른 것이라고 강조하고 있다.

故釋氏之談心, 但云明心·了心·安心·死心, 而不言
正. 何也? 以苟欲正之, 則已有期·有留·有繫, 實而
不虛也. 今有物於此, 其位有定向, 其體可執持, 或
置之不正而後從而正之. 若宵宵空空之太虛, 手挪不
動, 氣吹不移, 則從何而施其正? 且東西南北, 無非
太虛之位, 而又何所正耶? |1-5|

따라서 불교에서는 마음을 논하면서 다만 '마음을 밝힌다(明心)'·
'마음을 깨닫는다(了心)'·'마음을 편안하게 한다(安心)'·'마음을 끊
어버린다(死心)'고 말하고 마음을 바르게 한다고는 말하지 않는다.
왜 그런가? 참으로 그 마음을 바르게 하고자 한다면 이미 예기함이
있고, 머물러 둠이 있고, 얽매임이 있어, 가득 차서 텅 비어 있지 않
기 때문이다. 지금 여기에 어떠한 물건이 있어 그 자리가 일정한 방
향이 있고, 그 몸체를 잡을 수 있다면, 혹 그것을 바르지 않게 두었
다 하더라도 나중에 바르게 할 수 있다. 만일 아득하게 텅 비어서,
손으로 밀어도 움직이지 않고 숨으로 불어도 움직이지 않는다면,
무엇을 따라 그것을 바르게 하겠는가? 또 동·서·남·북 어디나 텅 빈
자리가 아닌 데가 없으니, 또한 어디에서 바르게 할 것인가?

왕부지는 불교의 마음이란 공한 것으로 그것은 바르게 할 수 있는 마음이 아니므로 유학에서 말하는 마음과는 전혀 다르다고 강조한다. 그래서 불교에서는 마음을 바르게 한다고 말하지 않고 마음을 밝힌다 등으로 말하고 있다는 것이다.

用「如太虛」之說以釋「明明德」, 則其所爭, 尚隱而
難見. 以此言「明」, 則猶近老氏¹⁾「虛生白」之旨. 以
此言「正心」, 則天地懸隔, 一思而卽知之矣. 故程子
直以孟子持志而不動心爲正心, 顯其實功, 用昭千古
不傳之絶學, 其功偉矣. |1-6|

1) 老氏는 莊子의 잘못인 것 같다. 『莊子』「人間世」에 "虛室生白"이라
   는 말이 나온다.

'텅 빈 것과 같다'는 설명으로 '명덕을 밝힌다'는 것을 해석한다
면, 그 논쟁한 것이 오히려 은밀해서 이해하기 어렵다. 이로써 '밝
힘(明)'을 말한다면, 오히려 노자老子의 "허虛가 백白을 낳는다"는 뜻
에 가깝다. 이로써 '마음을 바르게 함(正心)'을 말한다면, 하늘과 땅
처럼 큰 차이가 나게 되니, 한 번 생각해 보면 곧 알게 된다. 따라
서 정자는 곧바로 맹자의 '심지를 지켜 마음을 움직이지 않는 것'
을 마음을 바르게 하는 것으로 삼아서, 그 실질적인 공부를 드러내
어 천고에 전하지 않고 끊겼던 학문을 빛냈으니 그 공적이 위대하
다.

마음을 바르게 한다는 것은 불교에서 말하는 마음의 공함을 추구하는 것이 아니고 '심지를 지켜 마음을 움직이지 않는 것'이다. 명덕을 텅 빈 것과 같다는 식으로 설명한다면 그것은 불교에 가까울 뿐만 아니라, 노자나 장자의 생각에도 가까운 것이 되고 만다. 그러므로 왕부지는 마음을 바르게 한다고 할 때의 마음이 심지를 지칭하는 것이라고 설명한 정자의 말이 옳다고 여기며 그 의의는 상당히 크다고 본다.

孟子之論養氣, 曰「配義與道」.[1] 養氣以不動心, 而曰「配義與道」, 則心爲道義之心可知. 以道義爲心者, 孟子之志也. 持其志者, 持此也. 夫然, 而後卽有忿懥·恐懼·好樂·憂患, 而無不得其正. 何也? 心在故也. 而耳目口體, 可得言脩矣. 此數句正從傳文反勘出. |1-7|

1)『孟子』「公孫丑上」.

맹자는 기를 기르는 것을 논하면서 "의와 도에 짝한다"고 했다. 기를 길러 마음을 움직이지 않는 것에 대해 "의와 도에 짝한다"고 한다면, 마음이 도의의 마음임을 알 수 있다. 도의로 마음을 삼는 것은 맹자의 심지이다. 그 심지를 지킨다는 것은 이것(도의)을 지키는 것이다. 그렇다면 이후에 곧 성내고 두려워하고 즐거워하고 근심함이 있어도 그 바름을 얻지 못함이 없다. 무엇 때문인가? 마음이 있기 때문이다. 그러므로 귀와 눈과 입과 몸을 닦는다고 말할 수 있다. 여기의 여러 구절은 바로 전문을 좇아 거꾸로 살펴보아 나온 것이다.

| 뜻풀이 |

마음을 바르게 한다고 할 때의 마음은 도의의 마음이며 그것은 곧 심지이다. 심지를 지키면 비록 성냄 등이 있더라도 마음이 항상 바르다. 그래서 마음을 움직이지 않게 된다.

傳者於此章, 只用半截活文, 寫出一心不正·身不脩
之象, 第一節心不正之象. 以見身心之一貫. 故章首云「所
謂脩身在正其心者」, 章末云「此謂脩身在正心」, 但
爲兩「在」字顯現條理; 以見欲脩其身者, 不可竟於
身上安排, 而『大學』正心之條目, 非故爲迂玄之敎.
若正心工夫, 則初未之及, 誠意脩身等傳, 俱未嘗實說本等工夫.
固不以無所忿懥云云者爲正之之功, 而亦不以致察
於四者之生, 使不以累虛明之本體爲正也. |1-8|

이 장에서 전傳은 아주 생동감 있는 짧은 문장으로 마음이 바르지 못하고 몸이 닦이지 못한 상象 제 일절은 마음이 바르지 못한 상이다. 을 표현하여, 몸과 마음이 일관됨을 보여주었다. 그러므로 장의 처음에는 "이른바 몸을 닦는 것이 그 마음을 바르게 하는 데 있다는 것"이라고 했고, 장의 말미에서는 "이것이 몸을 닦는 것은 그 마음을 바르게 하는 데 있다고 한다"고 했으니, 다만 두 '있다(在)'는 글자가 조리를 드러내어, 그 몸을 닦고자 하는 자는 몸에 안배하는 데에서 끝내서는 안 된다는 것, 그리고『대학』의 '마음을 바르게 한다'는 조목이 실현 불가능한 가르침이 아니라는 것을 보여준 것이다. 마음을 바르게 하는 공부와 같은 것은 처음부터 언급하지 않았으니, 「성의」·「수신」 등의 전傳에서 모두 실제로 본래의 공부라고 말한 적이 없다. 본래 성내고 하는 등등의 것이 없는 것으로 바르게 하는 공부로 삼은 것이 아니며, 또한 이 네 가지가 생겨나는 것을 살펴서 텅 비고 밝은 본체에 누가 되지 않도록 하는 것을 바름으로 삼은 것도 아니다.

夫不察則不正, 固然矣. 乃慮其不正而察之者, 何物也
哉? 必其如鑑如衡而後能察, ^{究竟察是誠意事.} 則所以能如
鑑如衡者, 亦必有其道矣. 故曰「不動心有道」也 |1-9|

살피지 않으면 바르지 못함은 참으로 그러하다. 그러면 그 바르지 못함을 생각해서 그것을 살핀다는 것은 무엇인가? 반드시 거울과 같고 저울과 같은 이후에 살필 수 있다면, 결국 살피는 것은 뜻을 정성스럽게 하는 일이다. 거울과 같고 저울과 같을 수 있는 것도 또한 반드시 그 방법(道)이 있을 것이다. 따라서 "마음을 움직이지 않는 데에 방법이 있다"고 했다.

蓋朱子所說，乃心得正後更加保護之功，此自是誠意以正心事．而非欲脩其身者，爲吾身之言行動立主宰之學．故一則曰「聖人之心瑩然虛明」，一則曰「至虛至靜，鑑空衡平」，終於不正之繇與得正之故，全無指證．則似朱子於此「心」字，尚未的尋落處，不如程子全無忌諱，直下「志」字之爲了當．[1] 此「心」字在明德中，與身·意·知各只分得一分，不可作全體說．若云至虛至明，鑑空衡平，則只消說個正心，便是明明德，不須更有身·意·知之妙．其引伸傳文，亦似誤認此章實論正心工夫，而於文義有所不詳．蓋刻求工夫而不問條理，則將並工夫而或差矣．|1-10|

1) 學者未到不動處，須是執持其志(小註).

　　주자의 말은 마음이 바름을 얻은 후 다시 보호하는 공부를 더 한다고 한 것이지, 이것이 바로 뜻을 정성스럽게 해서 마음을 바르게 하는 일이다. 그 몸을 닦고자 하는 사람이 내 몸의 언어와 행위, 동작을 위해서 주재主宰의 학문을 세운다는 것은 아니다. 그러므로 한 편으로는 "성인의 마음은 환하게 텅 비고 밝다"고 했고, 한편으로는 "지극히 비고 지극히 고요하여 맑은 거울과 공정한 저울 같다"라고 했으나, 끝내 바르지 못한 이유와 바름을 얻은 까닭에 대해서는 지적하여 증명한 것이 전혀 없다. 즉, 주자는 이 '마음'

이라는 글자에 대해서 아직 그 본 뜻을 찾을 수 없었던 것 같으니, 정자가 전혀 거리낌 없이 곧바로 '심지'라는 글자가 거기에 해당한다고 여긴 것만 같지 못하다. 이 '마음'이라는 글자는 명덕 가운데서 몸·뜻·앎과 더불어 각기 한 부분을 차지하고 있으니, 명덕 전체를 지칭하는 것으로 해석해서는 안 된다. 만일 지극히 비고 지극히 밝아서 맑은 거울과 공정한 저울과 같다고 말한다면, 단지 마음을 바르게 하는 것이 곧 명덕을 밝힌다는 것이 되고, 더 이상 몸·뜻·앎의 오묘한 이치는 있지 않게 된다. 전문傳文을 인용해 부연한 것도 또한 이 장을 실제로 마음을 바르게 하는 공부를 논한 것으로 잘못 이해한 것 같아서, 글의 의미에 상세하지 않은 것이 있다. 열심히 공부하더라도 조리를 묻지 않으면, 장차 공부해 나갈수록 더욱 어긋나게 될 것이다.

| 뜻풀이 |

마음은 심지이며, 마음을 바르게 하는 것은 공부를 논한 것이 아니다. 그러므로 왕부지는, 정자는 마음을 심지로 제대로 파악한 반면에, 주자는 그것을 제대로 파악하지 못했다고 비판한다. 주자는 이 장이 마음을 바르게 하는 공부를 논하는 것이 아니라는 것도 몰랐고, 또 그 마음이 몸·뜻·앎과 함께 명덕의 일부분인 줄도 몰랐다는 것이다. 그래서 방향을 잘못 잡으면 공부할수록 더욱 어긋나게 될 뿐이라고 강도 높게 비판하고 있다.

今看此書, 須高著眼, 籠著一章作一句讀, 本文「所謂」・「此謂」, 原是一句首尾. 然後知正心工夫之在言外, 而不牽文害義, 以虛明無物爲正, 則程子之說, 雖不釋本文, 而大義已自無遺. 傳蓋曰, 所謂「脩身在正其心」者, 以凡不能正其心者, 一有所忿懥・恐懼・好樂・憂患, 則不得其正矣, 意不動尙無敗露, 意一動則心之不正者遂現. 唯其心不在也. 持之不定, 則不在意發處作主. 心不在焉, 而不見・不聞・不知味, 則雖欲脩其身而身不聽, 此經所謂「脩身在正其心」也. 釋本文. |1-11|

지금 이 책을 보려면 반드시 전체를 한 눈에 살펴서, 한 장을 한 구절처럼 포괄하여 읽어 내려가야 한다. 본문의 '소위所謂' '차위此謂'는 원래 한 구절의 앞뒤이다. 그런 뒤에 마음을 바르게 하는 공부는 언외言外에 있는 것임을 알고, 문장을 끌어다가 뜻을 해쳐서 텅 비고 밝아 어떠한 사물도 없는 것을 바름으로 삼지 않아야 한다. 그러면 정자의 설이 비록 본문을 풀이한 것은 아니라도, 큰 뜻은 이미 저절로 빠뜨린 것이 없음을 알게 될 것이다. 전傳에서 이른 바 "몸을 닦는 것은 그 마음을 바르게 하는데 있다"고 한 것은, 그 마음을 바르게 할 수 없는 사람이 한 번이라도 성내고 두려워하며 즐거워하고 근심함이 있으면 그 바름을 얻을 수 없다는 것이니, 뜻이 움직이지 않으면 아직 드러나지 않다가, 뜻이 한 번 움직이면 마음의 바르지 못한 것이 마침내 드러난다. 오직 그 마음이 있지 않기 때문이다. 지키는 것이 안정되지 않으면 뜻이 발하는 곳에서 주가 되지 못한다. 마음이 있지 않아서 보이지 않고 들리지 않고 맛을 알지 못한다면 비록 그 몸을 닦고자 해도 몸이 말을 듣지 않으니, 이것이 경經에서 "몸을 닦는 것은 그 마음을 바르게 하는 데 있다"고 말한 것이다. 본문을 풀이한 것이다.

「不得其正」, 心不正也, 非不正其心. 「不見」·「不聞」·「不知味」, 身不受脩也, 非身不脩也. 「心不在」者, 孟子所謂「放其心」也.[1] 「放其心」者, 豈放其虛明之心乎? 放其仁義之心也. |1-12|

1)『孟子』「告子上」.

"그 바름을 얻지 못한다"는 것은 마음이 바르지 못한 것이지, 그 마음을 바르게 하지 못하는 것은 아니다. '보이지 않고' '들리지 않고' '맛을 알지 못하는 것'은 몸이 닦음을 받아들이지 않은 것이지, 몸이 닦이지 않은 것은 아니다. "마음이 있지 않다"는 것은 맹자가 말한 '마음을 놓아버린 것(放其心)'이다. '마음을 놓아버리는 것'이 어찌 텅 비고 밝은 마음을 놓아버린 것이겠는가? 인의仁義의 마음을 놓아버린 것이다.

| 뜻풀이 |

지금까지 논의한 마음이란 결국 '인의'의 마음을 지칭한다. '인의'의 마음이라야 바르게 하는 대상이 될 수 있기 때문이다. 주자가 말하는 텅 비고 밝은 마음은 그러한 대상이 될 수가 없다.

蓋旣是虛虛明明地, 則全不可收, 更於何放? 止防窒塞, 無患開張. 故其不可有者, 留也·期也·繫也. 留則過去亦在, 期則未來亦在, 繫則現前亦在. 統無所在, 而後心得其虛明, 佛亦不作. 何以又云「心不在焉」, 而其弊如彼乎? 朱子亦已明知其不然, 故又以操則存·求放心·從大體爲徵[1] 夫操者, 操其存乎人者仁義之心也, 求者, 求夫仁人心·義人路也; 從者, 先立夫天之所與我者也. 正其心於仁義, 而持之恒在, 豈但如一鏡之明哉? 惜乎! 其不能暢言之於章句, 而啓後學之紛紜也! |1-13|

1) 『或問』傳 7장 : "孔子所謂操則存, 舍則亡, 孟子所謂求其放心從其大體者, 蓋皆謂此. 學者可不深念而屢省之哉?"

이미 텅 비고 밝고 밝다면 전혀 거두어들일 수가 없는데, 다시 어디에 놓아버리겠는가? 막히는 것만 방지하면 열어 펼치는 것은 걱정이 없다. 그러므로 있어서는 안 되는 것은 머물러 두고 예기하고 얽매는 것이다. 머물러 두면 과거도 또한 있고, 기대하면 미래도 또한 있으며, 얽매이면 현재도 또한 있다. (과거든 현재든 미래든) 전혀 존재하지 않은 이후에 마음이 텅 비고 밝음을 얻을 수 있는데, 그렇게 되면 부처가 되려는 마음도 일어나지 않는다. 어찌 또 말하기를 '마음이 있지 않으면'이라고 하여, 그 폐단이 저와 같다는 말인가? 주자도 역시 그렇지 않음을 이미 분명히 알았기 때문에, 또한 잡으면 있게 되는 것, 놓아버린 마음을 구하는 것, 대체大體를 좇는 것으로 증명하였다. 잡는다(操)는 것은 사람에게 존재하는 인의의 마음을 잡는 것이며, 구한다(求)는 것은 "인은 사람의 마음이며, 의는 사람의 길이다"라고 할 때의 인과 의를 구하는 것이며, 좇는다(從)는 것은 하늘이 나에게 부여한 것을 먼저 세우는 것이다. 그 마음을 인의에 바르게 하고, 그것을 지켜 항상 있게 하는 것이 어찌 다만 거울의 밝음과 같은 것이겠는가? 애석하다!『장구』에서 시원하게 말하지 못하여 후학들의 혼란이 시작되었구나!

| 뜻풀이 |

『대학』에서 말하는 마음은 어디까지나 인의의 마음이다. 그것을 불교식으로 텅 비고 밝고 밝은 마음이라고 해서는 절대 안 된다. 그렇게 되면 배우는 사람들로 하여금 도대체 어디서부터 어떻게 공부해야 할지를 모르게 만들고 만다. 왕부지는 주자가 마음을 잘 이해하지 못하여 유학의 마음을 불교식으로 해석했고, 따라서 오히려 배우는 사람들을 잘못 이끌었다고 비판하고 있다.

切須知以何者爲心. 不可將他處言心者混看. 抑且須知忿懥·
恐懼·好樂·憂患之屬心與否.　以無忿懥等爲心之本
體,　是「心如太虛」之說也,　不可施正,　而亦無待正
矣. 又將以忿懥等爲心之用, 則體無而用有, 旣不相
應. 如鏡旣空, 則但有影而終無光. 且人之釋心意之分,　必曰
心靜而意動,　今使有忿懥等以爲用,　則心亦乘於動
矣. 只此處從來不得分明. |2-1|

반드시 무엇을 마음(心)이라고 하는지 알아야 한다. 다른 데에서
마음을 말한 것과 혼동해 보아서는 안 된다. 또한 반드시 성냄·두려워함·
즐거워함·근심함이 마음에 속하는지의 여부도 알아야 한다. 성
냄 등이 없는 것을 마음의 본체라고 한다면, 이것은 바로 “마음
은 텅 빈 것과 같다”는 설과 같으니, 바르게 할 수도 없고 바르
게 되기를 기대할 수도 없게 된다. 또 성냄 등을 마음의 작용이
라고 한다면, 본체가 없는데도 작용이 있게 되니 이미 상응하지
않는다. 이를테면 거울이 비어 있다는 것과 같은 경우는, 다만 거울에 비친 영상
만 있고 빛은 없는 것과 같다. 또 사람이 마음과 뜻의 차이를 구분하여
반드시 말하기를, 마음은 고요하고 뜻은 움직인다고 하는데, 가
령 성냄 등을 작용이라고 한다면 마음이 또한 움직임에 타는 것
이 된다. 이 점에 대해서 종래에는 분명히 알지 못했다.

不知『大學』工夫次第, 固云「欲正其心者先誠其意」, 然煞認此作先後, 則又不得. 且如身不脩, 固能令家不齊; 乃不能齊其家, 而過用其好惡, 則亦身之不脩也. 況心之與意, 動之與靜, 相爲體用, 而無分於主輔, 故曰「動靜無斷」. 故欲正其心者必誠其意, 而心苟不正, 則其害亦必達於意, 而無所施其誠. |2-2|

잘 모르겠으나, 『대학』 공부의 순서는 본래 "마음을 바르게 하고자 하는 사람은 먼저 그 뜻을 정성스럽게 해야 한다"는 것이지만, 이것을 선과 후로 성급하게 생각하면 또한 안 된다. 또한, 만약 몸이 닦이지 아니하면 진실로 집안을 가지런히 할 수가 없고, 집안을 가지런히 할 수 없으면서 그 좋아하거나 싫어함을 지나치게 쓰게 되면 또한 몸이 닦이지 않는다. 더욱이 마음은 뜻과, 움직임은 고요함과 더불어 서로 본체와 작용이 되어 主주와 보輔의 구분이 없어지게 되기 때문에, "움직임과 고요함은 끝이 없다"고 하는 것이다. 그러므로 그 마음을 바르게 하고자 하는 사람은 반드시 그 뜻을 정성스럽게 해야 하니, 마음이 진실로 바르지 않으면 그 해로움이 또한 반드시 뜻에까지 이르게 되어 그 정성스러움을 베풀 데가 없게 된다.

어떤 경우에는 마음이 본체가 되고 뜻이 작용이 되며, 어떤 경우에는 뜻이 본체가 되고 마음이 작용이 된다. 그러므로 마음과 뜻의 선후를 정해서 말할 수는 없다.

凡忿懥·恐懼·好樂·憂患, 皆意也. 不能正其心, 意一發而卽向於邪, 以成乎身之不脩. 此意旣隨心不正, 則不復問其欺不欺·慊不慊矣. 若使快足, 入邪愈深 故愚謂意居身心之交, 八條目自天下至心, 是步步向內說; 自心而意而知而物, 是步步向外說 而『中庸』末章, 先動察而後靜存, 與『大學』之序並行不悖. 則以心之與意, 互相爲因, 互相爲用, 互相爲功, 互相爲效, 可云繇誠而正而脩, 不可云自意而心而身也. 心之爲功過於身者, 必以意爲之傳送. |2-3|

성냄·두려워함·즐거워함·근심함은 모두 뜻이다. 마음을 바르게 하지 못했는데 뜻이 발하게 되면 곧 사악한 데로 빠지게 되어 몸이 닦이지 못하게 된다. 이 뜻이 이미 바르지 않은 마음을 따를 것 같으면, 속이거나 속이지 않음과 만족스럽거나 만족스럽지 못함 따위를 다시는 묻지 않게 된다. 만일 유쾌하고 만족하면 더욱 깊이 사악한 데로 빠지게 된다. 그러므로 나는 뜻이 몸과 마음의 교차점에 있다고 말하는 것이다. 팔조목八條目에서 천하로부터 마음에 이르기까지는 점차적으로 안을 향하여 말한 것이고, 마음에서부터 뜻·앎·대상까지는 점차적으로 밖을 향하여 말한 것이다. 따라서 『중용』마지막 장에, 먼저 움직일 때 살피고 나서 고요할 때 보존한다고 한 것은, 『대학』의 순서와 병행하여 어긋나지 않는다. 그러므로 마음과 뜻이 서로 인因이 되고, 서로 용用이 되고, 서로 공功이 되고, 서로 효效가 되기 때문에 정성스러움으로 말미암아 바르게 되고 닦이는 것이라고 말할 수는 있지만, 뜻으로부터 마음, 몸의 순서라고 말할 수는 없다. 마음이 몸에 대해 공功이 되고 과過가 될 때, 반드시 뜻을 그 전달자로 삼는다.

| 뜻풀이 |

왕부지가 내린 결론은 성냄·두려워함·즐거워함·근심함은 뜻이라는 것이다. 또 뜻이 몸과 마음의 교차점에 있다는 왕부지의 발언은 매우 중요하다. 일반적으로 『대학』 경문의 순서에 따라 공부와 작용의 두 측면에서 뜻―마음―몸의 순서로 생각하지 마음―뜻―몸으로 생각하지 않기 때문이다. 그런데 왕부지는 공부하는 순서로 본다면 정성스럽게 함(뜻)―바르게 함(마음)―닦음(몸)의 순서로 볼 수 있지만, 작용하는 순서로 본다면 뜻―마음―몸이라고 할 수는 없다고 본다. 뜻은 항상적인 본체가 있는 것이 아니기 때문이다. 작용하는 순서는 이 단락에서 말하는 것처럼 마음―뜻―몸이라고 할 수 있다.

朱子說「鑑空衡平之體,　鬼神不得窺其際」,　此語大有病在.　南陽忠國師勘胡僧公案,　與列子所紀壺子事,[1]　正是此意. 凡人心中無事,　不思善,　不思惡,　則鬼神眞無窺處.　世有猜碁子戲術,　握碁子者自不知數,　則彼亦不知,　亦是此理.　此只是諺所云「陰陽怕懵懂」,　將作何用,　豈可謂之心正? 心正者,　直是質諸鬼神而無疑. 若其光明洞達,　匹夫匹婦亦可盡見其心,　豈但窺其際也而已哉? |3-1|

1) 『列子』 「黃帝」.

주자가 "빈 거울과 공정한 저울 같은 본체는 귀신도 그 모습을 살필 수가 없다"고 한 이 말에는 큰 병폐가 있다. 남양의 충국사忠國師가 교감한 달마의 공안公案과 열자列子가 기록한 호자壺子의 일 등이 바로 이 뜻이다. 사람의 마음속에 일이 없어서 구태여 선을 생각하지도 않고 악을 생각하지도 않는다면, 진실로 귀신도 살필 수가 없게 될 것이다. 세상에 바둑알 숫자를 맞추는 놀이가 있는데, 바둑알을 쥔 사람이 자기가 쥔 바둑알 숫자를 알지 못한다면, 상대방도 알지 못하게 되는 것 또한 같은 이치이다. 이것은 곧 속담에 "음양도 흐리멍덩한 것을 겁낸다"고 한 말과 같으니, 장차 어디에 쓸 수 있을 것이며, 어찌 마음이 바르다고 말할 수 있겠는가?

마음이 바르다는 것은 바로 귀신에게 물어봐도 의심이 없는 것이다. 만약 광명하고 통달하여 보통 사람들일지라도 또한 그 마음을 다 볼 수 있다면, 어찌 단지 그 모습만을 살필 수 있을 뿐이겠는가?

| 뜻풀이 |

유학에서 말하는 바른 마음이란 광명하고 통달하여 보통 사람들도 볼 수 있고 귀신에게 물어봐도 의심이 없는 것인데, 주자처럼 마음을 '빈 거울과 공정한 저울'과 같다고 본다면 그것은 불가나 선가에서 말하는 마음과 다를 것이 없다.

「仰面貪看鳥, 回頭錯應人」,¹⁾ 恁般時, 心恰虛虛地,
鬼神亦不能窺其際, 唯無以正之故也. 不然, 豈杜子
美於鳥未到眼時, 預期一鳥而看之; 鳥已飛去後, 尚
留一鳥於胸中; 鳥正當前時, 並將心繫著一鳥乎? 唯
其無留·無期·無繫, 適然一鳥過目, 而心卽趨之, 故
不覺應人之錯也. |4-1|

1) 『杜工部集』「漫成二首」.

"얼굴을 들어 넋이 나간 듯 새를 보다가 머리를 돌려 사람에
게 잘못 응하는" 때처럼 마음이 아주 텅 비어 귀신도 그 모습을
엿볼 수 없음은 다만 바르게 할 것이 없기 때문이다. 그렇지 않
다면 두자미(두보)는 어떻게 아직 새가 눈에 들어오지 않았는데
도 한 마리 새를 예기豫期하여 보았으며, 새가 이미 날아가 버린
뒤에 아직도 가슴 속에 한 마리 새를 머물러 두었으며, 새가 바
로 앞에 있을 때 아울러 마음이 그 새에 얽매여 있었겠는가? 그
머물러 둠이 없고, 예기함이 없으며, 얽매임이 없는데 한 마리
새가 때마침 눈앞에 지나가게 되었으므로 마음이 바로 그것을
쫓아가서 깨닫지 못하는 사이에 사람에게 잘못 응하게 된 것이
다.

주자식으로 마음을 텅 비우는 것을 마음을 바르게 하는 것으로 삼는다면, 그야말로 무심코 어떤 행동을 할 때의 마음이 바로 마음을 바르게 한 것이 될 것이다. 어떻게 그럴 수 있겠는가? 마음을 바르게 한다고 할 때의 마음은 인의의 마음이기 때문에, 마음을 바르게 하는 것이란 마음이 항상 인의에 어긋나지 않도록 하는 것이라고 본다.

마음을 바르게 하는 것이란 과거는 잊지 않으며, 미래는 반드
시 예상을 하고, 눈앞의 것은 조금이라도 놓아버리거나 지나침이
없도록 하는 것이다. 그렇다면, 비록 성냄·두려워함·즐거워함·
근심함이 있더라도 주체가 있어 진실로 혼란스럽게 되지 않는다.

| 뜻풀이 |

결론적으로 마음을 바르게 한다고 할 때의 마음이란 불교에서 말하
는 마음처럼 텅 빈 마음이 아니고, 따라서 성냄 등이 없는 마음을 가리
키는 것이 아니다. 다만 성냄 등이 있을지라도 확고하게 주체가 있어서
그것들에 의해 어지러워지지 않는 마음인데, 그것은 바로 인의의 마음
이라고 할 수 있다.

전傳 제 8 장

所謂齊其家, 在脩其身者, 人之其所親愛而辟焉, 之
其所賤惡而辟焉, 之其所畏敬而辟焉, 之其所哀矜而
辟焉, 之其所敖惰而辟焉. 故好而知其惡, 惡而知其
美者, 天下鮮矣. 故諺有之曰, 人莫知其子之惡, 莫
知其苗之碩. 此謂身不脩, 不可以齊其家.

이른바 그 집안을 가지런히 하는 것이 그 몸을 닦는 데 있다는
것은 다음과 같은 내용이다. 사람은 친하고 사랑하는 것에 편벽
되고, 천시하고 미워하는 것에 편벽되며, 두려워하고 공경하는
것에 편벽되고, 슬퍼하고 불쌍히 여기는 것에 편벽되며, 오만하
고 나태한 것에 편벽되게 된다. 그러므로 좋아하면서도 그 나쁜
점을 알고, 미워하면서도 그 좋은 점을 아는 사람은 천하에 드물
다. 그러므로 속담에 "사람이 자기 자식의 나쁜 점을 모르고, 자
기 밭의 싹이 자라는 것을 모른다"는 말이 있다. 이는 몸이 닦이
지 않으면 그 집안을 가지런히 할 수 없다는 말이다.

『或問』之論敖惰,　足破羣疑.　但朱子大槩說待物之
理,　而此傳之旨,　乃以發脩身・齊家相因之理.　則在
家言家,　　而所謂「泛泛然之塗人」與夫求見之孺悲,[1]
留行之齊客,[2]　固非其類. |1-1|

1) 『論語』「陽貨」 : 孺悲欲見孔子, 孔子辭以疾, 將命者出戶, 取瑟而
　歌, 使之聞之.
2) 『孟子』「公孫丑下」 : 孟子去齊, 宿於晝. 有欲爲王留行者, 坐而言,
　不應, 隱几而臥.

『혹문』에서 오만하고 나태한 것을 논한 것은 뭇 의심들을 떨
쳐 버릴 만하다. 그러나 주자는 대체로 다른 사람을 대하는 이치
를 설명했고, 이 전의 요지는 몸을 닦는 것과 집안을 가지런히
하는 것이 서로 관련되는 이치를 밝힌 것이다. 그러므로 집안에
있는 것으로 집안을 이야기 한 것이니, 이른바 '길가는 평범한
사람'과, 공자를 만나보려고 했던 유비孺悲, 맹자가 제나라를 떠
나는 것을 만류하려던 제나라의 문객門客은 적절한 사례가 아니
다.

『혹문』에서 "친하고 사랑하는 것, 천시하고 미워하는 것, 두려워하고 공경하는 것, 슬퍼하고 불쌍히 여기는 것은 사람의 마음에 마땅히 있는 것이지만, 오만하고 나태한 것은 흉한 덕인데 본심에 그러한 것이 있겠느냐"는 질문에 대해 주자는 "그렇게 대할만한 사람에게 그렇게 대하는 것은 마땅히 있어야 하는 일상적인 감정이고 사리의 당연함"이라고 말했다. 그러면서 위의 해석에서 말한 예를 들고 있다. 어떤 사람을 '길가는 평범한 사람'처럼 보거나, 공자가 유비를 만나는 것을 거절한 것, 맹자가 제나라의 문객에 대해 안궤에 기대어 누워 대답하지 않았던 것은 모두 그렇게 대할만한 까닭이 있어서 그렇게 대했기 때문에 당연하다는 것이다. 그러나 왕부지는 주자의 오만하고 나태한 것에 대한 설명은 맞지만, 이 장은 어디까지나 몸을 닦는 것과 집안을 가지런히 하는 것의 관련성을 말하고 있기 때문에 주자가 든 예들이 적절하지 않다고 본다.

又「親愛」以下五者, 亦比類而相反. 敖惰者畏敬之
反, 賤惡者親愛·哀矜之反. 各有所反, 則親愛·哀矜
者, 其或在所敖惰也有矣. 敖者, 亢敖自尊而卑之也.
惰者, 適意自便而簡之也. 敖必相與爲禮時始見, 如
扶杖而受卑幼之拜是已. 惰則閒居治事, 未與爲禮時
乃然, 雖過吾前, 不爲改容也. 此則一家之中, 繁有
其人, 亦繁有其時, 外之家臣僕隸, _{大夫而後可云家.} 內
則子孫羣從, 日侍吾前者皆是也. 然使其辟, 則自處
過亢而情不下接, 有所使令, 亦憚其尊嚴而不敢自
白, 則好不知惡, 惡不知美, 自此積矣. 是身之不脩,
家緣不齊之一端也. |1-2|

또한 '친하고 사랑하는 것' 이하 다섯 가지(친하고 사랑하는
것, 천시하고 미워하는 것, 두려워하고 공경하는 것, 슬퍼하고 불
쌍히 여기는 것, 오만하고 나태한 것)는 또한 서로를 비교해 보
면 상반되는 것들이 있다. 오만하고 나태한 것은 두려워하고 공
경하는 것과 상반되고, 천시하고 미워하는 것은 친하고 사랑하는
것 및 슬퍼하고 불쌍히 여기는 것과 상반된다. 각기 상반되는 것
을 가지고 보면, 친하고 사랑하는 것과 슬퍼하고 불쌍히 여기는

것은 또 오만하고 나태한 것과도 상반된다. 오만한 것은 매우 거만하여 자기를 높이고 다른 사람을 업신여기는 것이며, 나태한 것은 자신의 뜻에만 따라 편한대로 함으로써 다른 사람에게 대충 대하는 것이다. 오만한 것은 반드시 서로 더불어 예를 행함에 비로소 드러나게 마련인데, 지팡이를 짚고 천한 사람과 어린이에게 절을 받는 것이 그런 경우이다. 나태한 것은 평소에 일을 처리하면서 예를 행하지 않을 때에 그런 것이니, 비록 내 앞을 지나더라도 얼굴빛을 고치려 하지 않는다. 일가—家 중에는 그런 사람도 많고 그런 경우도 많은 까닭에, 밖으로는 가신과 노복들이, 대부가 된 이후에 가家라고 일컬을 수 있다. 안으로는 자손과 많은 식솔들이 날마다 내 앞에서 시중들 경우에 다 일어날 수가 있다. 그러나 편벽되게 되면 스스로 지나침에 빠져 정情으로 아랫사람들을 접하지 못하고, 명령하여 시키는 것이 있어도 또한 존엄함을 꺼려서 감히 스스로 아뢰지 못하니, 좋아해서 그 사람의 나쁜 점을 알지 못하고, 미워해서 그 사람의 좋은 점을 알지 못하는 일이 이로부터 쌓이게 된다. 이것이 몸이 닦이지 않아서 집안이 가지런하게 되지 못하는 하나의 단서이다.

| 뜻풀이 |

몸을 닦은 사람은 좋아하면서도 그 나쁜 점을 알고, 미워하면서도 그 좋은 점을 알아야 하는데, 그렇지 못한 사람은 편벽되어 좋아하면 나쁜 점을 알지 못하고 미워하면 좋은 점을 알지 못한다. 따라서 아랫사람들도 그를 두려워하게 된다.

凡釋字義, 須補先儒之所未備, 逐一淸出, 不可將次帶過. 一部『十三經』, 初無一字因彼字帶出混下者. 如此章「親愛」等十字, 其類則五, 而要爲十義. 親者相洽相近之謂, 愛則有護惜而願得之意. 已得則護惜, 未得則願得. 孟子云[1]「彼以愛兄之道來」, 不可云親兄; 以「鬱陶思君」之言有護念而願見之意. 畏者畏其威, 敬者敬其儀. 畏存乎人, 敬盡乎己. 父兼畏敬, 母兄唯敬. 哀則因其有所喪而悼之, 矜則因其未足以成而憐之. 喪則哀, 病不成人則矜. 賤以待庸陋, 惡以待頑惡. 近取之家, 自不乏此十種. 敎惰前已釋. 或以人別, 或以事別, 其類則有五, 其實凡十也. |1-3|

1)『孟子』「萬章上」.

글자의 뜻을 해석할 때에는 반드시 선유들의 미흡한 바를 보충해서 분명하게 해야지, 잘못을 계속해서는 안 된다. 십삼경十三經 전체에서 어떤 한 글자도 다른 뜻으로 혼동해서 쓰는 경우는 전혀 없다. 이 장의 '친하고 사랑하는 것' 등 열 글자 같은 경우, 그 종류는 다섯이고, 그 요점은 열 가지 뜻이 된다. 친한 것은 서로 흡족하고 가까운 것을 말하고, 사랑하는 것은 곧 비호하고 아낌이 있어서 원하여 얻고자 한다는 뜻이다. 이미 얻으면 비호하여 아끼게 되고, 얻지 못하면 원하여 얻고자 한다. 맹자가 말한 "그가 형을 사랑하는 도道로서 왔다"는 말에서 '형을 사랑하는'을 '형과 친한'이라고 말해서는 안 되며, "내 마음에 저절로 당신을 생각하는 마음이 있다"는 말에 비호하는 생각으로 원하여 보고자 한다는 뜻이 있는 것이다. 두려워하는 것은 그 위엄을 두려워하는 것이고, 공경하는 것은 그 위의威儀를 공경하는 것이다. 두려워할 만한 대상은 다른 사람에게 있는 것이고, 공경은 자기가 다하는 것이다. 아버지에 대해서는 두려워하고 공경하며, 어머니와 형에 대해서는 공경할 뿐이다. 슬퍼하는 것은 잃은 것으로 인하여 슬퍼하는 것이고, 불쌍히 여기는 것은 넉넉하게 이루지 못함에 대하여 불쌍히 여기는 것이다. 초상을 당하면 슬퍼하는 것이고, 병이 들어 온전하지 못하면 불쌍히 여기는 것이다. 천시하는 것은 용렬하고 누추한 사람을 대하는 것이고, 미워하는 것은 완고하고 악한 사람을 대하는 것이다. 가깝게 집안에서 취하여 보면 자연히 이 열 가지가 모자라지 않는다. 오만한 것과 나태한 것은 이미 풀이했다. 지금까지 사람으로 구별하기도 하고, 일로 구별하기도 했는데, 그 종류는 다섯이지만 실제로는 모두 열 가지이다.

『대학』 원문에 대한 해석이다. 십삼경 전체에서 어떤 한 글자도 다른 뜻으로 혼동해서 쓰는 경우가 전혀 없다는 왕부지의 발언은 귀담아 들을 만하다. 그것은 기계적으로 문장을 해석할 위험이 있기는 하지만, 문장을 자신의 이론에 따라 자의적으로 해석할 위험을 방지해 줄 수 있기 때문이다. 후자의 위험이 더 큰 위험이라는 것은 두말할 필요도 없다. 청나라 초기 왕부지의 이러한 발언은 고증학자들에게도 영향을 주었음에 틀림없다. 이러한 태도는 주자와 비교해 보면 잘 드러난다. 주자는 고전의 해석을 자신의 이기론의 틀에 맞게 자의적으로 해석하는 경우가 많았다. 물론 그 자체가 철학사적으로 의미를 갖는 일이기는 하지만, 자신이 의식하고 있으면서도 짐짓 고전을 본래의 의미와 전혀 달리 해석한다는 것은 학문적 엄밀함이라는 면에서 본다면 결코 바람직한 것일 수 없다.

好知惡, 惡知美,¹⁾ 知子之惡, 知苗之碩, 要未可謂身脩, 未可謂家齊, 亦不可以務知之明爲脩其身·齊其家之功. 脩身在於去辟, 無所辟而後身脩. 若齊家之功, 則敎孝·敎弟·敎慈, 非但知之, 而必敎之也. |2-1|

1)『대학』 원문의 "好而知其惡, 惡而知其美"의 준말.

좋아하더라도 그 나쁜 점을 알고, 싫어하더라도 그 좋은 점을 알며, 자기 아들의 나쁜 점을 알고, 자기 밭의 싹(苗)이 자람을 아는 정도로는 몸이 닦였다거나 집안이 가지런히 되었다고 말하지 말아야 하며, 또한 앎이 밝게 되도록 힘쓰는 것을 가지고는 몸을 닦고 집안을 가지런히 하는 공부로 삼아서는 안 된다. 몸을 닦는 것은 편벽됨을 없애는 데 있으니, 편벽됨이 없게 된 다음에야 몸이 닦인다. 집안을 가지런히 하는 공부와 같은 것은 효도를 가르치고 공경을 가르치며 자애를 가르치는 것이므로, 다만 알 뿐만 아니라 반드시 가르쳐야 한다.

| 뜻풀이 |

몸을 닦는 것 이후는 아는 것만으로는 공부가 다 되었다고 할 수 없다. 반드시 실천해야 한다. 집안을 가지런히 하는 것과 같은 경우도 효도, 공경, 자애를 가르쳐 지키도록 해야 한다.

唯身之有辟, 故隨其辟以爲好惡, 須玩本文一「故」字. 而敎
之失宜. 如其無辟, 則於身取則, 而自有以洞知人之
美惡. 知其如此者之爲不孝·不弟·不慈, 則嚴戒之得
矣. 知其如此者之爲能孝·能弟·能慈, 則獎掖之得
矣. 故『章句』著「所以」二字.[1] 「所以」云者, 於以爲
立敎之本而利用之也. |2-2|

1) 溺愛者不明, 貪得者無厭, 是則偏之爲害而家之所以不齊也.

오직 자신에게 편벽됨이 있기 때문에 그 편벽됨에 따라 좋아
하고 싫어하여 반드시 본문의 '그러므로(故)'라는 글자를 잘 음미해야 한다.
가르침이 마땅함을 잃게 된다. 만약 편벽됨이 없으면 자신에게서
법도를 취하여 스스로 다른 사람의 좋고 나쁨을 잘 알게 된다.
따라서 어떤 것이 효성스럽지 못하고, 공경스럽지 못하며, 자애
롭지 못한 것임을 알면, 엄하게 경계할 수 있다. 어떤 것이 효도
할 수 있고 공경할 수 있고 자애로울 수 있는 것인지 알면 권장
할 수 있다. 그러므로『장구』에 '따라서(所以)'라는 두 글자를 드
러내었다. '따라서(所以)'라고 말한 것은, 가르침을 세우는 근본으
로 삼는다는 측면에서 그렇게 이용한 것이다.

몸이 잘 닦여 있는 사람이라면 자신을 기준으로 하여 집안 사람들을 가르쳐 가지런히 할 수 있다. 산에서 도끼자루로 쓸 나무를 베는 사람은 자신이 지닌 도끼 자루를 기준으로 하여 나무를 자르면 된다. 몸이 닦이지 않은 사람은 기준이 없으므로 어떻게 착수해야 할지를 모른다.

到知美知惡, 大要著力不得. 假令好而欲知其惡, 惡而欲知其美, 其起念已矯揉不誠. 強制其情而挾術以爲譏察, 乃欲如吳季子所云鏡明衡平者, 亦萬不可得之數. 故傳意但於辟不辟上致克治[1]之功. 此以外制內之道, 親愛等見於事, 故屬外. 知與好惡屬內. 自與正心殊科. |2-3|

1) 克治 : 사욕을 이겨 잘못된 생각을 없앰.

좋은 점을 알고 나쁜 점을 아는 데에 이르면 대체로 힘을 쓸 수가 없다. 가령 좋아하면서 그 나쁜 점을 알려고 하고, 싫어하면서 그 좋은 점을 알려고 한다면, 그 생각이 이미 비뚤어져서 정성스럽지 못하다. 억지로 그 감정을 제지하고 어떤 방법을 동원하여 살펴서, 오계자가 말한 대로 '거울처럼 맑고, 저울처럼 공정'하고자 하는 것은 또한 절대로 불가능한 법이다. 그러므로 전전(傳)의 뜻은 다만 편벽되느냐 편벽되지 않느냐 하는 데에서 이겨 나가는(克治) 공부를 다하라는 것이다. 밖을 가지고 안을 제어하는 이 방법은, 친하고 사랑하는 것 등은 밖에 드러나 보이므로 밖에 속한다. 알거나 좋아하고 싫어하는 것은 안에 속한다. 분명 마음을 바르게 하는 것과 다른 조목이다.

좋아하면서도 나쁜 점을 알고, 싫어하면서도 좋은 점을 아는 것은 뜻이 정성스럽게 됨으로써 저절로 그렇게 되는 것이지 억지로 그렇게 하라는 것은 아니며, 그렇게 될 수도 없다. 따라서 공부는 좋아하면서도 나쁜 점을 알고, 싫어하면서도 좋은 점을 알려고 노력하는 데 있는 것이 아니라, 편벽되지 않도록 하는 데 있다. 그것은 마음을 바르게 하는 공부와 다르므로 몸을 닦는 공부에 속한다고 할 수 있다.

蓋所謂脩身者, 則脩之於言行動而已. 繇言行動而內
之, 則心意知爲功, 乃所以脩身之本, 而非於身致脩
之實. _{知美知惡, 自致知事. 好惡, 自正心事.} 而人終日所言·所
行·所動, 必因人因事而發, 抑必及於物; 而受之者,
則所親愛·賤惡·畏敬·哀矜·敖惰者是己. 君子而入大
學, 則固非憂患困窮, 避世土室者之所可例, 又豈至
如浮屠之棄家離俗, 杜足荒山, 習四威儀[1]於人所不
接之地也與? 故列數所施之地, 以驗其言行動辟與不
辟之實. 然則脩其身而使不辟者, 必施之得宜, 而非
但平情以治其好惡, _{此自正心誠意事.} 如吳季子鏡衡之說,
內求之心知而略於身, 外求之物理而內失己也. |2-4|

1) 四威儀: 불교에서 말하는 수행자의 네 가지 몸가짐. 즉 行·住·坐·臥를
   말함.

이른바 몸을 닦는다는 것은 말과 행위와 동작에서 닦는 것일
뿐이다. 말과 행위와 동작을 따라 안으로 살피면, 마음과 뜻과
앎은 공부가 되고 몸을 닦는 근본이 되는 것이지, 몸에서 완성하
고 닦은 결실이 아니다. 좋은 점을 알고 나쁜 점을 아는 것은 저절로 앎을
완성하는 일이다. 좋아하고 싫어하는 것은 저절로 마음을 바르게 하는 일이다. 사
람이 종일 말하고 행동하고 움직이는 것은 반드시 다른 사람이

나 일 때문에 발생한 것이므로, 또한 반드시 다른 사람에게 영향을 미친다. 그 영향을 받는 것은 바로 친하고 사랑하는 대상, 천시하고 미워하는 대상, 두려워하고 공경하는 대상, 슬퍼하고 불쌍히 여기는 대상, 오만하고 나태한 대상이다. 군자로서 대학에 들어가는 것은 진실로 우환이나 곤궁 때문에 세상을 피해 토굴에 숨어사는 것과 비교될 수 없는 것인데, 어찌 불교도들이 가정을 버리고 세속을 떠나 거친 산에서 발자취를 감추고 사람들과 접하지 않은 땅에서 네 가지 위의威儀를 익히는 것과 같은 일이겠는가? 그러므로 몇 가지 베푸는 곳을 나열해서 그 말과 행위와 동작의 편벽됨과 그렇지 않음의 실상을 증명한 것이다. 따라서 자기 몸을 닦고 편벽되지 않게 하려는 사람은 반드시 마땅함을 얻도록 실천해야지, 단지 감정을 평온하게 하여 그 좋아하거나 싫어함을 다스리는 것만으로는 안 된다. 이는 저절로 마음을 바르게 하고 뜻을 정성스럽게 하는 일이다. 오계자의 '거울이나 저울' 같은 말은, 안으로 심지心知에서 구하여 몸으로 실천하는 것을 생략해 버리고, 밖으로 사물의 이치에서 구하여 안으로 자기를 잃은 것이다.

| 뜻풀이 |

유학에서 몸을 닦는다고 하는 것은 불교의 참선과 다르다. 여기서 왕부지는 불교의 참선은 마음만을 대상으로 하는 반면 유학에서 몸을 닦는다고 하는 것은 구체적으로 말, 행위, 동작에서 편벽됨을 제거하고 인간관계에서 그것을 실천해 나가는 것이라고 본다. 따라서 세속을 피하여 산으로 들어가는 불교와는 근본적으로 다른 것이라고 주장한다.

조금이라도 편벽됨이 있으면, 말은 반드시 지나친 말이 되고, 행위도 반드시 지나친 행위가 되며, 동작도 반드시 지나친 동작이 된다. 말에 지나친 말이 있고, 행위에 지나친 행위가 있고, 동작에 지나친 동작이 있은 후에, 감정이 편벽되게 된다. 편벽됨이란 치우친 것이지 사악한 것은 아니다. 사악함은 마음에서 생기지만, 치우침은 일에 있다. 말과 행위와 동작에 시행하는 것이 아니라면 어떻게 편벽되다고 말하겠는가? 그러므로 몸을 닦는 것은 그 말과 행위와 동작의 편벽됨을 닦는 것이다.

| 뜻풀이 |

마음을 바르게 하는 것까지는 눈에 드러나 보이지 않지만, 몸을 닦는 것은 그것이 몸이기 때문에 밖으로 드러나게 된다. 그러므로 몸을 닦는다는 것은 말과 행위와 동작에 편벽됨이 없도록 하는 것이다.

1) 齊明은 無偏無頗以顯明하는 것을 말함.

편벽되지 않으려면 반드시 천부적인 척도를 가지고 범위로 삼아
막아야 하니, 곧 예禮가 그것이다. 그러므로 말하기를, "예가 아니
면 움직이지 않는 것이 몸을 닦는 방법이다"라고 했다. '공평하여 밝
은 것(齊明)'은 닦는 것을 돕는 것이고, "예가 아니면 움직이지 않는다"는 것은 본래
닦는 것이다. 예로써 몸을 단속하고 치우침을 교정하여 바름에 한결
같도록 하는 것이니, 예로써 자기의 득실을 바르게 하는 표준으로
삼는 사람은 또 이로써 다른 사람의 좋은 점과 나쁜 점을 구분하
게 되는데, 좋아하는 가운데 나쁜 점을 구하지 않고, 싫어하는 가
운데 좋은 점을 구하지 않아도, 좋은 점과 나쁜 점이 환하게 드러
나 혹시라도 덮어 가리는 것이 없게 된다. 이 점이 몸을 닦는 것이
집안을 가지런히 하는 근본이 되는 까닭이다. 이것을 버리면 비록
감정을 다스려 그 집안을 가지런히 하고자 하더라도 불가능하다.

| 뜻풀이 |

편벽됨을 피하려면 예라는 기준을 가지고 있어야 한다. 그런데 왕부지가 여기서 말하는 예는 순자가 말하는 성인에 의해서 주어진 외적 규범으로서의 예인가? 아니면 맹자가 인의예지라고 말할 때의 예처럼 우리 마음속에 갖추고 있는 내적 규범으로서의 예인가? 왕부지가 '천부적(天成)'이라고 표현하고 있는 것을 보면 후자인 것으로 보인다.

親愛・賤惡・畏敬・哀矜・敖惰而云「其所」，　乃以謂身之所施，　而非言情之所發．『或問』「今有人焉」一段，亦甚深切著明矣．惜乎門人之不察，求之於情而不求之於事，徒區區於愛最易偏，辨平情之次第，入荊棘而求蹊徑，勞而無益久矣！ |2-7|

친하고 사랑하는 것, 천시하고 미워하는 것, 두려워하고 공경하는 것, 슬퍼하고 불쌍히 여기는 것, 오만하고 나태한 것에 대해 '그 ~ 하는 바(其所)'라고 말한 것은 몸으로 실천한 것을 말하는 것이지 감정이 발한 것을 말하는 것이 아니다. 『혹문』에 '지금 어떤 사람이 있어(今有人焉)'라고 말한 한 문단은, 또한 매우 깊고 절실하며 명확하다. 애석하게도, 문인들은 살피지 못하여, 감정에서 구하면서 일에서 구하지 않고, 한갓 구구하게 가장 쉽게 치우치는 사랑에서 감정을 평온하게 하는 순서를 구별하니 가시덤불에 들어가 지름길을 찾는 격이어서 힘만 들고 무익한지가 오래되었다!

『대학』 원문에서 "사람이 친하고 사랑하는 것에 편벽되고, 천시하고 미워하는 것에 편벽되고, 두려워하고 공경하는 것에 편벽되고, 슬퍼하고 불쌍히 여기는 것에 편벽되고, 오만하고 나태한 것에 편벽된다"고 말하는데, 그것은 감정상에서 편벽된다는 말이 아니다. 그런 감정이 구체적으로 적용되어 일로 드러난 것을 가리킨다. 따라서 치우친 감정을 평온하게 하려고 한다면 도움이 전혀 되지 않는다. 감정이 발로되어 일이나 사람에 적용될 때 편벽되지 않도록 노력해야 한다는 것이다.

有所當言, 因親愛而黷, 因畏敬而隱, 因賤惡而厲,
因哀矜而柔, 因敖惰而簡; 有所當行, 因親愛而荏,
因畏敬而蒽, 因賤惡而矯, 因哀矜而沮, 因敖惰而吝;
於其動也, 因親愛而媟, 因畏敬而餒, 因賤惡而暴,
因哀矜而靡, 因敖惰而驕: 皆身之不脩也. |3-1|

마땅히 말해야 할 것이 있어도 친하고 사랑하기 때문에 대충 넘어가고, 두려워하고 공경하기 때문에 감추고, 천시하고 미워하기 때문에 사납게 대하고, 슬프고 불쌍하게 여기기 때문에 부드럽게 대하고, 오만하고 나태하기 때문에 소홀히 대한다. 또한 마땅히 해야 할 것이 있어도 친하고 사랑하기 때문에 부드럽게 대하고, 두려워하고 공경하기 때문에 주저하고, 천시하고 미워하기 때문에 속이고, 슬프고 불쌍하게 여기기 때문에 저지하고, 오만하고 나태하기 때문에 인색하게 된다. 또한, 그 동작에서도 친하거나 사랑하기 때문에 버릇없고, 두려워하고 공경하기 때문에 의기소침하고, 천시하고 미워하기 때문에 난폭하고, 슬프고 불쌍하게 여기기 때문에 기울어지고, 오만하고 나태하기 때문에 교만해진다. 이런 것들은 모두 몸이 닦이지 않은 것이다.

君子所貴乎道者,　鄙倍·暴慢·淫暱之不作,　雖因親
疎貴賤賢不肖而異施, 亦何辟之有哉? 如是, 方是脩
身. 若但云平情如衡, 則苟所當致其親愛者, 雖極用
其親之愛之之心, 如舜之於象,¹⁾ 亦未爲辟. 敬畏等放此.
豈酌彼損此, 漫無差等, 抑所有餘以就不足之得爲齊
哉? 唯然, 故身不脩而欲齊其家, 必不可也. |3-2|

1) 象은 舜의 이복동생.

　군자가 도를 실천할 때 귀하게 여기는 것은 비루하고 배반함,
난폭하고 게으름, 음탕하고 함부로 함 같은 일들이 일어나지 않
게 하는 것이니 비록 가깝거나 멀고, 귀하거나 천하고, 현명하거
나 불초하기 때문에 다르게 대우하는 경우가 있더라도 무슨 편벽
됨이 있겠는가? 이와 같아야 바야흐로 몸을 닦은 것이다. 만약 단
지 평온한 감정이 저울과 같아야 한다고 말한다면, 진실로 그 친
하고 사랑함을 마땅히 다해야 할 대상에 대해, 비록 그 친하고 사
랑하는 마음을 극진히 사용해서 순舜이 상象에게 한 것과 같이 하
더라도 또한 편벽되지는 않는다. 공경하고 두려워하는 것 등도 이와 같다.
어찌 저것에 부어주고 이것에서 덜어내어 제멋대로 차등도 없게
하거나, 아니면 남은 것을 덜어서 부족한 것을 채워 주는 것이 가
지런한 것이 되겠는가? 오직 그러하므로 몸이 닦이지 않았는데
그 집안을 가지런히 하고자 하는 것은 절대로 불가능하다.

편벽됨이 없게 한다고 해서 무조건 산술적으로 똑같이 대우한다는 것은 아니다. 귀한 사람은 귀하게, 천한 사람은 천하게 대우해서 법도(예)에 맞으면 그것이 바로 편벽됨이 없는 것이다. 여기에서 왕부지가 여전히 신분에 따른 차별대우를 인정하고 있는 모습을 볼 수 있다. 왕부지가 불교적인 해석을 극력 반대하는 것도 일면에서는 신분제의 동요를 우려하는 사대부로서의 의식이 작용한 결과라고 할 수 있겠다. 그러나 이것이 왕부지 개인의 한계라고 볼 수는 없다. 누구나 계급적인, 그리고 시대적인 한계를 뛰어넘을 수는 없는 법이기 때문이다.

所謂治國, 必先齊其家者, 其家不可教, 而能教人者,
無之, 故君子不出家而成教於國. 孝者所以事君也,
弟者所以事長也, 慈者所以使衆也. 康誥曰, 如保赤
子, 心誠求之, 雖不中, 不遠矣. 未有學養子而后嫁
者也. 一家仁, 一國興仁, 一家讓, 一國興讓, 一人
貪戾, 一國作亂, 其機如此. 此謂一言僨事, 一人定
國. 堯舜, 帥天下以仁, 而民從之, 桀紂, 帥天下以
暴, 而民從之. 其所令, 反其所好, 而民不從. 是故
君子有諸己而後求諸人, 無諸己而後非諸人. 所藏乎
身不恕, 而能喩諸人者, 未之有也. 故治國在齊其家.
詩云, 桃之夭夭, 其葉蓁蓁, 之子于歸, 宜其家人,
宜其家人而后, 可以教國人. 詩云, 宜兄宜弟, 宜兄
宜弟而后, 可以教國人. 詩云, 其儀不忒, 正是四國,
其爲父子兄弟足法而后, 民法之也. 此謂治國在齊其
家.

이른바 나라를 다스리고자 하면 반드시 먼저 집안을 가지런히 해야 한다는 것은, 집안을 가르치지 못하면서 다른 사람을 가르칠 수 있는 사람은 없기 때문에, 군자는 집안을 벗어나지 않고도 나라에 가르침을 이룬다는 것이다. 효도는 임금을 섬기는 방법이 되고, 공경은 어른을 섬기는 방법이 되고, 자애는 무리를 부리는 방법이 된다. 「강고」에서 '갓난아이를 보살피듯이 하라'고 말했으니, 마음으로 정성스럽게 구하면 꼭 맞게 하지는 못하더라도 크게 벗어나지는 않는다. 아이를 기르는 것을 배우고 나서 시집가는 사람은 없다. 한 집안이 인仁하면 한 나라에 인이 일어나고, 한 집안이 사양하면 한 나라에 사양함이 일어나며, 한 사람이 탐욕스럽고 어긋나면 한 나라에 난이 일어나니, 그 기미가 이와 같다. 이것을 일러 "한마디 말이 일을 그르치며 한 사람이 나라를 안정시킨다"고 하는 것이다. 요堯와 순舜이 인仁으로써 천하를 다스리니 백성들이 따랐고, 걸桀과 주紂가 포악함으로써 천하를 다스리니 백성들이 따랐다. 명령하는 것이 좋아하는 것에 반대되면 백성들은 따르지 않는다. 그러므로 군자는 자기에게 갖추어진 후에 다른 사람에게 구하며, 자기에게서 없앤 후에 다른 사람에게 있는 것을 비난한다. 자신에게 간직된 것이 서恕가 아니면서 다른 사람을 깨우칠 수 있는 사람은 없다. 그러므로 나라를 다스리는 것은 집안을 가지런히 하는 데에 있다. 『시경』에서 "복숭아의 무성함이여, 그 잎이 무성하도다. 이 아이가 시집감이여, 그 집안의 사람을 마땅하게 하리라"라고 말했으니, 그 집안의 사람을 마땅하게 한 후에 나라 사람들을 가르칠 수 있다. 『시경』에서 "형에게 마땅하게 하고 동생에게 마땅하게 하도다”라고 말했으니, 형에게 마땅하게 하고 동생에게 마땅하게 한 후에 나라 사람들을 가르칠 수 있다. 『시경』에서 “그 위의威儀가 어긋나지 않기 때문에 천하의 나라를 바르게 한다”라고 말했으니, 그 부자와 형제가 본받을 만한 이후에 백성들이 본받는 것이다. 이것을 가리켜 나라를 다스리는 것은 그 집안을 가지런히 하는 데 있다고 한다.

『章句』「立敎之本」云云,[1] 亦但從性情會通處, 發明家國之一理, 以見敎家之卽以敎國耳.「識端推廣」, 乃朱子從言外衍說, 非傳意所有. 緣恐人將孝弟慈說得太容易, 以爲不待學而自能, 竟同處子之不學養子一例, 故補此一說, 見敎家敎國, 理則一而分自殊, 事之已殊; 有不待推而不可者. |1-1|

1) 明立敎之本, 不假强爲, 在識其端而推廣之耳.

『장구』에서 '가르침을 세우는 근본(立敎之本)'을 말한 것은, 다만 성정이 회통하는 곳을 따라 집안과 나라가 한 이치임을 밝혀서 집안을 가르치는 것이 곧 나라를 가르치는 것임을 보이고자 한 것일 뿐이다. "단서를 알아 미루어 넓힌다(識端推廣)"는 것은, 주자가 말로 표현되지 않은 것을 부연해서 설명한 것이니, 전이 가지고 있는 본래의 뜻은 아니다. 아마도 사람들이 효도(孝)와 공경(悌)과 자애(慈)를 아주 쉽게 말하면서 그것을 배우지 않고도 저절로 할 수 있다고 생각하여, 마침내 처녀가 자식을 기르는 것을 배우지 않더라도 시집가서 아이를 잘 기르는 것과 같이 생각할까 염려되어, 이 설명을 보충하여, 집안을 가르치고 나라를 가르치는 것이 이치는 하나이지만 나누어짐에 따라 각각 달라지며, 일이 이미 달라질 경우 미루어봄(推)을 기다리지 않으면 안 되는 것이 있음을 보인 것이라 하겠다.

| 뜻풀이 |

이하는 집안을 가지런히 하는 것을 미루어 나라를 다스린다고 할 때의 '미룬다'는 말의 의미를 중점적으로 논하고 있다. 집안을 가지런히 하는 도리인 효도, 공경, 자애를 미루어 나라를 다스린다는 것은, 효도, 공경, 자애를 통해 집안을 가지런히 하는 것처럼 그것을 미루어 효도, 공경, 자애로 나라를 다스린다는 것이 아니라, 집안에서 효도, 공경, 자애를 가르치는 것처럼 나라에서도 효도, 공경, 자애를 가르쳐야 한다는 말일 뿐이라고 왕부지는 해석한다. 그러므로 집안을 가지런히 하는 것을 미루어 나라를 다스린다고 하지만, 실제로 그것은 나라를 다스리는 방법을 논하는 것이 아니라 교육을 논하는 것이다. 집안이나 나라에서 모두 똑같이 효도, 공경, 자애를 가르쳐야 한다는 의미로 풀어야 한다는 것이다. 왕부지는 『대학』은 어디까지나 교육에 관한 책이지 정치에 대한 책이 아니라고 본다.

其云「立敎之本」, 卽指上孝弟慈, 金仁山之說爲近.[1]
所云本者, 以家國對勘: 敎家者敎國之本, 孝弟慈者
事君·事長·使衆之本也. 唯其不假强爲, 則同命於
天, 同率於性, 天理流行, 性命各正, 非僅可通於家
而不可行於國也. 唯養子不待學, 則使衆亦不待別有
所學, 而自無不可推矣. 故立敎之本, 有端可識, 而
推廣無難也. |1-2|

1) 小註 참조.

‘가르침을 세우는 근본’을 말한 것은, 앞의 효도와 공경과 자애를 가리킨 것인데, 김인산(仁山金氏)의 설명이 그럴 듯하다. 근본이라고 말한 것은 집안과 나라를 대응시켜 살펴본 것인데, 집안을 가르치는 것은 나라를 가르치는 것의 근본이고, 효도하고 공경하고 자애로운 것은 임금을 섬기고 나이 많은 사람을 섬기고 무리를 부리는 근본이다. 오직 억지로 하지 않으면 하늘에서 같이 명命을 받고 같이 성性을 따라서 천리가 유행하고 성명이 각각 바르게 되는 것이니, 겨우 집안에만 통하고 나라에 행할 수 없는 것은 아니다. 자식을 기르는 것이 배우지 않아도 되는 것이라면, 무리를 부리는 것 또한 별도로 배우지 않아도 되니, 미루지 못할 것은 없다. 그러므로 가르침을 세우는 근본에는 알 수 있는 단서가 있어서 미루어 넓히는 데 어려움이 없다.

효도와 공경과 자애는 가르침의 근본이 되는데 집안의 구성원들을 가르치는 근본일 뿐만 아니라 나라의 구성원들을 가르치는 근본이기도 하다. 효도는 집안에서 어른을 섬기는 근본이듯이 나라에서 임금을 섬기는 근본이기도 하고, 공경은 집안에서 연장자를 섬기는 근본이듯이 나라에서 연장자를 섬기는 근본이기도 하고, 자애는 어른이 어린이를 대하는 근본이듯이 나라에서 무리를 부리는 근본이 된다. 그러나 집안과 나라는 다르기 때문에 집안에서 효도하는 마음을 범위를 넓혀서 똑같이 나라에서 임금에게 효도(충성)한다는 식은 될 수 없다. 공경과 자애도 마찬가지이다.

『章句』恰緊在一「耳」字,[1] 而朱子又言「此且未說到推上」, 直爾分明. 玉溪無端添出明德,[2] 仁山以「心誠求之」爲推,[3] 皆是胡亂忖度.「心誠求之」元是公共說的, 保赤子亦如此, 保民亦如此. 且此但言教而不言學. 一家之教, 止教以孝於親・弟於長・慈於幼, 何嘗教之以推? 所謂推者, 乃推教家以教國也, 非君子推其慈於家者以使國之衆也. |1-3|

1) "在識其端而推廣之耳" 안에 포함된 '耳'字를 말함.
2) 玉溪盧氏曰, 本者明德是已(小註).
3) 在識其端而推廣之說, 心誠求之(小註).

『장구』의 핵심은 '뿐이다(耳)'라는 한 글자에 있는데, 주자가 다시 "이 또한 미루는 것에 대해서까지 말하지는 않았다"(小註)라고 말했으니 참으로 분명하다. 옥계 노씨가 단서도 없이 명덕을 덧붙인 것, 인산이 '마음으로 정성껏 구한다(心誠求之)'는 것을 미루는 것(推)으로 여긴 것은 모두 엉터리로 잘못 생각해낸 것이다. '마음으로 정성껏 구한다'는 것은 원래 공공적으로 말한 것인데, 갓난아이를 보살피는 것도 이와 같이 하고 백성을 돌보는 것도 이와 같이 한다는 것이다. 또한 이것은 단지 가르침을 말한 것이지 배움을 말한 것은 아니다. 한 집안의 가르침은 단지 어버이에게 효도하고 웃어른을 공경하며 어린 사람에게 자애롭게 대하도록 가르치는 것인데, 어떻게 가르쳐 미루게 하겠는가? 이른바 미룬다(推)는 것은 집안 사람들을 가르치는 것을 미루어 나라 사람들을 가르친다는 것이지, 군자가 자기 집안에서 그 자애롭게 대함을 미루어 나라의 무리를 부린다는 것은 아니다.

| 뜻풀이 |

동양의 전통 사회에서 집안과 나라를 동일시해서 말하는 경우가 많았다. 즉, 군주를 아버지에 비유하고 신하와 백성들을 자식에 비유하는 것 등이다. 그런데 왕부지에 의하면 이러한 생각은 잘못된 것이다. 미룬다는 것은 아버지가 집안에서 자녀들에게 자애롭게 대하는 것을 미루어 임금이 나라에서 신하와 백성들을 자애롭게 대한다는 것이 아니라, 단지 아버지가 집안에서 자녀들에게 가르치는 내용을 임금이 나라에서 신하와 백성들에게도 가르쳐야 한다는 것이다. 즉, 집안에서 효도, 공경, 자애를 가르치며 나라에서도 효도, 공경, 자애를 가르칠 뿐이다. 따라서 미룬다는 것은 원리가 같으므로 교육의 범위를 넓힌다는 것이지 동일한 원리를 가지고 집안을 가지런히 하고 나라를 다스린다는 말은 아니다.

所引『書』詞, 斷章立義. 但据一「如」字, 明二者
之相如. 而敎有通理, 但在推廣, 而不待出家以
別立一敎. 認章句之旨不明, 乃謂君子推其慈家
之恩以慈國, 其於經傳「齊」「治」二字何與, 而傳
文前後六「敎」字, 亦付之不問. 小儒見杌驚鬼,
其瞀亂有如此者, 亦可歎也已! |1-4|

인용한『서경』의 말은 문장을 잘라 뜻을 세우고자 했다. 다만 '여如'라는 글자에 의거하여 두 가지가 서로 같음을 밝혔다. 즉, 가르침에는 통하는 이치가 있으므로 다만 미루고 넓힘에 있는 것이지, 집안을 벗어나 하나의 가르침을 세운 것은 아니다.『장구』의 뜻을 이해하지 못해서 군자는 자기 집안 사람들을 자애롭게 대하는 은혜를 미루어 나라 사람들을 자애롭게 대한다고 말들을 하는데, 그렇다면 경과 전의 '가지런히 한다(齊)', '다스린다(治)'는 두 글자에 대해서는 어떻게 설명할 것인가? 그렇게 말하면 전문 전후의 여섯 '교敎'자 또한 불문에 붙이는 것이 된다. 소유小儒들이 그루터기를 보고 귀신인줄 알고 놀라며, 그 어둡고 혼란스러움이 이와 같으니 탄식할 뿐이로다!

군자가 자기 집안 사람들을 자애롭게 대하는 은혜를 미루어 나라 사람들을 자애롭게 대한다고 말한다면, 집안과 나라의 차이가 없어지게 된다. 그렇다면 집안을 가지런히 하고 나라를 다스린다고 말했을 리가 없다. 단지 집안과 나라를 가지런히 한다거나 집안과 나라를 다스린다고 말하면 충분하지 않았겠는가? 그러나 집안은 가지런히 한다고 말했고, 나라는 다스린다고 말했으니, 둘 사이에는 분명 차이가 있다. 그러므로 집안을 가지런히 하는 것을 미루어 나라를 다스릴 수는 없다.

徑以孝弟慈爲「明明德」者, 黃氏之邪說也. 朱門支裔, 背其先師之訓, 淫於鵝湖者, 莫此爲甚. 其始亦但牽枝分段, 如今俗所謂章旨者, 而其悖遂至於是. 王陽明[1]疑有子[2]支離, 只欲將仁與孝弟並作一個. 若論孝弟慈之出於天性, 亦何莫非「明德」? 盡孝·盡弟·盡慈, 亦何不可云「明明德」? 而實則不然. 如『二十一史』所載「孝友」·「獨行傳」中人物, 乃至王祥[3]·李密[4]一流, 不可云他孝弟有虧欠在; 而其背君趨利, 詎便可許之爲克明其德? |2-1|

1) 이는 육상산의 잘못인 것 같다. 『象山全集』 36권 「年譜」에 육상산의 다음과 같은 말이 기록되어 있다. "공자의 말은 간략하고 유자의 말은 지리하다.(夫子之言簡易, 有子之言支離)"

2) 『論語』 「學而」: 有子曰, 孝弟也者, 其爲仁之本與.

3) 『晉書』 卷三十三 「列傳」 十三.

4) 『晉書』 卷九十九 「列傳」 五十九.

효도와 공경과 자애가 바로 '명덕을 밝히는 것'이라고 한 것은 황씨의 잘못된 설명이다. 주자의 문하로서 선생의 교훈을 배반하고 육상산陸象山에게 빠져 들어간 것이 이보다 심한 이는 없을 것이다. 처음에는 다만 문장을 가지고 단락을 나누어 오늘날 세상에서 말하는 '장구의 뜻에 얽매이는' 정도였으나, 마침내는 어긋남이 이런 정도에까지 이르렀다. 왕양명은 유자有子가 지리하게 인을 효도, 공경과 동일시하려고 했다고 의심했다. 효도와 공경과 자애가 천성에서 나온 것을 가지고 논한다면 어느 것인들 '명덕'이 아니며, 효도를 다하고 공경을 다하고 자애를 다하는 것이 어느 것인들 '명덕을 밝히는 것'이라고 하지 않을 수 있겠는가? 그러나 사실은 그렇지 않다. 예를 들어, 『이십일사二十一史』에 실린 「효우전」, 「독행전」의 인물들과 왕상王祥, 이밀李密 등은 효도와 공경에 대해서는 흠이 있다고 말할 수 없지만, 임금을 배반하고 이익으로 달려간 것을 어찌 덕을 밝힐 수 있는 것이라고 인정할 수 있겠는가?

1) 『孝經』「感應」.
2) 『書經』「舜典」.

이른바 "(효도를 하여) 하늘의 도가 밝아지고, 땅의 도가 드러
난다"고 한 데에 이르러서는 이 장에서 말한 효를 예로 삼을 수
없다. 이는 단지 집안 사람들을 가르치고 나라 사람들을 가르친
다는 데에 근거하여 말한 것이니, 십 분의 칠·팔을 넘어서면 군
자의 가르침은 이미 이루어진 것이다. 그러므로 말하기를 "다섯
가지 가르침을 공경스럽게 펼 때 관대하게 하라"고 했다. 또 갑
자기 왕상이나 이밀처럼 되기를 요구할 수는 없는 것인데, 하물
며 그보다 더 뛰어난 사람에 대해서랴!

효도란 자신이 할 때는 온 마음을 기울여야 하지만, 남에게 가르칠
때는 기대치의 칠팔십 퍼센트만 채우면 완성한 것이라고 보아야 한다.
예를 들어 왕상과 이밀 정도의 효자면 효도를 충분히 실천했다고 보아
야지 어떻게 그 이상을 요구할 수 있겠는가? 그래서 왕부지는 사람들
에게 효도를 가르칠 때에 옛날부터 엄격하게 요구하지 않고 『서경』
에서처럼 '관대하게' 요구했다고 본다.

明明德之事,　經文所云格物·致知·誠意·正心·脩身,
缺一不成, 『章句』已分明言之.　尚必待格致誠正之
已盡, 而後可云孝子·弟弟·慈長, 則卽令堯·舜爲之
長, 取一家之人, 戒休董威之, 且沒世而不能. 如但
以保赤子之慈,　而卽可許之明明德,　則凡今之婦嫗,
十九而明其明德矣. |2-3|

　명덕을 밝히는 일은 경전의 문장에서 말한, 대상을 파악하고, 앎을 완성하고, 뜻을 정성스럽게 하고, 마음을 바르게 하고, 몸을 닦는 것 등이 하나라도 빠지면 이루어지지 않는 것이니, 『장구』에서 이미 분명하게 말했다. 반드시 파악하고 완성하며 정성스럽게 하고 바르게 하는 것을 이미 다한 이후에야 효성스러운 자녀·공경하는 아우·자애로운 어른이라고 말할 수 있다면, 요와 순이 어른이 되어서 한 집안 사람들을 모아 경계하고 금지하고 감독하고 위엄을 보이더라도 그렇게 되는 것은 평생 불가능할 것이다. 또한 예를 들어, 갓난아이를 보살피는 자애로움만 있어도 바로 명덕을 밝히는 것이라고 인정한다면, 오늘날의 어머니의 십분의 구는 명덕을 밝혔다고 할 수 있다.

　명덕을 밝히는 일은 대상을 파악하고, 앎을 완성하고, 뜻을 정성스럽게 하고, 마음을 바르게 하고, 몸을 닦는 일을 다 이루어야 가능한 것이다. 그러나 효도, 공경, 자애는 그렇지 않다. 효도, 공경, 자애가 명덕을 밝히는 일처럼 그렇게 높은 수준을 요구한다면 영원히 불가능한 일이 될 것이다. 한편 효도, 공경, 자애가 바로 명덕을 밝히는 일이라면 대부분의 사람들이 이미 명덕을 밝혔다고 인정해야 할 것이다. 그러나 대상을 파악하고, 앎을 완성하고, 뜻을 정성스럽게 하고, 마음을 바르게 하고, 몸을 닦는 일을 다 이루어야 가능한 '명덕을 밝히는' 것을 어떻게 대부분의 사람들이 이미 이루었다고 할 수 있겠는가? 그러므로 효도, 공경, 자애를 바로 명덕을 밝히는 일이라고 인정할 수는 없다.

於德言明, 於民言新, 經文固自有差等. 陸·王亂禪, 只在此處, 而屈孟子不學不慮之說[1]以附會己見, 其實則佛氏呴呴嘔嘔之大慈大悲而已. 聖賢之道, 理一分殊, 斷不以乳媼推乾就溼·哺乳嚼粒之恩爲天地之大德. 故朱子預防其弊, 而言識·言推, 顯出家國殊等來. 家國且有分別, 而況於君德之與民俗, 直是萬仞壁立, 分疆畫界. 比而同之, 亂天下之道也. |2-4|

1) 『孟子』「盡心上」: 孟子曰, 人之所不學而能者, 其良能也. 所不慮而知者, 其良知也.

덕에 대해서는 밝힌다고 말했고, 백성에 대해서는 새롭게 한다고 말했으니, 경전의 문장에 분명히 차이가 있다. 육상산이나 왕양명이 선禪에 끌려 들어간 곳이 바로 여기이니, 맹자의 "배우지 않고도 할 수 있고, 생각하지 않고도 안다"는 설을 왜곡해서 자기의 의견에 견강부회했지만, 사실은 불교에서 시끄럽게 떠들어대는 대자대비大慈大悲에 불과하다. 성현의 도는 "이치는 하나인데 나누어짐에 따라 다르다"는 것으로서, 결코 유모가 진자리 마른자리를 갈아 누이고 젖을 먹이고 밥을 씹어 먹이는 것 같은 은혜를 천지의 큰 덕으로 여기지는 않는다. 그러므로 주자가 그 폐단을 예방하려고, '아는 것'을 말하고 '미루는 것'을 말해서 집안과 나라가 등급이 다름을 드러냈던 것이다. 집안과 나라에도 분별이 있으며 더구나 임금의 덕과 백성의 습속에는 바로 만 길이나 되는 벽으로 갈라놓은 것처럼 분명한 경계가 있다. 그것을 섞어서 같다고 하는 것은 천하를 어지럽히는 도이다.

| 뜻풀이 |

"이치는 하나인데 나누어짐에 따라 다르다"는 것을 모르고 이치는 하나라는 것만 강조하게 되면 이단사설에 빠져 천하를 어지럽히게 된다. 왕부지는 바로 이런 부분에서 육왕학자들이 불교에 빠져 들어갔다고 본다. 모든 것을 마음 하나로 귀결시킴으로써 '나누어짐에 따라 다르다'는 한 측면을 도외시했기 때문이라는 것이다.

程子所云「慈愛之心出於至誠」,　乃以引伸養子不待學
之意,　初不因傳文「誠求」「誠」字而設　凡母之於子,
性自天者, 皆本無不誠, 非以「誠」字爲工夫語. 吳季子
無端蔓及誠意, 此如拈字酒令, 搭著卽與安上, 更不顧
理　學者最忌以此種戲心戲論窺聖賢之旨. 如母之於赤
子, 豈嘗戒欺求謙, 愼其獨知, 而後知保哉? |3-1|

　　정자程子가 "자애로운 마음은 지극한 정성에서 나온다"고 말한
것은 자식을 기르는 것은 배우지 않아도 된다는 뜻을 부연한 것
이지, 애초에 전문傳文의 '정성껏 구한다(誠求)'고 할 때의 '정성'이
라는 글자에 대해서 말한 것이 아니다. 어머니의 자식에 대한 본
성은 타고난 것이어서 본래 정성스럽지 않음이 없으니, '정성'이
라는 글자를 공부로 삼는다는 말은 아니다. 오계자가 근거도 없
이 뜻을 정성스럽게 하는 것에 대해서 언급한 것은, 글자를 집어
술 마시기 놀이를 할 때, 몇 글자를 집어 들면 곧 좌장에게 주고
뜻을 돌아보지 않는 것과 같다. 배우는 사람은 이러한 종류의 희
롱하는 마음 및 희롱하는 논의로써 성현의 뜻을 들여다보려고
하는 짓을 가장 꺼려야 한다. 어머니가 갓난아이에 대해서 어찌
속임을 경계하고 겸손을 구하며 홀로 아는 것을 삼가고 난 후에
야 보살필 줄 알겠는가?

뜻을 정성스럽게 한다는 것은 공부에 관한 설명이므로 어머니가 자식을 정성껏 보살피는 것과 다르다. 어머니가 자식을 정성껏 보살피는 것은 천성이므로 공부가 필요 없이 저절로 된다. 그러나 뜻을 정성스럽게 하는 것은 속임을 경계하고 겸손을 구하며 홀로 아는 것을 삼가는 공부를 반드시 필요로 한다. 이처럼 '정성'이라는 같은 글자라고 해도 전혀 다른 이치를 갖고 있는데, 글자가 같다고 해서 전후 문맥을 살피지 못하고 동일한 이치를 갖는 것으로 파악하는 것을 왕부지는 극력 비판하고 있다. 그것은 글자를 이용한 내기에서 글자의 이치는 상관없이 글자의 외형적인 모습만 고려하는 것과 다를 바 없다는 것이다.

誠之爲說, 『中庸』詳矣. 程子所云「出於至誠」者, 「誠者天之道也」.[1] 天以是生人. 「誠其意」者, 「誠之者人之道也」.[2] 須擇善而固執. 天道不遺於夫婦, 人道則唯君子爲能盡之. 若傳文「心誠求之」之「誠」, 則不過與「苟」字義通. 言「心」言「求」, 則不待言「誠」而其眞實不妄自顯矣. |3-2|

1) 2)『中庸』二十章.

정성스러움에 대한 설명은 『중용』에 자세하다. "지극한 정성에서 나왔다"라는 정자의 말은 '정성스러움이란 하늘의 도'라는 뜻이다. 하늘은 이것을 가지고 사람을 낳는다. "그 뜻을 정성스럽게 한다"라는 것은 "정성스러워지려고 하는 것은 사람의 도이다"라는 뜻이다. 선을 택해서 굳게 잡아야 한다. 하늘의 도는 평범한 부부도 빠뜨리지 않으나, 사람의 도는 오직 군자만이 완전하게 실천할 수 있다. 전문의 "마음으로 정성껏 구한다"는 '정성'이라는 글자는 '진실로(苟)'라는 글자와 뜻이 통하는 것에 불과하다. '마음'을 말하고 '구함'을 말하면, '정성껏'이라는 말을 하지 않아도 '진실하여 망령되지 않음'이 저절로 드러나게 된다.

| 뜻풀이 |

자연의 법칙(하늘의 도)은 한 치의 오차도 없기 때문에 '정성스러움' 그 자체이다. 그것은 모든 사람에게 다 적용된다. 그러나 사람은 자연처럼 그렇게 정성스러울 수는 없고, 오직 그렇게 되려고 노력할 뿐이다. 또 아무나 다 노력할 수 있는 것도 아니고 군자만이 정성스러워지려고 노력한다.

經傳之旨, 有大義, 有微言, 亦有相助成文之語. 字字求義, 而不顧其安, 鮮有不悖者. 況此但據立敎而言, 以明家國之一理. 家之人固不能與於誠意之學. 知國之人萬有不齊, 不因其固有之良, 導之以易從之功, 而率之與講靜存動察之學, 不亦愼乎! |3-3|

경과 전의 뜻에는 큰 뜻이 있고 은미한 말이 있으며, 또한 서로 도와 문장을 이루는 말도 있다. 글자마다 뜻을 구해서 문리를 살피지 않는다면 대부분 어긋나게 된다. 하물며 이것이 단지 가르침을 세우는 것에 근거하여 말해서 집안과 나라가 한 이치임을 밝히려고 함에 있어서랴! 집안 사람들은 본래 뜻을 정성스럽게 하는 배움에 참여하기 어렵다. 하물며 나라 사람들은 가지각색으로 다른데, 그들이 본래 가진 훌륭함을 근거로 해서 쉽게 따를 수 있는 공부로 인도하지 않고, 마음을 고요하게 보존하고 움직일 때에 살피는 학문을 강의한다면 또한 잘못된 것이 아니겠는가!

공부의 수준도 개인과 집안, 나라에 따라 다르다. 개인의 공부에 대해서는 높은 수준의 기준을 적용할 수 있지만, 가족이나 백성에게 그런 기준을 요구할 수는 없다. 개인 차원에서는 명덕을 밝히는 공부를 요구할 수 있지만, 집안을 유지하기 위해서는 효도, 공경, 자애를 가르쳐 지키게 하는 것으로 충분하다. 명덕을 요구할 필요도 없고 그럴 수도 없다. 그것은 개인에게 맡겨두어야 할 성질의 것이다. 나라를 다스리는 경우에도 마찬가지이다. 지금 어떤 대통령이 나와서 "내가 이 나라의 국민들이 모두 군자가 되도록 하겠다"고 말한다면 누가 믿겠는가? 그저 "경제 발전시켜서 배부르게 먹고 전쟁 안 나게 하겠다"거나 그보다 약간 높은 정도의 목표를 내걸고 거기에 맞는 정도의 요구를 국민들에게도 할 수 있는 것이다.

若云君子之自誠其意者, 當以母之保子爲法, 則旣非傳者之本意; 而率入大學之君子, 相與呴呴嘔嘔以求誠,「好仁不好學, 其蔽也愚」,[1) 此之謂夫! 故戲論之害理, 劇於邪說, 以其似是而非也. |3-4|

1)『論語』「陽貨」.

군자가 자기의 뜻을 정성스럽게 하는 것이 어머니가 자식을 보살피는 것을 모범으로 삼아야 한다고 말한다면, 전의 본 뜻이 아니다. 대학에 들어온 군자들이 서로 시끄럽게 떠들어대면서 '정성스러움'을 구한다면 "인을 좋아하면서 배움을 좋아하지 않는다면 그 폐단은 어리석음으로 나타난다"고 한 말이 거기에 들어맞을 것이다! 그러므로 희롱하는 논의가 이치를 해치는 것이 사설邪說보다 더 심하게 되니, 옳은 것 같으면서 그른 것이기 때문이다.

| 뜻풀이 |

뜻을 정성스럽게 하는 것은 어머니가 천성적으로 정성스럽게 아이를 보살피는 것과 다르며, 또 여럿이 논의를 통해서 구할 수 있는 것도 아니다.

機者發動之繇, 只是動於此而至於彼意, 要非論其速
不速也. 國之作亂, 作亂自是分爭草竊, 非但不仁不讓而已也. 非
一人之甫爲貪戾而卽然. 且如無道如隋煬帝, 亦延得
許久方亂; 漢桓帝之後無靈帝, 黃巾之禍亦不如是之
酷. 且傳文此喩, 極有意在. 如弩機一發, 近者亦至
之有準, 遠者亦至之有準, 一條驀直去, 終無迂曲走
移. 一人貪戾, 則近而受之者家, 遠而受之者國, 其
必至而不差, 一也. |4-1|

기틀이 '발하여 움직이는 원인'이 된다는 것은, 여기에서 움직여서 저기에 이른다는 뜻이지, 빠르고 늦음을 논하는 것은 아니다. 나라가 어지러워지는 것은 나라가 어지러워지는 것은 다투고 도둑질하는 것이지, 어질지 못하고 사양하지 않는 것만은 아니다. 한 사람이 욕심을 부리고 사나워졌다고 해서 그렇게 되는 것은 아니다. 수나라 양제煬帝같이 무도한 임금도 한동안 유지하다가 어지러워졌고, 한나라 환제桓帝 이후로 영제靈帝가 없었다면 황건적의 재앙이 그처럼 혹독하지는 않았을 것이다. 전문의 비유에 또한 매우 깊은 뜻이 있다. 쇠뇌가 한 번 발사되면 가까운 곳에 도달하는 데에도 궤도가 있고, 먼 곳에 도달하는 데에도 궤도가 있어서, 똑바로 곧장 날아가지 구불구불 날아가는 법은 없다. 한 사람이 욕심을 부리고 어긋나면 가까이에서 그 영향을 받는 것은 집안이고, 멀리서 그 영향을 받는 것은 나라인데, 반드시 이르러서 어긋나지 않는다는 점에서는 동일하다.

| 뜻풀이 |

『대학』 원문에서 "한 사람이 욕심을 부리고 어긋나면 한 나라에 난이 일어난다"고 했는데, 주자는 여기에서 말하는 한 사람이 바로 임금을 가리킨다고 보았다. 왕부지는 임금의 잘못이 반드시 집안과 나라에 영향을 주는 것은 사실이지만, 그것이 바로 직접적으로 결정적인 영향을 주는 것은 아니라고 본다. 예를 들어 무도한 황제였던 수 양제 때에도 나라가 바로 망하지 않고 얼마 동안 유지되었고, 반대로 한나라의 멸망을 가져 왔던 황건적의 난은 환제·영제에 걸친 장기간의 실정 때문이었다는 것이다.

    화살이 사물에 맞았다면 반드시 출발한 데가 있다. 어질고 사양함과 난을 일으키는 것, 이 두 가지가 백성에게 일어난 것도 반드시 출발한 데가 있다. 예를 들어, "예가 두루 퍼지고 분수가 정해지면 백성을 부리기가 쉽다"고 하는데, 사실은 위에 있는 사람이 예를 퍼지게 하고 분수를 정하는 것이지, 어찌 기운의 기틀로 서로 느낀다는 허황된 말이겠는가? 한 집안이 어질고 사양하는 것은 저절로 어질고 저절로 사양하는 것이 아니고, 집안을 가지런히 할 수 있는 사람이 가르친 것이다. 가르침이 집안에서 이루어져서 그것을 미루어 나라 사람들을 가르치면, 나라 사람들이 어질고 사양하는 데 모두 앞장설 것이다. 그것은 사실 내가 어짊을 가르치고 사양을 가르친 것에 의지하여 그것을 기틀로 삼은 것이다. 기운의 기틀로 감통하는 것만을 가지고 말한다면, 기는 구역도 없고 머무를 데도 없기 때문에 곧바로 "몸이 닦여지기만 하면 천하가 평화롭게 된다"고 할 수 있을 것이다.

| 뜻풀이 |

　임금 한 사람의 잘못으로 나라가 어지러워지지 않듯이 임금 한 사람의 마음이 바르다고 해서 그 영향으로 나라가 저절로 다스려지지는 않는다. 그것은 다른 차원의 것이기 때문이다. 그런 식으로 말한다면 임금이 수양만 하고 있어도 천하가 평화롭게 될 것이다. 그렇다면 나라를 다스린다는 단계를 왜 넣었겠는가? 나라를 다스린다는 것은 어짊과 사양을 집안에서 가르쳐 집안을 가지런히 한 것과 같이 그것을 나라에서도 가르쳐 다스리는 것이다. 그러므로 기틀로 삼을 것은 임금의 한 마음이 아니고 바로 가르침이다.

『大學』一部，　恰緊在次序上，　不許人作無翼而飛見解. 吳季子「瞬息不留」之淫詞, 爲害不小. 旣瞬息不留, 則一念初起,　徧十方界,　所有衆生,　成佛已竟, 何事言脩·言齊·言治·言平之不已哉? |4-3|

『대학』이라는 책의 요점은 바로 순서에 있으니, 사람들이 날개도 없으면서 날아가려는 것과 같은 견해를 내는 것을 허용하지 않는다. 오계자의 '잠시도 머무르지 않는다'는 따위의 헛된 말은 해로움이 작지 않다. 잠시도 머무르지 않는다면, 한 생각이 처음 일어남에 시방세계를 두루 돌아 거기에 있는 모든 중생들이 곧 성불하게 될 것이니, 어찌 닦는다, 가지런히 한다, 다스린다, 평화롭게 한다는 말을 계속 할 필요가 있겠는가?

| 뜻풀이 |

『대학』에서 팔조목을 이야기하는 것은 이치가 하나이기는 하지만 각 단계에 따라 나누어져 다르며 그 다름에 따라 또한 세세한 이치와 그것을 추구하는 방법이 달라지기 때문이다. 그것을 한 마음으로 귀일시켜버린다면 불교와 다를 바 없게 된다. 왕부지는 바로 이런 점에서 유학과 불교가 차이가 난다고 본다.

韋齋云「有諸己不必求諸人，　無諸己不必非諸人」，[1]
斷章取義，　以明君子自治之功則然．　子曰「攻其惡，
無攻人之惡」，[2]　要爲脩慝者言之爾．　蓋明德之功而
未及於新民也．經云：「欲治其國者，先齊其家．」旣
欲治其國矣，而可不必求，不必非乎? 但有諸己者與
求諸人者，　無諸己者與非諸人者，　亦自有淺深之不
同．如舜之事父母，必至於「烝烝乂不格姦」，[3]　而後
自謂可以爲人子．其求於天下之孝者，亦不過服勞奉
養之不匱而已． |5-1|

1) 朱松의 말이다. 주송은 주자의 아버지로서, 字는 喬年이고 호는 韋齋
   이다.
2) 『論語』「顏淵」.
3) 『書經』「堯典」.

위재韋齋는 "자기에게 있는 것을 반드시 다른 사람에게 구하지
않고, 자기에게 없는 것으로 반드시 다른 사람을 비난하지 않는
다"고 말했다. 문장을 잘라 뜻을 취해서 군자가 스스로 다스리는
공부를 밝힌 점에서는 옳다. 공자는 "자기의 악을 다스리고, 다
른 사람의 악을 공격하지 말라"고 했다. 이것은 사특함을 닦는
사람을 위해서 말한 것일 뿐으로, 덕을 밝히는 공부이기는 하지

만, 백성을 새롭게 하는 것에 대해서는 아직 언급하지 않았다. 경에서 "나라를 다스리고자 하는 사람은 먼저 집안을 가지런히 한다"고 말했다. 나라를 다스리고자 하면서, 반드시 다른 사람에게 구하지 않고, 반드시 다른 사람을 비난하지 않을 수 있겠는가? 그러나 자기에게 있는 것과 다른 사람에게 구하는 것, 자기에게 없는 것과 다른 사람을 비난하는 것에는 저절로 얕고 깊음의 차이가 있다. 순舜은 부모를 모실 때에 반드시 '계속해서 자신을 다스려 간사함에 이르지 않은' 후에야 스스로 자식이 될 수 있다고 했다. 그러나 그가 천하의 효자들에게 요구한 것은, 수고해서 봉양하는데 충분하도록 하는 것에 불과했다.

| 뜻풀이 |

덕을 밝히는 공부에서는 자기에게 엄격하고 다른 사람에게 관대한 것이 요청되지만, 나라를 다스리기 위해서는 다른 사람에게 엄격하게 요구해야 하는 경우도 있다. 그러나 개인의 덕을 밝히는 공부에 요구되는 수준을 나라의 백성들에게 그대로 요구해서는 안 된다. 순임금이 스스로의 효도에 대해서는 엄격했지만 일반 백성들에게 요구한 효도의 수준은 지극히 낮았다. 만일 순임금이 모든 백성들이 자기처럼 효도해야 한다고 생각하고 그렇게 정치를 하려고 했다면 가능했겠는가? 그렇다면 의도는 좋았더라도 그는 독재자가 되었을 것이다.

細爲分之, 則非但身之與國, 不可以一律相求, 卽身
之於家, 家之於國, 亦有厚薄之差. 曾子固不以己之
孝責曾元, 而天子[1]使吏治象之國, 亦不槩施夫異性
不韙之諸侯也. 故曰理一而分殊. 然原其分殊, 而理
未嘗不一, 要以帥人而後望人之從, 其道同也. 故在
家無怨者, 在邦亦無怨也. |5-2|

1) 舜을 말한다.

자세하게 나누면 몸과 나라는 일률적으로 서로 추구할 수 없
을 뿐만 아니라, 몸과 집안, 집안과 나라 사이에도 두텁고 엷은
차이가 있다. 증자는 자기의 효도를 증원에게 요구하지 않았고,
천자(舜)가 관리를 시켜서 상象의 나라를 다스렸지만, 성이 다른
좋지 않은 제후들에게는 그렇게 하지 않았다. 그러므로 말하기
를, 이치는 하나인데 나누어짐에 따라 다르다고 한다. 그러나 나
누어짐에 따라 다른 근원을 추구해보면 이치는 항상 하나이니,
사람을 거느린 후에야 사람이 따르기를 바랄 수 있는 것으로 그
도는 동일하다. 그러므로 집안에서 원망을 받지 않는 사람은 나
라에서도 원망을 받지 않는 법이다.

所謂平天下在治其國者, 上老老而民興孝, 上長長而民興弟, 上恤孤而民不倍. 是以君子有絜矩之道也. 所惡於上, 毋以使下, 所惡於下, 毋以事上, 所惡於前, 毋以先後, 所惡於後, 毋以從前, 所惡於右, 毋以交於左, 所惡於左, 毋以交於右. 此之謂絜矩之道. 詩云, 樂只君子, 民之父母, 民之所好好之, 民之所惡惡之, 此之謂民之父母. 詩云, 節彼南山, 維石巖巖, 赫赫師尹, 民具爾瞻, 有國者, 不可以不愼, 辟則爲天下僇矣. 詩云, 殷之未喪師, 克配上帝, 儀監于殷, 峻命不易, 道得衆則得國, 失衆則失國. 是故君子先愼乎德, 有德此有人, 有人此有土, 有土此有財, 有財此有用. 德者本也, 財者末也. 外本內末, 爭民施奪. 是故財聚則民散, 財散則民聚. 是故言悖而出者, 亦悖而入, 貨悖而入者, 亦悖而出. 康誥曰, 惟命不于常, 道善則得之, 不善則失之矣. 楚書曰, 楚國無以爲寶, 惟善以爲寶. 舅犯曰, 亡人無以爲寶, 仁親以爲寶.

이른바 천하를 평화롭게 하는 것이 그 나라를 다스리는 데 있다는 것은 다음과 같은 내용이다. 윗사람이 노인을 노인으로 대접하면 백성들이 효도를 잘 실천하고, 윗사람이 어른을 어른으로 대접하면 백성들이 공경을 잘 실천하며, 윗사람이 고아를 구제하면 백성들이 배반하지 않는다. 그러므로 군자는 헤아리는 도(絜矩之道)를 가지고 있다. 윗사람에게서 싫은 것을 가지고 아랫사람을 부리지 말고, 아랫사람에게서 싫은 것을 가지고 윗사람을 섬기지 말며, 앞사람에게서 싫은 것을 가지고 뒷사람을 이끌지 말고, 뒷사람에게서 싫은 것을 가지고 앞사람을 따르지 말며, 오른쪽에 있는 사람에게서 싫은 것을 가지고 왼쪽에 있는 사람을 사귀지 말고, 왼쪽에 있는 사람에게서 싫은 것을 가지고 오른쪽에 있는 사람을 사귀지 말라. 이것을 헤아리는 도라고 한다. 『시경』에서 "즐거운 군자여, 백성의 부모로다"라고 말했으니, 백성이 좋아하는 것을 좋아하고 백성이 싫어하는 것을 싫어하는 것, 이것을 백성의 부모라고 하는 것이다. 『시경』에서 "깎아지른 듯한 저 남산이여, 돌들이 우뚝 솟아올랐도다. 빛나는 태사 윤씨여, 백성들이 모두 그대를 본다"고 말했으니, 나라를 소유한 사람은 삼가지 않으면 안 되니, 편벽되면 천하 사람들에 의해 죽임을 당한다. 『시경』에서 "은나라가 무리를 잃지 않았을 때에는 상제에 짝할 수 있었다. 마땅히 은나라를 거울로 삼을 것이니, 큰 명은 보존하기가 쉽지 않다"고 말했으니, 무리를 얻으면 나라를 얻고 무리를 잃으면 나라를 잃는다는 것을 말한 것이다. 그러므로 군자는 먼저 덕을 삼가는 것이니, 덕이 있으면 이에 사람이 있고, 사람이 있으면 이에 땅이 있고, 땅이 있으면 이에 재물이 있고, 재물이 있으면 이에 씀이 있다. 덕은 근본이고 재물은 말단이다. 근본을 밖으로 하고 말단을 안으로 하면, 백성들을 다투게 하여 빼앗는 일을 유도하게 된다. 그러므로 재물이 모이면 백성들이 흩어지고, 재물이 흩어지면 백성들이 모인다. 그러므로 말이 어긋나게 나간 것은 또한 어긋나게 들어오고, 재화가 어긋나게 들어온 것은 또한 어긋나게 나간다. 「강고」에서 "천명은 일정하지 않다"고 말했으니, 잘하면 얻고 잘하지 못하면 잃는 것을 말한 것이다. 『초서』에서 "초나라는 보배로 삼을만한 다른 것이 없고, 오직 선한 사람을 보배로 삼는다"라고 말했다. 구범은 "망명한 사람은 보배로 삼을만한 다른 것이 없고, 어버이를 사랑하는 것을 보배로 삼는다"라고 말했다.

秦誓曰, 若有一介臣, 斷斷兮, 無他技, 其心休休焉, 其如有容焉, 人之有技, 若己有之, 人之彥聖, 其心好之, 不啻若自其口出, 寔能容之, 以能保我子孫黎民, 尚亦有利哉. 人之有技, 媢疾以惡之, 人之彥聖, 而違之俾不通, 寔不能容, 以不能保我子孫黎民, 亦曰殆哉. 唯仁人, 放流之, 迸諸四夷, 不與同中國, 此謂唯仁人爲能愛人能惡人　見賢而不能舉, 舉而不能先, 命也, 見不善而不能退, 退而不能遠, 過也. 好人之所惡, 惡人之所好, 是謂拂人之性, 菑必逮夫身. 是故君子有大道, 必忠信以得之, 驕泰以失之. 生財有大道, 生之者衆, 食之者寡, 爲之者疾, 用之者舒, 則財恒足矣. 仁者以財發身, 不仁者以身發財. 未有上好仁, 而下不好義者也, 未有好義, 其事不終者也, 未有府庫財, 非其財者也. 孟獻子曰, 畜馬乘, 不察於鷄豚, 伐冰之家, 不畜牛羊, 百乘之家, 不畜聚斂之臣, 與其有聚斂之臣, 寧有盜臣, 此謂國不以利爲利, 以義爲利也. 長國家而務財用者, 必自小人矣, 彼爲善之, 小人之使爲國家, 菑害竝至. 雖有善者, 亦無如之何矣, 此謂國不以利爲利, 以義爲利也.

「진서」에서 "만일 한 신하가 있는데 언제나 한결같아 다른 재주는 없지만, 그 마음이 너그러워 포용력이 있는 듯하여, 다른 사람이 재주 있는 것을 자기가 가진 듯이 하고, 다른 사람의 착하고 훌륭함을 마음속으로 좋아함이 자신의 입에서 나온 것보다도 더하다면, 이 사람은 포용할 수 있어서 우리의 자손과 백성을 보호할 수 있을 것이며, 거의 이로움이 있을 것이다. 다른 사람이 재주가 있는 것을 미워하고 질투하며, 다른 사람의 착하고 훌륭함을 어겨서 통하지 못하게 하면, 이 사람은 포용할 수 없어서 우리의 자손과 백성을 보호할 수 없으니 또한 위태로울 것이다"라고 말했다. 오직 어진 사람이라야 그들을 추방해서 사방 오랑캐 땅으로 내쫓아 나라 가운데 함께 살지 못하도록 하니, 이를 일러 오직 어진 사람이라야 사람을 사랑할 수 있고 사람을 미워할 수 있다고 하는 것이다. 현명한 사람을 보고도 등용하지 못하고 등용하더라도 먼저 맡기지 못하는 것은 태만한 것이고, 좋지 않은 사람을 보고도 물리치지 못하고 물리치더라도 멀리하지 못하는 것은 잘못이다. 다른 사람이 싫어하는 것을 좋아하고 다른 사람이 좋아하는 것을 싫어하는 것을 사람의 본성을 거스르는 것이라고 하니, 재앙이 반드시 그 몸에 미칠 것이다. 그러므로 군자는 큰 도를 가지고 있으니, 반드시 충忠과 신信으로 그것을 얻고 교만과 방자함으로 그것을 잃는다. 재물을 생산하는 데는 큰 도가 있으니, 생산하는 사람은 많고 먹는 사람은 적으며, 만드는 사람은 빨리 하고 쓰는 사람은 천천히 하면 재물이 항상 풍족하다. 어진 사람은 재물로 몸을 일으키고 어질지 못한 사람은 몸으로 재물을 일으킨다. 윗사람이 인을 좋아하는데 아랫사람이 의를 좋아하지 않는 경우는 없으니, 의를 좋아하면서 일이 끝까지 잘되지 않는 경우는 없으며, 창고에 있는 재물이 그의 재물이 아닌 것이 없다. 맹헌자가 "네 마리의 말을 기르는 사람은 닭이나 돼지를 보살펴 기르지 않고, 얼음을 사용하는 집은 소와 양을 기르지 않고, 수레 백대를 소유한 집은 가렴주구苛斂誅求하는 신하를 두지 않으니, 가렴주구하는 신하를 두기보다는 차라리 도둑질하는 신하를 둔다"라고 말했으니, 이것을 일러 나라는 이익을 이익으로 여기지 않고 의를 이익으로 여긴다고 하는 것이다. 나라와 집안의 어른이 되어 재물을 쓰는 데 힘쓰는 것은 반드시 소인으로부터 시작되는 것이니, 저 소인으로 하여금 나라와 집안을 다스리게 한다면, 재앙과 피해가 함께 이르게 될 것이다. 비록 선한 사람이 있더라도 어찌할 수 없을 것이니, 이것을 일러 나라는 이익을 이익으로 여기지 않고 의를 이익으로 여긴다고 하는 것이다.

第十章傳,　且俱說治國.　故云「有國者不可以不愼」,
云「得衆則得國」,　云「此謂國不以利爲利」.　絜矩之
道·忠信之德·外末內本·以財發身·見賢先擧·遠退不
善,　凡此皆治國之大經,　而可通之於天下者也.　若平
天下之事,　則自有命德討罪·制禮作樂之大政,　要亦
可以此通之.　而其必待推者,　傳所未及,　則所謂「文
武之政,　布在方策」,¹⁾ 而非入學者所預習也.　|1-1|

1)『中庸』傳二十章.

　　제 10장의 전은 모두 나라를 다스리는 것에 대해 말하고 있
다. 따라서 "나라를 가진 자는 삼가지 않으면 안 된다", "무리를
얻으면 나라를 얻는다", "이것을 가리켜 나라는 이익을 이익으로
여기지 않는다고 한다"고 했다. 헤아리는 도(絜矩之道), 충과 신의
덕(忠信之德), 말단을 밖으로 하고 근본을 안으로 하는 것(外末內本),
재물을 가지고 몸을 일으키는 것(以財發身), 현명한 사람을 보면 먼
저 등용하는 것(見賢先擧), 좋지 않은 사람을 멀리 물리치는 것(遠退
不善) 등은 모두 나라를 다스리는 큰 도리로서 천하에 통할 수 있
는 것이다. 천하를 평화롭게 하는 일과 같은 것은, 본래 덕을 가
르치고 죄를 다스리며, 예禮를 제정하고 악樂을 만드는 큰 정치가
있는데, 요약하면 또한 이것으로 통할 수 있다. 그러나 반드시

미루어 보아야 할 것은 전傳이 아직 언급하지 않았으니, 즉 이른 바 "문왕과 무왕의 정사가 방책方策에 펴있다"라고 말한 것인데, 이것은 처음으로 학문에 들어가는 사람이 미리 익힐 것은 아니다.

| 뜻풀이 |

10장은 나라를 다스리는 것에 대해서만 말하고 천하를 평화롭게 하는 것에 대한 설명은 빠져있는데, 왕부지는 그것이 바로 "덕을 가르치고 죄를 다스리며, 예를 제정하고 악을 만드는" 것 등이라고 한다. 이는 그 자신의 추론을 통한 것이다. 그러나 더 중요한 것은 앞으로 이야기하겠다고 서론식으로 적고 있다.

先儒未能推傳意之所未及，　而以體經文言「天下平」
不言「平天下」之旨，　竟於此傳言「天下」，　則似治國
之外，別無平天下之道. 旣不順夫理一分殊之義，而
抑不察夫古之天下爲封建，故國必先治; 今之天下爲
郡縣，故不須殊直隷於司道; 固難以今之天下統爲一
國者，爲古之天下釋.　孟子論世之說，[1] 眞讀書者第
一入門法. 惜乎朱子之略此也! |1-2|

1)『孟子』「萬章下」: 頌其詩, 讀其書, 不知其人, 可乎? 是以論其世也,
　是尙友也.

　전傳의 뜻이 언급하지 않은 것을 추론하여, 경문에서 "천하가
평화롭게 된 것(天下平)"을 말하고, "천하를 평화롭게 하는 것(平天
下)"을 말하지 않은 뜻을 스스로 체득해야 하는데, 선유는 그렇게
하지 못함으로써, 결국 이 전에서 말한, '천하'는 곧 나라를 다스
리는 것과 같다고 보고, 이외에 별도로 천하를 평화롭게 하는 도
가 없는 것으로 만들어 버렸다. 이미 "이치는 하나인데 나누어짐
에 따라 다르다"라고 하는 말의 뜻을 따르지 못하고, 또한 옛날
의 천하에서는 봉건제도를 실시했던 까닭에 나라를 반드시 먼저
다스려야 했지만, 지금의 천하는 군·현제도를 실시하기 때문에
반드시 사도司道에 직접 예속되지 않으며, 지금의 천하는 통합되

어 한 나라가 되었으므로 오늘날의 천하라는 말로 옛날의 천하를 해석하기 어렵다는 것을 살피지 못했다. 맹자가 시대를 논한다고 한 말은 진실로 독서하는 사람의 첫 번째 입문 방법이었다. 애석하도다! 주자가 이것을 빠뜨림이여!

| 뜻풀이 |

『대학』은 8조목의 차례대로 "앎을 완성하는 것은 대상을 파악하는 데 있다"고 말하고 대상을 파악하는 것에 대해 설명하는 식으로 구성되어 있다. 그러므로 마지막에 "천하를 평화롭게 하는 것이 그 나라를 다스리는 데 있다"고 하게 되면 결국 나라를 다스리는 것에 대한 설명으로 끝나고 천하를 평화롭게 하는 것 자체에 대한 설명은 빠지게 된다. 왕부지가 보기에 이것은 추론을 통해 깨우쳐야 하는 내용이다. 그런데 주자는 그렇게 하지 못했다고 비판하고 있다. 또 『대학』이 서술될 때는 요즘말로 하면, 중국이 하나의 '세계'였고 주자나 왕부지 당시에는 중국이 하나로 통일되어 하나의 국가였으므로 천하에 대해 동일하게 논할 수 없는데도 주자가 그것을 이해하지 못했다고 한다.

自秦以後, 有治而無平, 則雖有王者起, 亦竟省下
一重事業. 唯其然, 是以天下終不易平. 卽以聖神
之功化菀之, 亦自難使長鞭之及馬腹. 今以說古者
大學之道, 那得不還他層次, 以知三代有道之長,
其規模如彼哉? |1-3|

진나라 이후로 다스림(治)은 있었으나 평화로움(平)은 없었으니, 비록 왕도 정치를 실현할 인물이 나타났더라도 끝내 중대한 사업을 하지는 못했다. 오직 그러하기 때문에 천하는 평화롭기 어려웠다. 성스럽고 신령한 공화功化로써 다스려도 긴 회초리가 말馬의 배에 미치게 하기에는 부족한 것 같았다. 지금은 옛날의 대학의 도를 말하더라도 그러한 단계로 되돌아 갈 수가 없는데, 삼대의 가장 뛰어난 도의 규모가 저와 같음을 알 수 있겠는가?

| 뜻풀이 |

일반적으로 유학자들은 복고적 역사관을 갖고 있다고 말하는데, 대표적인 것이 바로 이 문단에 나오는 하·은·주 3대의 정치를 가장 이상적인 정치로 이상화하는 것이다. 왕부지도 그러한 입장을 벗어나지 않는다. 또한 여기에는 진나라 이후로 천하라고 할 수 있는 범위조차 사라지고 말았다는 왕부지의 역사 인식이 작용하고 있다.

「是以君子有絜矩之道」，　須於教孝·教弟·教慈之
外，別有一教之之道在.『章句』云「亦可以見人心
之所同」云云，「是以君子必當因其所同，　推以度
物」，明分兩折. 而所謂絜矩者，自與藏身之恕不
同. 所云「毋以使下」·「毋以事上」云者，與「勿施
於人」，[1] 文似而義實殊也. |2-1|

1)『論語』「顏淵」：己所不欲, 勿施於人.

“그러므로 군자는 헤아리는 도(絜矩之道)를 가지고 있다”는 것
은, 본래 효도를 가르치고 공경을 가르치고 자애를 가르치는 것
외에 별도로 가르치는 도가 있다는 것이다.『장구』에서는 “또한
사람 마음의 같은 것을 볼 수 있다”라고 말하거나, “따라서 군자
가 반드시 그 같은 것을 바탕으로 미루어 남을 헤아린다”라고
해서 분명히 나누었다. 그리고 헤아린다는 것은 몸에 간직하고
있는 서恕와는 같지 않다. “윗사람에게서 싫은 것을 가지고 아랫
사람을 부리지 말라”, “아랫사람에게서 싫은 것을 가지고 윗사람
을 섬기지 말라”라고 말한 것은 “다른 사람에게 베풀지 말라”고
하는 것과 문장은 유사하지만 뜻은 사실 다르다.

왕부지는 '헤아리는 도'를 "내 마음을 헤아려 그것을 다른 사람에게도 적용한다"는 식으로 풀이해서는 절대로 안 된다고 강조하고 있다. 그것은 '서'이지 헤아리는 도가 아니라는 것이다. 왕부지가 말하는 헤아리는 도는 자기의 마음을 기준으로 해서 다른 사람을 헤아리는 것이 아니고, 객관적인 입장에서 사람들의 마음의 공통점을 찾아내는 것이라고 할 수 있다. 그래서 주자가 "또한 사람 마음의 같은 것을 볼 수 있다"고 말한 것이나 『논어』에서 "자기가 하고자 하지 않는 것을 다른 사람에게 베풀지 말라"고 말한 것은 전자를 가리키고, 주자가 "따라서 군자가 반드시 그 같은 것을 바탕으로 미루어 남을 헤아려야 한다"라고 말한 것이나 『대학』 원문에서 "아랫사람을 부리지 말라" "윗사람을 섬기지 말라"라고 말한 것은 후자를 가리키는 것이라고 구분하고 있다.

唯東陽許氏深達此理,　故云;「天下之大,　此句有病.
兆民之衆,　須有規矩制度,　使各守其分.　是以己之
心度人之心,　品量位置以爲之限.」　則明乎君子以
絜矩之道治民,　而非自絜矩以施之民也.　朱子「交
代官」·「東西鄰」[1]之說,　及周陽繇[2]·王肅[3]之事,　皆
且就絜矩上體認學問,　　姑取一人之身以顯絜矩之
義,　而非以論絜矩之道.　|2-2|

1) 『朱子語類』卷第十六「大學三·傳十章釋治國平天下」.

2) 周陽繇(由): 漢代 사람. 景帝·武帝 二朝에 지방관이 되어 暴虐을 자행하여 후에 棄市의 刑에 처해짐. 周陽暴虐이라는 고사도 있음(『蒙求』). 『漢書』「酷吏傳」第六十.

3) 王肅: 後漢 사람. 磐의 子. 반의 사후에 北宮과 王侯의 邸第에 출입해서 주살을 당함.

오직 동양 허씨가 이 이치를 깊게 통달했다. 그러므로 "큰 천하와 이 구절에는 잘못이 있다. 많은 백성이 반드시 법도와 제도를 가져 각자 그 본분을 지키게 한다. 그러므로 자기의 마음으로 다른 사람의 마음을 헤아리며, 지위를 각자에게 맞게 함으로써 한계를 삼는다"고 말했다. 즉, 군자는 헤아리는 도를 가지고 백성을 다스리는 것이지, 스스로 헤아려 백성에게 베푸는 것이 아님이 분명하다. 주자의 "관직을 교대한다", "동서가 이웃한다"는 설과 주양요, 왕숙의 일은 모두 헤아리는 데서 학문을 체인體認한 것으로서, 잠시 한 사람의 몸을 취하여 헤아림의 뜻을 드러낸 것이지, 헤아리는 도를 논한 것은 아니다.

| 뜻풀이 |

군자는 자기의 마음을 헤아려 백성에게 베푸는 것이 아니고, 백성들을 헤아리는 도를 가지고 백성을 다스릴 뿐이다. 여기에서도 왕부지는 사대부로서의 입장을 분명히 드러내고 있다. 군자와 일반 백성을 같은 마음을 가지고 있다고 여겨 동일한 수준에서 논하지 않고 어디까지나 치자와 피치자의 관계를 중심으로 해서 논하고 있다. 따라서 결과적으로 "백성들이 각자 그 본분을 지키"고, "지위를 각자에 맞게" 하는 것으로 헤아리는 도를 해석한 동양 허씨의 말이 『대학』의 본 뜻을 정확하게 꿰뚫은 것이라고 본다.

齊家之敎, 要於老老·長長·恤孤, 而可推此以敎國
矣. 乃國之於家, 人地旣殊, 理勢自別, 則情不相
侔, 道須別建. 雖其心理之同, 固可類通, 而終不
能如家之人, 可以盡知其美惡以因勢而利導之. 乃
君子因其理之一, 而求之於大公之矩, 旣有以得其
致遠而無差者, 則不患夫分之懸殊, 而困於美惡之
不知, 使敎有所不行也. |2-3|

집안을 가지런히 하는 가르침은 노인을 노인으로 대접하고,
어른을 어른으로 대접하며, 고아를 구제하는 것으로 요약되는데,
이것을 미루어서 나라도 가르칠 수 있다. 곧 나라를 집안과 비교
해 보면, 사람의 수와 땅의 크기가 이미 다르고 이치와 형세가
저절로 구별되어 실정이 서로 같지가 않아서 도道도 반드시 다르
게 세워야 한다. 비록 그 마음의 이치가 같아서 본래 유추하여
통할 수 있을지라도, 끝내 집안 사람만큼 그 좋은 점과 나쁜 점
을 다 알아서 형세에 따라 유리하게 이끌 수 없다. 이에 군자는
그 이치가 같음에 근거하여 크게 공명정대한 법도에서 그것을
구하여 이미 먼 데에까지 이르러서 어긋남이 없으면, 나누어져
크게 달라 좋은 점과 나쁜 점을 모르는 나머지 가르침이 행해지
지 않을까 걱정하지 않는다.

| 뜻풀이 |

나라는 개인이나 집안과는 다른 차원에 속하는 단계이므로 오직 법도에 의해서 다스릴 수밖에 없는 것이다. 마음과 마음을 주고 받음으로써 다스릴 수는 없다.

一國之人, 爲臣爲民, 其分之相臨, 情之相比, 事
之相與, 則上下·左右·前後盡之矣. 爲立之道焉,
取此六者情之所必至·理之所應得者,   以矩絜之,
使之均齊方正, 厚薄必出於一, 輕重各如其等, 則
人得以消其怨尤, 以成孝弟慈之化, 而國乃治矣.
其授之以可以盡孝弟慈之具, 則朱子所謂「仰足事,
俯足育」¹⁾者, 固其一端; 而爲之品節位置, 使人皆
可共率繇夫君子之敎者, 則必東陽所謂「規矩制度」
者, 而後爲治道之全也. |2-4|

1)『朱子語類』卷第十六「大學三·傳十章釋治國平天下」.

　한 나라의 사람들이 신하가 되고 백성이 되어 그 직분에 서로
상하가 있고 감정이 서로 가까우며 서로 더불어 일을 처리하게
되면, 상하·좌우·전후가 완전하게 된다. 가르침을 세우는 도리는
이 여섯 부류가 반드시 이르게 되는 감정과 마땅히 얻어야 하는
이치를 취하여 법도로 그것을 헤아려 균등하고 방정하게 하여,
두터움과 엷음이 반드시 한 기준에서 나오게 하며, 가벼움과 무
거움이 각각 그 등급에 맞게 하면 사람들은 원망이 없어지고 효
도와 공경과 자애로 교화되어 나라가 다스려지게 될 것이다. 효

도와 공경과 자애를 다하는 방법을 제시해 본다면, 주자가 말한 "위로는 섬길만하고 아래로는 양육할 만하다"는 것은 진실로 그 한 가지 단서가 될 것이다. 그렇지만 사람들의 지위를 각자에게 맞게 해서 그들로 하여금 모두 군자의 가르침을 같이 따르게 할 수 있으려면, 반드시 동양 허씨가 말한 '법도와 제도'라는 것이 있은 이후에 다스림의 완전한 도리가 될 것이다.

| 뜻풀이 |

나라는 결국 법도와 제도에 의해서 다스려야 한다. 그래야만 각각 지위에 맞게 행동하고 군자의 가르침을 따라 효도·공경·자애의 교화를 이룰 수 있다.

唯然, 則一國之人雖衆, 卽不孤恃其敎家者以敎國, 而實則因理因情, 變通以成典禮, 則固與齊家之敎相爲通理, 而推廣固以其端矣. 矩之旣絜, 則君子使一國之人並行於恕之中, 而上下·前後·左右無不以恕相接者, 非但君子之以恕待物而國卽治也. |2-5|

오직 그렇게 하면, 한 나라의 사람들이 비록 많더라도 곧 그 집안을 가르치는 것에 의거해서 나라를 가르칠 뿐만 아니라, 실질적으로 이치와 감정에 따라서 변통함으로써 전례典禮를 이루게 되어, 진실로 집안을 가지런히 하는 가르침과 서로 이치가 통해서 그 단서를 미루어 넓히게 될 것이다. 법도가 이미 헤아려졌다는 것은 군자가 한 나라의 사람들로 하여금 모두 서恕의 가운데서 행하도록 하여 상하·전후·좌우가 서恕로써 서로 관계를 맺는다는 것이지, 단지 군자가 서恕로써 다른 사람들을 대우하면 나라가 곧 다스려진다는 것은 아니다.

| 뜻풀이 |

'서'라는 측면에서 이야기를 해보더라도 그것은 군자가 '서'로써 다른 사람들을 대한다는 의미가 아니라 백성들이 서로 '서'를 갖도록 가르치는 것일 뿐이다.

若傳所謂內德外財,　則非爭鬪其民而施之以劫奪之
敎; 愛賢惡不肖, 爲嚴放流之法, 而不使媚疾者得以
病有技·彥聖之人:　要皆品節斯民,　限以一程之法,
使相胥而共繇於矩之中者也. |2-6|

전전(傳)에서 덕을 안으로 하고 재물을 밖으로 한다고 했는데, 이
것은 그 백성들을 다투게 하여 쟁탈하는 가르침을 베푸는 것이
아니라, 현명한 사람을 사랑하고 불초한 사람을 미워하며, 추방
하고 유배하는 법을 엄하게 시행해서 질투하는 자가 재능이 있
고 착하며 훌륭한 사람을 해치지 못하게 하는 것이다. 이러한 모
든 것이 그 백성을 각자의 지위에 맞게 하고, 일정한 법도로써
제한하여 서로 도와 함께 법도에 맞도록 하는 것이다.

齊家恃教而不恃法, 故立教之本不假外求. 治國推教而必有恒政, 故旣以孝弟慈爲教本, 而尤必通其意於法制, 以旁行於理財用人之中, 而納民於淸明公正之道. 故教與養有兼成, 而政與教無殊理. 則『大學』之道, 所以新其民者, 實有以範圍之於寡過之地, 不徒恃氣機之感也. 此則以治其國, 而推之天下亦無不可矣. |2-7|

집안을 가지런히 하는 것은 가르침에 의존하지 법에 의존하지 않으므로, 가르침을 세우는 근본을 밖에서 구할 필요가 없다. 나라를 다스리는 것은 가르침을 미루어 반드시 변함없는 정치가 있어야 하므로, 이미 효도와 공경과 자애로 가르침의 근본으로 삼고, 나아가 반드시 그 뜻을 법제에 반영하여 재물을 다스리고 사람을 쓰는 데 널리 행하여 백성들을 공명, 정대한 법도로 들어가게 해야 한다. 그러면 가르침과 양육이 함께 이루어져, 정치와 가르침에 다른 이치가 없게 될 것이다. 『대학』의 도가 그 백성을 새롭게 한다는 것은, 사실 넘치거나 모자라지 않도록 범위를 짓는 것이지, 단지 기氣의 기틀로써 서로 감통하는 것에 의존하는 것은 아니다. 이것이 곧 그 나라를 다스리는 것을 천하를 평화롭게 하는데 미루어도 역시 괜찮다는 것이다.

이 장의 맨 앞에서 왕부지는 군자가 헤아리는 도를 가지고 있다는 것은 효도·공경·자애를 가르치는 것 외에 별도로 가르치는 도가 있다는 것이라고 말했다. 여기에서는 결론적으로 그 별도의 가르침이 법제, 법도임을 다시 한 번 강조하고 있다. 단순히 내 마음을 헤아려 다른 사람에게 베푼다는 식으로 서로 감통하는 것이 아니라는 것이다. 집안을 벗어나 나라의 차원으로 가면 마음에서 마음으로 통하는 것이 불가능하게 되므로 객관적인 기준이 있어야만 하는데, 그것이 바로 법도이며 그것이 바로 헤아리는 도라고 말하고 있다.

周陽繇・王肅所以能爾者,　自是亂世事,　此固不足道.
如叔孫通[1]所草漢儀,　蕭何[2]所制漢法,　何嘗從大公之
矩絜得整齊?　固原留一滲漏,　教郡守・教尉可以互相
陵傲. 而繇則以武帝爲之君,　又施劫奪之敎,　而好人
所惡,　如何不敎成他胡亂?　若伯鯀[3]只一方命圮族,[4]
以惡於下者事上,　方命.　惡於上者使下,　圮族　便迸諸
四夷,　則虞[5]廷上下,　交好於仁讓之中,　如繇・蕭者,
豈得以肆其志哉? |3-1|

1) 『漢書』卷四十三「酈陸朱劉叔孫傳」.
2) 『漢書』卷三十九「蕭何曹參傳」.
3) 伯鯀 : 禹의 아버지. 伯은 爵位. 홍수를 다스리는 책임자로 임명되었다
　　가 실패하여 죽임을 당하고, 그의 아들인 우가 순임금의 명을 받고 부친
　　의 유업을 완수하여 帝位에 추대됨.
4) 方命圮族 : 『書經』「堯典」. 명을 거스르고 백성의 삶을 망친다는 의미.
5) 虞 : 舜임금의 氏이며, 나라 이름.

주양요, 왕숙이 그렇게 할 수 있었던 것은 난세였기 때문이니,
이것은 정말로 말할 필요도 없다. 숙손통이 초안한 한나라의 의
례와 소하가 제정한 한나라의 법이 어찌 일찍이 크게 공평한 법
도를 따라 잘 정비될 수 있었겠는가? 진실로 원래 하나의 빈틈을
남겨두어 군수나 위관으로 하여금 법을 업신여기게 만들 수밖에

없었다. 주양요는 무제를 그의 임금으로 삼고 또한 빼앗는 가르침을 베풀며 다른 사람이 싫어하는 것을 좋아했는데, 어떻게 그로 하여금 함부로 행하지 못하도록 했겠는가? 백곤과 같은 사람은 단지 한 번 명을 거스르고 백성들의 삶을 망쳐, 아랫사람에게서 싫은 것을 가지고 윗사람을 섬기고, 명을 거슬림(方命) 윗사람에게서 싫은 것을 가지고 아랫사람을 부렸기 때문에 백성들의 삶을 망침(圮族) 곧 사방의 오랑캐 땅으로 쫓겨났다. 그렇다면 우虞나라 조정의 상하 신하들이 어질고 겸손한 가운데에서 서로 좋아했다는 것인데, 주양요나 왕숙과 같은 자가 어찌 그들의 뜻을 방자하게 할 수 있었겠는가?

| 뜻풀이 |

주양요나 왕숙은 각각 전한과 후한 때에 포학한 정치를 한 것으로 유명한 사람들이다. (2.2 참조) 한나라의 법도가 미비하여 주양요나 왕숙 같은 사람이 나올 수 있었다. 만약 그들이 법도가 완비된 순임금 때에 태어났더라면 제멋대로 행동하지 못했을 것이다. 법도의 필요성을 두 왕조를 비교해서 강조하고 있다. 여기에서도 왕부지의 역사 인식을 엿볼 수 있다

故治國之道, 須畫一以立絜矩之道. 旣不可全恃感發興起, 以致扞格於不受感之人; 而『或問』謂「絜矩必自窮理正心來」, 一皆本自新者以新民, 則傲很苟不如伯鯀者, 亦可教而不待刑也. 周陽繇便教不入, 若王肅自可教. |3-2|

그러므로 나라를 다스리는 도는 반드시 일정하게 헤아리는 도를 세워야 한다. 감화를 받아 흥기하는 것을 완전히 믿어서 감화를 받아들이지 않는 사람을 용납하지 않는 데 이르러서는 안 된다. 그리고 『혹문』에서 "헤아리는 것은 반드시 이치를 파악하고, 마음을 바르게 하는 데에서 온다"라고 말한 것은 하나같이 모두 스스로 새롭게 하는 것에 근본해서 백성을 새롭게 하는 것이니, 오만하고 사납더라도 진실로 백곤과 같지 않은 사람이라면 또한 가르칠 수 있어서 형벌을 필요로 하지 않는다. 주양요는 가르쳐도 먹혀들지 않지만, 왕숙 같은 사람은 그런대로 가르칠 수 있다.

| 뜻풀이 |

나라를 다스리는 도는 교육을 통한 감화만으로는 부족하므로 법을 통해서 다스려야 한다. 그러나 법에 전적으로 의존할 수는 없으며 교육도 여전히 필요하다. 법으로 모든 것을 통제하는 것은 불가능하기 때문이다.

民之所好,　民之所惡,　矩之所自出也.　有絜矩之道,
則己好民之好,　惡民之惡矣.　乃「所惡於上,　毋以使
下」,　則爲上者必有不利其私者矣;「所惡於下,　毋以
事上」,　則爲下者必有不遂其欲者矣.　君子只於天理
人情上絜著個均平方正之矩,　使一國率而繇之.　則好
民之所好,　民卽有不好者,　要非其所不可好也;　惡民
之所惡,　民卽有不惡者,　要非其所不當惡也.　|4-1|

백성이 좋아하고 싫어하는 것에서 법도가 비롯된다. 헤아리는
도가 있으면 백성이 좋아하는 것을 좋아하고 백성이 싫어하는
것을 싫어하게 된다. 그러므로 "윗사람에게서 싫은 것을 가지고
아랫사람을 부리지 말라"고 했으니, 윗사람은 반드시 그 사사로
움을 이롭게 여기지 않는 것이 있어야 하고, "아랫사람에게서 싫
은 것을 가지고 윗사람을 섬기지 말라"고 했으니, 아랫사람은 반
드시 그 욕심을 채우려고 하지 않는 것이 있어야 한다. 군자는
다만 천리와 인정의 측면에서 고르고 반듯한 법도로 헤아려 한
나라를 통솔하여 따르게 해야 한다. 그렇게 하면 백성이 좋아하
는 것을 좋아하는데, 백성들이 그것을 좋아하지 않는 경우가 있
더라도 그것이 좋아하지 말아야 될 것은 아니며, 백성이 싫어하
는 것을 싫어하는 데, 백성들이 그것을 싫어하지 않는 경우가 있
더라도 그것이 마땅히 싫어하지 말아야 될 것은 아니다.

그렇다면 또 법도를 세우는 기준은 무엇인가? 그것은 하늘로부터 떨어지는 것이 아니고 바로 백성들이 같이 좋아하고 싫어하는 것을 기준으로 삼아야 한다. 같이 좋아하고 싫어하는 것을 기준으로 삼으면 일부 사람들이 그것을 좋아하고 싫어하는 것이 그 기준에 맞지 않더라도 그 기준 자체가 정당한 것이므로 법도에 어긋나는 것은 아니다.

如妨賢病國之人, 又豈無朋黨私暱幸其得位而恐其見逐者? 乃至爭民施奪之政, 亦豈盡人而皆惡之? 若王介甫散青苗錢, 當其始散, 或踊躍而願得之, 迨其旣散, 或亦因之而獲利, 未嘗一出於抑配. 故民之好惡, 直恁參差, 利於甲者病於乙, 如何能用其好惡而如父母? 唯恃此絜矩之道, 以整齊其好惡而平施之, 則天下之理得, 而君子之心亦無不安矣. |4-2|

현인을 해치고 나라를 병들게 하는 사람이 붕당과 사사로운 친함으로 요행히 그 자리를 얻어서 쫓겨날까 두려워하는 일이 어찌 없겠는가? 백성들을 다투게 하여 빼앗는 일을 유도하는 정치에 대해서도 또한 어찌 모든 사람이 다 그것을 싫어하겠는가? 왕개보(王安石)가 청묘전을 나누어 주었을 때처럼, 처음 나누어 줄 때에 어떤 사람은 앞 다투어 그것을 얻으려고 했고, 그것을 다 분배하고 난 뒤에 어떤 사람은 그로 인하여 이득을 취했으니, 그 반응들은 한결같이 동일할 수가 없었다. 그러므로 백성들이 좋아하거나 싫어함은 이렇게 가지런하지 못하여, 갑甲에게는 이익이 되어도 을乙에게는 손해가 되니, 어떻게 그 좋아하거나 싫어함을 사용하는데 부모와 같이 할 수 있겠는가? 오직 이 헤아리는 도에 의거하여 그 좋아하거나 싫어함을 가지런히 하고 공평하게 베풀면 천하의 이치가 얻어지고 군자의 마음 또한 편안하지 않음이 없게 된다.

그러나 백성들의 좋아하고 싫어함이란 때로는 지극히 주관적일 수 있으므로 군자는 헤아리는 도로써 그 같이 좋아하고 싫어하는 것을 정확하게 파악하여 법도를 정해야 한다. 그러므로 군자가 필요하고 또 헤아리는 도가 필요한 것이다. 일단 헤아리는 도로 법도를 세우면 백성들의 좋아하고 싫어함이 일정하지 않더라도 기준이 있으므로 염려할 필요가 없으며, 혹 만족하지 않은 백성들이 있더라도 군자가 마음이 불편할 필요가 없다. 나라란 집안에서처럼 모든 사람들의 요구를 다 들어줄 수는 없기 때문이다.

所謂父母者,「鳲鳩」七子之義[1], 均平專壹而不偏不吝也. 不然, 則七子待哺, 豈不願己之多得, 而哺在此, 且怨在彼矣. 曰「民」者, 公辭也, 合上下·前後·左右而皆無惡者也. 故『或問』曰:「物格知至, 有以通天下之志; 意誠心正, 有以勝一己之私.」又曰:「人之爲心, 必當窮理以正之, 使其所以愛己治人者皆出於正, 然後可以卽是而推之人.」民不能然, 故須上爲絜之. 蓋物格知至, 則所好所惡者曲盡其變, 不致恃其私意, 而失之於偏; 意誠心正, 則所好所惡者一準於道, 不致推私欲以利物, 而導民於淫. 故傳於好人所惡·惡人所好者, 斥其「拂人之性」, 而不言「拂人之情」也. |4-3|

1) 鳲鳩는 뻐꾸기인데, 새끼에게 먹이를 먹일 때에 그 순서가 아침에는 위로부터 아래로 내려오고, 저녁에는 아래로부터 위로 올라가면서 먹이를 주어, 아주 공평하다고 한다.

이른바 부모라는 자는 『시경』 「조풍曹風」 시구鳲鳩편에 나오는 일곱 새끼에 대한 뜻과 같이, 고르고 한결같으며 편벽되지 않고 인색하지 않다. 그렇지 않으면 일곱 새끼들이 음식 넣어주기를 기다릴 때 어찌 자기에게 많이 주기를 바라지 않겠으며, 이 편에 음식을 넣어주면 저 편에서 원망하지 않겠는가? '백성(民)'이라고 말한 것은 일반적으로 가리키는 말인데, 상하·좌우·전후를 합쳐 모두 싫어함이 없는 것을 말한다. 그러므로『혹문』에서 "대상이 파악되고 앎이 지극하게 되면 천하의 뜻을 통할 수 있고, 뜻이 정성스러워지고 마음이 바르게 되면 자기 하나의 사사로움을 이길 수 있다"고 말했다. 또 "사람의 마음은 반드시 이치를 파악함으로써 그것을 바르게 하여 자신을 사랑하고 남을 다스리는 것을 모두 바름에서 나오도록 한 이후에 비로소 이에 나아가 다른 사람에게로 미루어 갈 수 있다"고 말했다. 백성은 이와 같지 못하기 때문에 반드시 윗사람들이 그들을 위해서 헤아리도록 하여야 한다. 대상이 파악되고 앎이 지극하게 되면, 좋아하는 것과 싫어하는 것에 대해 그 변화를 모두 알게 되니, 사사로운 뜻에 의거하여 잘못 치우치는 데 이르지 않으며, 뜻이 정성스러워지고 마음이 바르게 되면 좋아하고 싫어하는 것이 하나같이 도에 합치되므로, 사사로운 욕심을 미루어 사물을 이용하고 백성을 어지러운 데로 인도하는 데 이르지 않게 된다. 그러므로 전傳에서는 다른 사람이 싫어하는 것을 좋아하며 다른 사람이 좋아하는 것을 싫어하는 것에 대하여, 그것이 "사람의 본성을 거스른다"고 배척했지만, "사람의 감정을 거스른다"라고는 말하지 않았다.

일반 백성들은 사사로움을 이기고 올바로 행동하기 어렵다. 그리고 그것은 자연스러운 것이다. 심지어 다른 사람이 싫어하는 것을 좋아하며 다른 사람이 좋아하는 것을 싫어하는 것조차도 일반 백성의 감정에는 있을 수 있다고 왕부지는 본다. 따라서 군자가 반드시 일반 백성들의 좋아하고 싫어함을 헤아려 법도를 제정하고 일반 백성들이 따르도록 해야 한다.

自然天理應得之處, 性命各正者, 無不可使遂仰事
俯育之情, 君子之道, 斯以與天地同流, 知明處當,
而人情皆協者也. 此之爲道, 在齊家已然, 而以推
之天下, 亦無不宜. 特以在家則情近易迷, 而治好
惡也以知; 在國則情殊難一, 而齊好惡也以矩. 故
家政在敎而別無政, 國敎在政而政皆敎, 斯理一分
殊之準也. |4-4|

자연히 천리가 응하여 얻어지는 곳에서 성명性命이 각각 바른
것은, 위로 부모를 섬기고 아래로 처자를 양육하려는 감정이 완수
되지 않음이 없게 한다. 군자의 도는 이로써 천지와 함께 흘러 앎
이 밝고 대처하는 것이 마땅하여 인정에 모두 맞게 된다. 이러한
도는 집안을 가지런히 하는 데에서도 이미 그렇고, 천하에 그것을
미루어도 마땅하지 않음이 없다. 다만 집안에서는 감정상으로 가
까워서 쉽게 잘못되므로 좋아하거나 싫어함을 앎에 의하여 다스
리고, 나라에서는 감정이 다양하여 하나로 통합하기 어려우므로
좋아하거나 싫어함을 법도로써 가지런히 한다. 그러므로 집안에
서의 다스림은 가르침에 달려 있고 별도의 정치가 없으며, 나라에
서의 가르침은 정치에 달려 있고 정치가 모두 가르침이니, 이것이
바로 "이치는 하나인데 나누어짐에 따라 다르다"는 표준이다.

　집안을 다스리는 데는 '앎'이 필요하고 나라를 가지런히 하는 데는 '법도'가 필요하다. 그런데 여기에서 왕부지가 의도적으로 집안은 다스린다고 표현하고 나라는 가지런히 한다고 표현하고 있는 점에 주목해야 한다. 집안은 가지런히 하고 나라는 다스린다고 표현하는 것이 『대학』 본문이기 때문이다. 이것은 집안에도 다스림이 필요하다는 것, 나라에서는 사람들을 가지런히 하기가 어렵다는 것을 강조하고 있는 것으로 보인다. 그러므로 집안에서나 나라에서나 가르침은 다 중요한데, 집안에서는 가르침 외에 정치가 따로 필요하지 않고, 나라에서는 가르침이 바로 정치라는 점에서 다르게 된다.

「先愼乎德」,「德卽所謂明德」,『章句』·『或問』
凡兩言之, 而愚竊疑其爲非. 朱子之釋明德曰:
「人之所得於天, 而虛靈不昧, 以具衆理而應萬
事者也.」若夫愼之云者, 臨其所事, 揀夫不善而
執夫善之謂也. 故『書』曰:「愼厥身.」身則小體
大體之異從而善惡分也.『論語』曰:「子之所愼,
齊·戰·疾.」[1] 臨夫存亡得失之交, 保其存與得而
遠夫失與亡也.『禮記』凡三言愼獨, 獨則意之先
幾·善惡之未審者也. 乃若虛靈不昧之本體, 存
乎在我, 有善而無惡, 有得而無失, 抑何待揀其
不善者以孤保其善哉? 此以知明德之可言明, 而
不可言愼也. |5-1|

1)『論語』「述而」.

 "먼저 덕을 삼간다", "덕은 이른바 명덕이다"라고 『장구』
와 『혹문』에서 두 가지로 말하고 있는데, 나는 그것이 잘못
되었다고 생각한다. 주자는 명덕을 해석하기를, "사람이 하늘
에서 얻은 것으로서, 텅 비고 신령스러우며 어둡지 않아 뭇 이치
를 갖추어 만사에 응하는 것"이라고 했다. 삼간다는 것은 해야
할 일에 임하여 선하지 못한 것을 골라내고 선한 것을 잡는 것을

말한다. 그러므로 『서경』에서는 '그 몸을 삼갈 것'을 말하고 있다. 몸이 소체小體를 따르느냐 대체大體를 따르느냐에 따라 선악이 나누어진다. 『논어』에서 "공자가 삼가는 것은 재계와 전쟁과 질병이다"라고 말했다. 보존과 멸망, 얻음과 잃음의 분기점에 임해서는 그 보존과 얻음을 취하려 하고 그 잃음과 멸망을 멀리하려고 한다. 『예기』에서는 홀로 있을 때에 삼가는 것(愼獨)을 세 번 말했는데, 홀로(獨)라는 것은 뜻이 나타나기 이전의 기미, 선악이 아직 결정되지 않은 상태이다. 만약 텅 비고 신령스러우며 어둡지 않은 본체가 나에게 존재하고 있다면, 선만 있고 악은 없으며, 얻음만 있고 잃음이 없는데, 어찌 그 선하지 않은 것을 골라냄으로써 그 선을 오로지 보존하고자 하겠는가? 이로써 명덕에 대해서는 밝힌다고 말할 수 있지 삼간다고 말할 수 없다는 것을 알 수 있다.

| 뜻풀이 |

주자는 "먼저 덕을 삼간다", "덕은 이른바 밝은 덕이다"라고 말했으므로 이 두 말을 합하면 "먼저 명덕을 삼간다"라는 말이 된다. 왕부지는 주자의 이 "명덕을 삼간다"는 말이 논리적으로 잘못된 말이라고 주장하고 있다. 왜냐하면 주자가 명덕을 "사람이 하늘에서 얻은 것으로서 텅 비고 신령스러워 어둡지 않아 뭇 이치를 갖추어 만사에 응하는 것"이라고 풀었는데, 주자의 이 말을 받아들인다면 명덕은 악이 없는 순수한 선일뿐이므로 "선하지 못한 것을 골라내고 선한 것을 잡는" 삼간다는 것의 적용 대상이 될 수 없다는 것이다. 순수한 선일뿐인데 어디에서 선하지 못한 것을 골라낼 것인가?

或朱子之意, 以明其明德者謂之明德. 則當其未明, 不可言明, 及其已明, 亦無待愼, 而豈其云君子先愼明其德哉? 且明德之功, 則格物·致知·誠意·正心是已. 傳獨於誠意言愼者, 以意緣事有, 以意臨事, 則亦以心臨意也. 若夫心固不可言愼矣. 是以意在省察, 而心唯存養. 省察故不可不愼, 而存養則無待於愼, 以心之未緣物而之於惡也. 至於致知格物, 則博學·審問·明辨, 而愼思特居其一,[1] 是愼不可以盡格致之功明矣. 安得以愼之一言, 蔽明德之全學乎? 是故以德爲明德者, 無之而可也. |5-2|

1) 『中庸』二十章.

혹 주자의 의도가 명덕을 밝히는 것을 명덕이라고 부르는 것이라면, 그것이 아직 밝지 않을 때는 밝다고 말할 수 없으며, 그것이 이미 밝아진 후에는 또한 삼갈 필요가 없으니, 어찌 군자가 그 덕을 먼저 삼가 밝힌다고 말할 수 있겠는가? 게다가 덕을 밝히는 공부는 대상을 파악하고 앎을 완성하고 뜻을 정성스럽게 하고 마음을 바르게 하는 것일 뿐이다. 전傳이 다만 뜻을 정성스럽게 하는 데에서 삼감을 말한 것은 뜻이 일과 관련하여 존재하

며, 뜻으로 일에 임한다면 또한 마음으로 뜻에 임하는 것이기 때
문이다. 마음은 삼간다고 말할 수 없다. 그러므로 뜻은 성찰省察
하는 것이고 마음은 오직 존양存養하는 것이다. 성찰하므로 삼가
지 않을 수 없지만, 존양은 삼갈 필요가 없으니, 마음은 대상과
관련하지 않고도 악으로 가기 때문이다. 앎을 완성하고 대상을
파악하는 데 이르면 널리 배우고 자세하게 묻고 밝게 구별하는
것에 더해서 삼가 생각함이 그 중 하나를 차지하는데, 이를 보면
삼감이 파악하고 완성하는 공부를 모두 다 할 수 없는 것이 분명
하다. 어찌 삼감이라는 한마디로 명덕에 대한 배움 전체를 다 표
현할 수 있겠는가? 그러므로 덕을 명덕이라고 하는 것은 무시해
도 좋다.

德者, 行焉而有得於心之謂也. 則凡行而有得者,
皆可謂之德矣. 故『書』曰「德二三, 動罔不凶」;[1]
『易』曰「不恒其德」;[2] 『詩』曰「二三其德」.[3] 審夫
德者, 未必其均爲善而無惡, 乃至遷徙無恒, 佹得
以自據者, 亦謂之德, 故不可以不愼也. |5-3|

1) 『書經』「咸有一德」.
2) 『周易』恒卦.
3) 『詩經』「小雅·白華」.

덕이라는 것은 행하여 마음에 얻는 것을 말한다. 즉, 행하여 얻
는 것은 모두 덕이라고 말할 수 있다. 그러므로『서경』에서 "덕
이 자주 바뀌면 움직일 때마다 흉하지 아니함이 없다"고 말했고,
『주역』에서 "그 덕을 일정하게 하지 못한다"고 말했고,『시경』에
서 "그 덕을 자주 바꾼다"고 말했다. 덕이라는 것을 살펴보면, 반
드시 모두 고르게 선이 되고 악이 없는 것은 아니고, 이리 저리
옮겨 다니며 일정함이 없이 잘못 얻어서 자신의 근거로 삼은 것
도 또한 덕이라고 하므로 반드시 삼가지 않으면 안 된다.

명덕이 아닌 덕을 가지고 본다면 스스로 체득한 것은 모두 덕이므로 잘못된 덕이 있을 수 있고, 따라서 덕을 삼가야 하는 것이라고 말할 수 있다. 앞에서도 주자가 덕을 바로 명덕으로 보고 명덕을 삼간다고 한 것을 비판했던 것에 주의해야 한다.

是以所得於天而虛靈不昧者, 必繫之以明, 而後
其純乎善焉. 但夫人之遷徙無恒, 佹得以自據者,
雖非無得於心, 而反諸心之同然者, 則所得者其
浮動翕取之情, 而所喪者多. 故凡言德者, 十九而
皆善. 十九而善, 故旣愼之餘, 竟言「有德」, 而不
必言「有懿德」. 然以不善者之非無所得也, 故君
子之於德, 必愼之也. |5-4|

그러므로 하늘에서 얻어 텅 비고 신령스러우며 어둡지 않은
것은 반드시 밝음으로 연결된 이후라야 선에 순수해진다. 다만
사람이 이리 저리 옮겨 다니며 일정함이 없이 잘못 얻어 자신의
근거로 삼은 것은 비록 마음으로 얻었더라도 여러 사람들의 마
음이 같이 그렇다고 여기는 것에 비추어 본다면, 얻은 것(선)은
그 떠돌다 모인 정情에 불과하고 잃은 것(불선)은 많게 된다. 그
러므로 일반적으로 덕이라고 말하는 것은 열에 아홉은 모두 선
하다. 열에 아홉은 선하기 때문에 이미 삼간 이후에는 결국 "덕
이 있다"고 말하지만, "훌륭한 덕이 있다"고 말할 필요는 없다.
그러나 선하지 않은 것도 얻은 것이므로 군자는 덕에 대해서 반
드시 삼가야 한다.

우리가 대체로 덕이라고 하면 긍정적인 측면을 가리키는 게 대부분이다. '덕 있는 사람'이라고 말할 때 덕은 그의 긍정적인 측면을 가리키지 부정적인 측면을 가리키지 않기 때문이다. 그럼에도 불구하고 왕부지는 덕이란 여전히 잘못된 것도 포함하므로 반드시 삼가야 하는 것이라고 보고 있다.

愼者, 愼之於正而不使有辟也. 愼於正而不使有辟者,
好惡也. 好惡者, 君子之以內嚴於意, 而外脩其身者
也. 唯意爲好惡之見端, 而身爲好惡之所效動, _{身以言}
_{行動言}. 則君子出身加民, 而措其有得於心者以見之行
事, 故曰:「是故君子先愼乎德.」「是故」云者, 以絜
民之好惡而好惡之, 則爲「民之父母」; 任其好惡之辟
而德二三, 　則「爲天下僇」. 故君子之撫有人土財用
者, 必先愼之乎此也. 又曰「有德此有人」, 則以愼其
好惡之幾得之於心者, 慊乎人心之所同然; 而措夫好
惡之用行之於道者, 盡夫衆心之攸好. 故臣民一率其
擧錯用緩之公, 知其大公至正而歸之也. |5-5|

삼감(愼)이란 바름에서 삼가서 편벽되지 않게 하는 것이다. 바름에서 삼가서 편벽되지 않게 한다는 것은 좋아하거나 싫어함에 대해서이다. 좋아하거나 싫어함으로써 군자는 안으로 뜻을 엄하게 하고 밖으로 그 몸을 닦는다. 오직 뜻은 좋아하거나 싫어함이 드러난 단서이며, 몸은 좋아하거나 싫어함이 구현되어 움직이는 것이니, 몸은 말과 행위와 동작으로 말한 것이다. 군자는 자기 자신을 벗어나 백성에게로 나아가, 그 마음에 얻은 것을 행사에 나타나게 하므로, "그러므로 군자는 먼저 덕에 삼간다"고 했다. '그러므로'라고 한 것은, 백성이 좋아하고 싫어하는 것을 헤아려 그것을 좋아하거나 싫어하면 '백성의 부모'가 되고, 그 좋아하거나 싫어함의 편벽됨으로 인하여 덕을 변덕스럽게 하면 "천하 사람들에 의해 죽임을 당한다"는 것이다. 그러므로 군자로서 사람과 땅, 재물과 씀을 다루는 사람은 반드시 먼저 여기에서 삼가야 한다. 또한 "덕이 있으면 따르는 사람이 있다"고 말했으니, 그 좋아하거나 싫어함의 기미로서 마음에 얻은 것을 삼가 사람들의 마음이 같이 그렇다고 여기는 것에 부합되고, 좋아하거나 싫어함의 작용이 도에 맞도록 행해지게 하는 것은 여러 마음이 좋아하는 것을 다하는 것이다. 그러므로 신하와 백성이 한결같이 조치를 취할 때 느슨하게 적용하는 공평함을 따르며, 그 큰 공평과 지극한 바름을 알아 그에게 돌아간다.

| 뜻풀이 |

삼간다는 것은 결국 좋아하거나 싫어하는 것을 바르게 하는 것이다. 좋아하거나 싫어하는 것을 삼가는 것으로부터 시작하여 백성들이 좋아하거나 싫어하는 것도 헤아려 그들과 같이 하면 그들의 부모가 될 수 있다.

且『大學』之敎, 理一分殊. 本理之一, 則衆善同原於明德, 故曰「明德爲本」. 因分之殊, 則身自有其身事, 家自有其家範, 國自有其國政, 天下自有其天下之經. 本統乎末, 而緣本向末, 莖條枝葉之不容夷也. 今云「有人此有土, 有土此有財, 有財此有用」, 則一國之効乎治者, 其次序相因, 必如是以爲漸及之詞, 而後足以見國之不易抵於治. 乃云君子有其明德而遂有人, 則躐等而爲迫促之詞, 是何其無序耶! |5-6|

또 『대학』의 가르침은 "이치는 하나인데 나누어짐에 따라 다르다"는 것이다. 하나인 리理에 근본을 두기 때문에 여러 선이 명덕에 함께 뿌리를 박고 있다. 그러므로 "명덕이 근본이 된다"고 했다. 여러 가지로 나누어지기 때문에 몸에는 그 몸의 일이 있게 되고, 집안에는 그 집안이 따라야 할 규범이 있게 되며, 나라에는 그 나라를 다스리는 정치가 있게 되고, 천하에는 그 천하의 법도가 있게 된다. 근본은 말단을 통괄하고 근본에서 말단으로 향하니 줄기·가지·잎은 서로 떨어질 수 없게 된다. 지금 "사람이 있으면 땅이 있고, 땅이 있으면 재물이 있으며, 재물이 있으면 쓰임이 있다"고 하니, 한 나라를 다스리는 면에서의 효과는

그 순서가 서로 이어져 반드시 이같이 해야 점점 미쳐 나아간다
는 말이 되고, 그러한 이후에야 나라를 다스리는 것이 쉽게 도달
할 수 없는 일이라는 것을 알 수 있다. 또 군자가 명덕을 가지고
있어야 마침내 따르는 사람이 있다고 말한다면 단계를 뛰어넘어
급박하게 하는 말이 되니, 어찌 그렇게 순서가 없겠는가!

| 뜻풀이 |

　왕부지가 『대학』을 해석하면서 계속 강조하는 것은 "이치는 하나인
데 나누어짐에 따라 다르다"는 것이다. 개인, 집안, 나라, 세계가 한 이
치로 통하지만, 또 각각 다른 차원의 것이기 때문에 각각의 이치를 갖
게 된다는 것이다. 그러므로 왕부지는 한 개인이 덕을 밝힌다고 해서−
그가 심지어 임금일지라도− 그것이 바로 나라가 다스려지는 것으로
연결되지는 않는다고 본다. 나라를 다스리는 것은 개인의 수양과는 다
른 차원의 다스리는 이치가 필요하기 때문이다. 따라서 왕부지 이전의
많은 선배 학자들이 적이 쳐들어오고 있는 상황에서도 임금에게 몸과
마음을 바르게 가지라고 다그쳤던 것은 왕부지가 보기에는 "이치는 하
나인데 나누어짐에 따라 다르다"는 것을 전혀 모르는 사람들의 어리석
은 행동이다.

夫明德爲新民之本, 而非可早計其效於民新, 故身脩
之後, 必三累而至乎天下平. 則新民者固原本於已明
之君德, 而必加之以齊治平之功. 豈德之旣明, 而天
下卽無不明乎? 故格致誠正, 其報成在身脩, 而脩
齊治之底績在天下平.　　是以明德·新民,　理雖一貫,
而顯立兩綱, 如日月之並行而不相悖. 今此以言治平
之理, 則有德有人, 以是功, 取是效, 捷如影響, 必
其爲新民之德審矣. |5-7|

　명덕은 백성을 새롭게 하는 근본이지만, 그것은 백성이 새롭
게 되는데 미치는 효과를 미리 계산할 수 있는 것이 아니므로,
몸이 닦인 이후에 반드시 세 단계를 거쳐 천하가 평화롭게 되는
데에 이른다. 그러므로 백성을 새롭게 하는 것은 본래 이미 밝아
진 임금의 덕에 근본을 두지만, 반드시 그것에 집안을 가지런히
하고, 나라를 다스리고, 천하를 평화롭게 하는 공부를 더하여야
한다. 덕이 이미 밝아졌다고 해서 어찌 천하가 바로 평화롭게 되
겠는가? 그러므로 대상을 파악하고, 앎을 완성하며, 뜻을 정성스
럽게 하고, 마음을 바르게 하는 결과로 몸이 닦이며, 몸을 닦고,
집안을 가지런히 하고, 나라를 다스리는 바탕 위에서 천하가 평
화롭게 된다. 그러므로 덕을 밝히는 것과 백성을 새롭게 하는 것

은 비록 그 이치가 일관되지만 두 가지 벼리로 뚜렷하게 세워지니, 이는 마치 해와 달이 나란히 운행하지만 서로 어긋나지 않음과 같다. 이제 이것으로써 다스리고 평화롭게 하는 이치를 말한다면, 덕이 있으면 사람이 따르는데, 이 공부로 이 효과를 얻는 것이 그림자나 메아리처럼 빠르니, 그것이 반드시 백성을 새롭게 하는 덕이 되는 것은 분명하다.

| 뜻풀이 |

덕을 밝히는 것과 백성을 새롭게 하는 것은 다른 차원이므로, 임금의 덕이 밝아졌다고 해서 바로 천하가 평화롭게 되지는 않는다. 거기에다가 가지런히 하고, 다스리고, 평화롭게 하는 공부를 더하여야 한다.

新民之德, 非不原本於明德, 而固自有所及於民之德. 故好惡之爲功, 內嚴於誠意, 而必外著之絜矩之道, 然後人土財用之應成焉. 使其不然, 則『大學』之道, 一明德盡之, 而何以又云「在新民」乎? 又況爲格‧爲致‧爲誠‧爲正者, 未嘗有以及乎民, 而遽期夫人土財用之歸, 是以其心身之學, 坐弋崇高富貴之獲, 抑異夫先事後得[1]‧成章後達[2]之敎者矣. |5-8|

1)『論語』「顏淵」: 先事後得, 非崇德與.
2)『孟子』「盡心上」: 君子之志於道也, 不成章, 不達.

백성을 새롭게 하는 덕은 본래 덕을 밝히는 것에 근본을 두지 않는 것은 아니지만, 분명 그 자체로도 백성에게까지 미치는 덕을 갖고 있다. 그러므로 좋아하거나 싫어함에 대한 공부는 안으로 뜻을 정성스럽게 하는 데 엄밀하고, 반드시 밖으로 헤아리는 도로 나타난 연후에 사람과 땅, 재물과 씀의 응함이 이루어진다. 만약 그렇지 않으면 『대학』의 도는 오로지 덕을 밝히는 데에서 다하는 것인데, 왜 또 "백성을 새롭게 하는 데 있다(在新民)"고 말하겠는가? 하물며 대상을 파악하고 앎을 완성하며, 뜻을 정성스럽게 하고 몸을 바르게 하는 것이 백성에게 미친 적이 없는데도, 성급하게 사람과 땅, 재물과 씀이 자기에게 돌아오기를 기대하는 것은, 마음과 몸에 대한 배움을 가지고 앉아서 높은 부귀를 얻으

려고 하는 것이니, 이것은 일 처리하기를 먼저 하고 얻음을 뒤로
미루며, 수양을 이루고 영달을 뒤로 미룬다는 가르침과 어긋나는
것이다.

| 뜻풀이 |

『대학』의 첫머리에서 "대학의 도는 명덕을 밝히는 데 있고 백성을
새롭게 하는 데 있다"고 말한 것을 보면 둘이 관계가 있고 또 논리적으
로 볼 때 백성을 새롭게 하는 것이 명덕을 밝히는 것에 근본을 두고 있
음을 알 수 있다. 그러나 한편으로 백성을 새롭게 하는 것을 한 항목으
로 말하고 있는 것을 보면 백성을 새롭게 하는 것이 명덕을 밝힌다고
해서 저절로 이루어지는 것이 아님을 알 수 있다. 명덕을 밝히면 백성
이 저절로 새롭게 된다고 생각하는 것은 모든 과정을 생략하고 결과만
을 바라는 것과 같다.

『大學』一書, 自始至終, 其次第節目, 統以理一分殊
爲之經緯. 故程子以此書與「西銘」並爲入德之門. 朱
子或有不察, 則躐等而不待盈科之進,[1] 如此類者, 亦
所不免. 董氏彝云「明德言自脩, 愼德言治天下」, 不
徇『章句』, 乃以爲有功於朱子. |5-9|

1)『孟子』「離婁下」: 孟子曰, 原泉混混, 不舍晝夜, 盈科而後進.

『대학』이라는 책은 처음부터 끝까지 그 차례와 내용이 모두
"이치는 하나인데 나누어짐에 따라 다르다"는 것을 가지고 날줄
과 씨줄로 삼는다. 그러므로 정자程子는 이 책과 「서명西銘」을 모
두 덕으로 들어가는 문으로 삼았다. 주자가 아마도 살피지 못한
것은, 단계를 뛰어넘어 '웅덩이가 가득 찬 이후에 흘러나감'을
기다리지 않은 것인데, 이와 같은 종류는 면하기 어려운 것이다.
동이董彝는 "명덕은 스스로 닦는 것을 말하고, 덕을 삼가는 것은
천하를 다스리는 것을 말한다"고 했는데, 이는『장구』를 따르지
않았지만 주자에게 공로가 있다고 할 것이다.

| 뜻풀이 |

명덕을 밝히고 백성을 새롭게 하는 일은 물이 흘러갈 때 하나하나
웅덩이를 채우고 나서 흘러가는 것과 같다. 갑자기 단계를 뛰어넘을
수 없는 일이다.

吳季子以發鉅橋[1]之粟爲「財散」, 不知彼固武王一時之權, 而爲不可繼之善政也. 倘不經紂積來, 何所得粟而發之? 故孟子以發棠[2]擬之馮婦,[3] 而謂見笑於士, 以其不務制民之産, 而呴呴以行小惠也. |6-1|

1) 殷나라 紂王의 곡식창고. 周武王이 은나라를 멸망시키고 紂王의 곡식 창고를 열어 좁쌀을 백성에게 나누어 준 사실이 있다.
2) 棠은 齊나라 邑의 창고를 말한다. 『孟子』「盡心下」.
3) 晉나라 사람. 『孟子』「盡心下」.

오계자는 무왕이 거교의 곡식을 푼 것을 '재물이 흩어지게' 하는 것이라고 말했는데, 그 일이 진실로 무왕의 한 때의 권도이며 계속될 수 없는 선정임을 알지 못한 것이다. 만일 주紂가 재물을 쌓아놓지 않았다면, 어디서 곡식을 얻어서 풀었겠는가? 그러므로 맹자는 당棠의 창고를 여는 것을 풍부馮婦에 비유하고 선비의 웃음거리가 된다고 말했으니, 그러한 것은 백성이 일정한 직업을 갖도록 해주는데 힘쓰지 않으면서 구구하게 작은 은혜를 베푸는 것이기 때문이다.

부당한 방법으로 쌓아놓은 재물을 백성들에게 나누어 주는 것은 '재물을 흩어지게 하는 것'이라고 볼 수 없다. 정치를 하는 사람이 참으로 해야 할 일은 일시적으로 백성들에게 재물을 나누어주는 것이 아니라 백성들이 일정한 직업을 가지고 재물을 얻도록 해주는 것이다. 그리고 그것이 그리 어려운 일도 아니다.

財聚者, 必因有聚財者而後聚. 財散者, 財固自散,
不聚之而自無不散也. 東陽許氏云「取其當得者而不
過」, 其論自當. |6-2|

재물이 모이는 것은, 반드시 재물을 모으는 자가 있어야 모이
게 된다. 재물이 흩어지는 것은, 재물은 본래 저절로 흩어지는
것이기 때문에 재물을 모으지 않으면 저절로 흩어지게 된다. 동
양허씨東陽許氏가 "그 마땅히 얻어야 할 것을 취해서 지나치지 않
는 것이다"(小註)라고 말했는데, 그 논의가 타당하다.

| 뜻풀이 |

똑같이 재물을 모으고 흩어지게 하는 것이지만, 그 과정은 달라서
모으는 것은 의도적으로 모아야 하지만 흩어지는 것은 저절로 흩어진
다. 그러므로 일부 사람들이 지나치게 모으지 않으면 저절로 흩어지기
마련이라는 것이다.

乃財聚者, 非僅聚於君而已. 如『詩』所云「宣侯多藏」,[1]「盤庚」所云「總於貨寶」者,[2] 彊豪兼幷之家, 皆能漁獵小民, 而使之流離失所. 絜矩之道行, 則不得爲爾矣. |6-3|

1)『詩經』「小雅·祈父之什·十月之交」.
2)『書經』「盤庚下」.

재물이 모이는 것은 단지 임금에게만 모이는 것은 아니다. 『시경』에서 "참으로 오직 재물을 많이 모았다"고 하고, 「반경」에서 '보화를 모은다'고 한 것과 같이, 세력이 있어서 토지를 많이 차지하는 가문은 모두 백성을 약탈해서 그들로 하여금 거처를 잃고 유랑하게 할 가능성이 있다. 헤아리는 도가 행해지면 그렇게 될 수 없다.

고대 중국의 농업 사회에서 지배층은 결국 토지 소유를 통해서 지배층이 될 수 있었다. 농촌의 모순은 항상 그들의 과도한 토지 소유로부터 발생했다. 그리고 그러한 모순이 극에 달했을 때 농민의 봉기가 있었고, 그것은 곧 왕조 교체로 연결되는 과정으로 되풀이되어 나타났다. 현대는 농업 사회는 아니지만 토지 제도와 토지 정책은 국민들의 삶에 큰 영향을 미치며 여전히 중요하다. 농업 사회이건 아니건 사람은 결국 땅을 밟고 살 수밖에 없기 때문이다.

民散云者, 『詩』所謂「逝將去女, 適彼樂土」者也.¹⁾
卽此, 亦以知此爲治國而言. 若以天下統言之, 共此
四海之內, 散亦無所往. 故郡縣之天下, 財殫於上,
民有死有叛而已矣, 不能散也. |6-4|

1)『詩經』「魏風·碩鼠」.

백성이 흩어진다고 말한 것은,『시경』에서 "떠나가리, 그대를
두고. 즐거운 땅으로 찾아가리"라고 말한 것과 같은 내용이다.
이는 또한 나라를 다스리는 것에 대해 하는 말임을 알 수 있다.
만약 천하를 통틀어 말해본다면, 이 사해의 안을 다 포함하므로
흩어지더라도 갈 곳이 없다. 그러므로 군과 현들로 이루어진 천
하에서는 재물이 위에서 다 없어지면, 백성은 죽는 자도 있고 배
반하는 자도 있게 될 뿐이며, 흩어질 수는 없다.

『시경』의 노래들이 실제로 불리던 전국시대에는 각 나라의 백성들이 비교적 자유롭게 이동할 수 있었다. 따라서 각 나라의 군주들은 여러 정책을 시행하여 백성들을 모으는데 힘썼다. 일단 백성이 많아져야 그들이 추구하던 부국강병도 가능했기 때문이다. 따라서 그러한 정책들을 제시해줄 참모들이 필요했고, 그러한 과정에서 여러 사상가들도 나름대로 대사회정책을 내놓으면서 활동할 수 있었다.

왕부지가 『시경』을 언급한 것은 이러한 상황을 염두에 둔 것이다. 더 살기 좋은 나라로 찾아가는 것이 바로 백성이 흩어진다고 말한 내용이라는 것이다. 그러나 왕부지가 살았던 당시를 중국이라는 큰 테두리에 넣어서 생각하면 이야기는 달라진다. 백성들이 어느 나라로 가든 결국 중국 안에 있는 것이다. 따라서 왕부지는 그런 경우에는 흩어진다고 말할 수 없다고 본다. 따라서 중국이 각 나라로 이루어진 것이 아니고 군과 현으로 구성된 한 나라를 이루고 있는 왕부지 당시의 중국에 대해서는 백성이 흩어진다고 말하는 것은 맞지 않다는 것이다.

忠信之所得, 驕泰之所失, 『章句』以天理存亡言
之,[1] 極不易曉. 雙峰早已自惑亂在. 其云「忠信則
得善之道, 驕泰則失善之道」, 竟將二「之」字[2]指道
說. 俗儒見得此說易於了帳, 便一意從之. 唯吳季
子云:「忠信則能絜矩, 而所行皆善, 豈不得眾乎?
驕泰則不能絜矩, 而所行皆不善, 豈不失眾乎?」一
串穿下, 卻是不差. |7-1|

1) 蓋至此而天理存亡之幾決矣.
2) 君子有大道, 必忠信以得之, 驕泰以失之.

충과 신으로써 얻는 것과 교만함과 방자함으로써 잃는 것을
『장구』에서는 천리의 존망으로써 말했는데, 깨닫기가 매우 쉽지
않다. 쌍봉요씨雙峰饒氏도 일찍이 잘못 알고 있었다. 그가 "충과
신은 선을 얻는 도이고, 교만함과 방자함은 선을 잃는 도"(小註)라
고 말한 것은, 결국 두 개의 '지之'라는 글자가 도를 가리킨다는
설이다. 속유들은 이 설이 이해하기 쉽다는 것을 알고서 한결같
이 이 설을 따랐다. 다만 오계자는 "충과 신으로써 하면 헤아릴
수가 있어서 행하는 것이 모두 선하니, 어찌 무리를 얻을 수 없
겠는가? 교만하고 방자하면 헤아릴 수가 없어서 행하는 것이 모
두 선하지 아니하니, 어찌 무리를 잃지 않겠는가?"라고 말하여
하나로 꿰뚫으니 도리어 잘못되지 않았다.

『대학』의 원문에서 "그러므로 군자는 큰 도를 가지고 있으니, 반드시 충과 신으로 그것을 얻고 교만과 방자함으로 그것을 잃는다(君子有大道, 必忠信以得之, 驕泰以失之)"라고 했다. 이 문장에서 '득得'과 '실失'의 목적어인 '지之'를 주자는 천리로 보고, 쌍봉은 도라고 보았는데, 주자의 설은 이해하기 쉽지 않고, 쌍봉의 설은 잘못이라는 왕부지의 지적이다. '지之'를 무리로 보아 "충과 신으로 무리를 얻고 교만과 방자함으로 무리를 잃는다"고 해석한 오계자의 설이 오히려 원의에 가깝다고 본다. 뒤에서 왕부지는 주자의 설은 우선 이해하기 어렵지만 이해하고 보면 포괄적으로 설명한 것이라서 가장 적절한 해설이라고 인정한다.

『章句』云:「君子以位言之, 道謂居其位而脩己治人之術.」 是道與位相配, 而凝道卽以守位, 一如「生財有大道」, 非「生衆·食寡, 爲疾·用舒」, 則失其道而財不能生也. 雙峰認天理不盡, 如何省得朱子意? |7-2|

『장구』에서 "군자는 지위를 가지고 말한 것이다. 도는 그 지위에 거하여 자기를 닦고 다른 사람을 다스리는 방법을 가리키는 것이다"라고 말한 것은, 도와 지위가 서로 짝하므로 도를 체득하면 지위를 지키게 되는데, "재물을 생산하는 데에는 큰 도가 있으니" "생산하는 사람은 많고 먹는 사람은 적으며, 만드는 사람은 빨리 하고 쓰는 사람은 천천히 하는 것"이 아니면 그 도를 잃어서 재물이 생겨날 수가 없다는 것이다. 쌍봉이 천리를 제대로 인식하지 못했으니, 어떻게 주자의 뜻을 살필 수 있었겠는가?

군자와 소인이란 지위를 가지고 말할 때도 있고 덕을 가지고 말할 때도 있다. 어느 때는 덕을 가진 사람을 군자, 그렇지 못한 사람을 소인이라고 지칭하기도 하고, 어느 때는 덕의 유무와 상관없이 다만 관직에 있는 사람을 군자 그렇지 못한 사람을 소인이라고 지칭하기도 한다. 왕부지는 이 부분의 『대학』 원문에서 "군자가 큰 도를 가지고 있다"고 할 때 그 군자는 다만 지위를 가지고 말한 것이고 도란 그 군자가 취하는 구체적 방법인데, 쌍봉이 그것을 덕을 가진 군자로 잘못 이해하고 따라서 도를 해석할 때도 '선을 얻는 도' 등으로 잘못 이해하고 있다고 비판한다.

倘只靠定絜矩不絜矩作天理,　　乃不知天生人而立之
君,　君承天理民,　而保其大寶,　那一般不是天理來?
古人於此見得透亮,　不將福之與德打作兩片.　故「天
命之謂性」,[1]　與「武王末受命」,[2]　統喚作命.　化迹則
殊而大本則一,　此自非靠文字求解者之所能知.　|7-3|

1)『中庸』一章.
2)『中庸』十八章.

단지 헤아리고 헤아리지 않는 것만 가지고 천리로 삼고, 하늘
이 백성을 낳고 그들을 위해 임금을 세워주며, 임금은 하늘을 받
들어 백성을 다스리고 그 자리를 유지시키는 것임을 알지 못하
는데, 그것들이 똑같은 천리가 아니겠는가? 옛 사람들은 이를 분
명하게 알아서, 복福과 덕德을 두 가지로 나누려 하지 않았다. 그
러므로 "하늘이 명한 것을 성이라고 한다"는 것과 "무왕이 말년
에 천명을 받으셨다"는 것이 명命으로 통칭된다. 변화하는 자취
는 다르지만 큰 근본은 하나인데, 이것은 문자만 가지고 해석을
구하는 자들이 알 수 있는 것이 아니다.

천리란 형이상학의 차원에만 머무는 것이 아니고, 구체적 현실 가운데 있는 것이다. 그래서 임금이 백성을 다스리는 정치 행위에도 천리가 있다. 『중용』에서 말하는 "하늘이 명한 것을 일러 성이라고 한다"는 것이 철학적 차원에서의 천리라면 "무왕이 말년에 명을 받으셨다"는 것은 현실적 차원에서의 천리이다. 그런데도 학자들은 천리라고 하면 무조건 철학적 차원의 천리라고만 생각해서 풀이하고 현실적 차원에서의 천리를 이해하지 못하고 있다는 것이다.

若論到倒子處, 則必「得衆得國」, 「失衆失國」, 方可
云「以得之」·「以失之」.　特爲忠信·驕泰原本君心而
言, 不可直恁疎疎闊闊, 籠統說去, 故須找出能絜矩
不能絜矩, 與他做條理. 但如吳季子之說, 意雖明盡,
而於本文直截處不無騰頓,　則終不如朱子以「天理」
二字大槩融會之爲廣大深切而無滲也. |7-4|

　　만약 거꾸로 돌아가 말한다면 반드시 "무리를 얻으면 나라를 얻고", "무리를 잃으면 나라를 잃는다"고 해야만 바야흐로 "이로써 그것을 얻고", "이로써 그것을 잃는다"고 말할 수 있다. 다만 충과 신, 교만함과 방자함은 임금의 마음에 근본을 두고 말했으므로, 이렇게 소홀하고 막연하게 말해서는 안 되기 때문에, 반드시 헤아릴 수 있거나 헤아릴 수 없는 것을 찾아내서 그것과 조리를 맞추어야 한다. 그러나 오계자의 설과 같은 것은 의미가 비록 매우 분명하지만, 본문이 명료하고 분명한 것에 비해서 엉성함이 없지 않으니, 결국 주자가 '천리' 두 글자로써 대체로 융합한 것이 넓고 아주 적절해서 물샐 틈이 없는 것만 같지 못하다.

앞서『대학』의 원문에서 "무리를 얻으면 나라를 얻고" "무리를 잃으면 나라를 잃는다"고 했기 때문에, 뒤에서 "충과 신으로써 그것을 얻고 교만함과 방자함으로써 그것을 잃는다"고 할 때 그 대상을 오계자처럼 무리라고 말할 수 있다. 그런데 이것은 임금에 대해서 언급하고 있는 것인데, 대상을 무리로 한정해 버리면 충과 신으로써 헤아릴 수 있고 교만함과 방자함으로써 헤아릴 수 없다는 내용은 빠지게 된다. 그런 의미에서 보면 오계자가 얻거나 잃는 대상이 무리라고 직접 언급함으로써 어느 정도 올바른 해석을 했지만 완전한 풀이가 못되고, 주자가 천리로 해석한 것은 직접 무리를 언급하지 않아서 그의 말을 이해하기 어렵지만 이해하고 보면 그가 말한 천리는 무리를 얻는 것, 헤아릴 수 있는 것 등을 모두 그 안에 포괄하고 있으므로 더 적절한 해석이라는 것이다.

若抹下得衆得國一層, 只在得道失道上揹煞, 則忠信
之外有道, 而忠信爲求道之敲門磚子, 不亦悖與! 君
子之大道, 雖是儘有事在, 然那一件不是忠信充滿發
現底? 故曰:「夫子之道　忠恕而已矣.」[1] 只於此看
得眞, 便知雙峰之非. 雙峰則以道作傀儡, 忠信作線
索, 拽動他一似生活, 知道者必不作此言也. |7-5|

1)『論語』「里仁」.

　　만약 "무리를 얻으면 나라를 얻는다"는 차원을 무시하고 다만
'도를 얻고 잃는 것'과 관련짓는다면, 충과 신 밖에 도가 있게 되
고, 충과 신은 도를 구하는 수단이 되는 것이니, 또한 잘못된 것
이 아니겠는가! 군자의 큰 도는 어떤 일이 있더라도 그 일에 충
과 신이 충만하게 발현되게 하는 것이 아니겠는가? 그러므로
"선생님의 도는 충과 서(忠恕)일 뿐이다"라고 말했다. 오직 이것을
참으로 이해할 수 있어야 쌍봉의 잘못을 알게 된다. 쌍봉은 도를
꼭두각시로 만들고 충과 신을 꼭두각시를 조종하는 끈으로 삼아
서, 꼭두각시를 움직여 살아서 움직이는 것처럼 했는데, 도를 아
는 자라면 반드시 이러한 말을 하지는 않을 것이다.

쌍봉처럼 "충과 신으로 도를 얻고 교만과 방자함으로 도를 잃는다"고 해석한다면, 충과 신이 도가 아니라 도를 얻는 수단에 불과하게 되므로 잘못이라는 것이다. 그러나 왕부지의 쌍봉에 대한 이러한 비판은 좀 지나친 면이 있다. 사실 쌍봉은 "충과 신으로 도를 얻고 교만과 방자함으로 도를 잃는다"고 한 것이 아니라 "충과 신은 선을 얻는 도이고, 교만과 방자함은 선을 잃는 도이다"라고 말했기 때문이다. 이 말에서 목적어를 빼면 충과 신은 얻는 도이고 교만과 방자함은 잃는 도가 되기 때문에, 그가 충과 신을 도로 보았지 도를 얻는 수단으로 보지는 않았다고 할 수 있다.

或疑雙峰之說,　與程子所云「有「關雎」·「麟趾」之精意,　而後「周官」之法度可行」義同,　則忠信豈非所以得道者? 不知程子所云, 元是無病. 後人沒理會,　將「周官」法度作散錢,「關雎」·「麟趾」之精意作索子,　所以大差. 錢與索子, 原是兩項物事, 判然本不相維繫, 而人爲穿之. 當其受穿,　終是拘繫强合,　而漠不相知. 若一部「周官」法度,　那一條不是「關雎」·「麟趾」之精意來? 周公作此法度,　原是精意在中,　遇物發現,　故程子直指出周公底本領敎人看. 所謂「有「關雎」·「麟趾」之精意」者,　卽周公是也. 豈後人先丟下者法度,　去學個精意,　然後可把者法度來行之謂乎?　如王介甫去學『周禮』,　他不曾隨處體認者精意,　便法度也何曾相似? 看他靑苗錢,　與國服之制差得許遠! |7-6|

　　어떤 사람이 쌍봉의 설과 정자程子가 말한 "「관저關雎」와 「인지麟趾」의 정밀한 뜻이 있은 후에 「주관周官」의 법도가 행해질 수 있다"는 말의 의미가 같으니, 충과 신이 어째서 도를 얻는 방법이 아니겠는가 하고 의심했는데, 이는 정자가 말한 것이 원래 결점이 없음을 알지 못한 것이다. 후대 사람이 이해가 부족하여 「주관」의 법도를 흩어진 동전으로 생각하고, 「관저」와 「인지」의 정밀한 뜻을 끈으로 삼으려 한 것은 아주 잘못된 것이다. 동전과 끈은 원래 두 가지 물건이어서 판연하게 본래 서로 연결된 것이 아니므로, 사람이 동전에 구멍을 뚫는 것이다. 그것이 꿰뚫어지면 마침내 연결되어 억지로 합쳐져서 분간할 수 없게 된다. 전체 「주관」의 법도 중에 한 조목인들 「관저」와 「인지」의 정밀한 뜻이 아니겠는가? 주공이 이 법도를 만들었는데, 원래는 정밀한 뜻이 이 가운데 있어서 대상을 만나면 발현하므로, 정자는 바로 주공의 본령을 지적하여 사람들이 보도록 했다. 이른바 "「관저」와 「인지」의 정밀한 뜻이 있다"는 것은 주공이 그렇다. 어찌 후세 사람처럼 처음에 법도를 놓아두고, 정밀한 뜻을 배운 후에 법도를 가지고 행하는 것을 말하겠는가? 왕개보王介甫는 『주례周禮』를 배웠지만 곳에 따라 이 정밀한 뜻을 체인하지 못했으니, 법도 또한 어떻게 비슷해질 수 있었겠는가? 그의 청묘전青苗錢을 보면 국복國服의 제도와는 차이가 얼마나 많은가!

| 뜻풀이 |

「관저」와 「인지」는 『시경』「주남周南」의 맨 처음 편과 맨 마지막 편의 이름이다. 『시경』에서 드러내고 있는 것은 충이나 신과 같은 감정들이다. 따라서 어떤 사람은 정자의 말을 "「관저」와 「인지」의 정밀한 뜻이 있게 한 다음에 그것을 가지고 「주관周官」의 법도를 행할 수 있다"고 풀이해서 「관저」와 「인지」를 「주관」의 법도를 행하는 수단으로 보고, 따라서 충, 신과 도의 관계도 그렇게 풀이할 수 있지 않느냐고 반문한다. 그러나 왕부지가 보기에는 그렇지 않다. 「관저」와 「인지」가 「주관」의 법도를 행하는 수단이 아니고 「주관」의 법도 자체가 「관저」와 「인지」의 정밀한 뜻이다. 마찬가지로 충과 신도 도를 실현하는 수단이 아니고 도가 바로 충과 신이라는 것이다. 국복의 제도란 수도로부터 500리 단위로 국토를 나누어 다스리던 주나라의 제도이다.

故『大學』之道, 以明德者推廣之新民, 而云「明德爲本, 新民爲末」. 末者, 本之所生也. 可云生, 不可云得. 豈以明德作骨子, 撑架著新民使掙扎著; 以明德作機關, 作弄著新民使動盪; 以明德作矰繳, 弋射著新民使速獲之謂乎? 知此, 則羣疑可以冰釋矣. |7-7|

그러므로 『대학』의 도는 덕을 밝히는 것을 백성을 새롭게 하는 데까지 미루어 확충하는 것이므로, "덕을 밝히는 것은 근본이고, 백성을 새롭게 하는 것은 말단이다"라고 했다. 말단이란 근본이 낳은 것이다. 낳는다(生)고 말할 수 있으나, 얻는다(得)고 말할 수는 없다. 어찌 덕을 밝히는 것을 골자로 하고 백성을 새롭게 하는 것을 버팀목으로 삼아 지탱하게 하며, 덕을 밝히는 것을 베틀(機關)로 하고 백성을 새롭게 하는 것을 북으로 삼아 움직이게 하며, 덕을 밝히는 것을 주살로 하고 백성을 새롭게 하는 것을 화살로 삼아 빨리 잡는 것을 이르는 것이겠는가? 이것을 안다면 여러 의문들은 얼음이 녹듯 풀릴 수 있다.

덕을 밝히는 것과 백성을 새롭게 하는 것의 관계를 보면 백성을 새롭게 하는 것은 덕을 밝히는 것을 전제 조건으로 한다. 그러나 덕을 밝혔다고 해서 백성이 저절로 새롭게 되는 것은 아니다. 그러므로 덕을 밝히는 것은 백성을 새롭게 하는 것의 필요 조건이지만, 충분 조건은 아니라고 요약할 수 있겠다.

古人說個忠信, 直爾明易近情, 恰似人人省得. 伊川乃云「盡己之謂忠, 以實之謂信」, 明道則云「發己自盡爲忠, 循物無違爲信」,[1] 有如增以高深隱晦之語, 而反使人不知畔岸者然. 嗚呼! 此之不察, 則所謂微言絶而大義因之以隱也. |8-1|

1) 『性理大全』卷三十七 性理九「忠信」.

옛 사람들이 말한 충과 신은 명료하고 쉬우며 감정에 맞아서, 사람마다 터득한 것 같다. 정이천은 "자기를 다하는 것을 충이라 하고, 실질로써 하는 것을 신이라 한다"고 말하고, 정명도는 "자기를 발하여 스스로 다하는 것이 충이고, 대상을 따라서 어긋남이 없는 것이 신"이라고 하여, 심오하고 은미한 말을 더해서, 도리어 사람들로 하여금 그 끝을 알지 못하게 만든 것처럼 보인다. 오호라! 이것을 살피지 못하면, 이른바 "은미한 말(微言)이 끊기니, 큰 뜻(大意)이 그에 따라 숨게 된다"는 상태에 이를 것이다.

二程先生之語, 乃以顯忠信之德, 實實指出個下手處, 非以之而釋忠信也. 蓋謂夫必如是而後爲忠, 如是而後爲信也. 二先生固有而自知之, 則並將工夫·體段一齊說出. 未嘗得到者地位人, 自然反疑他故爲隱晦之語. 而二先生於此發己所見, 無不自盡, 循忠信之義, 毫釐不違, 以教天下之學爲忠信者, 深切著明. 除是他胸中口下, 方說得者幾字出, 而後學亦有津涘之可問,[1] 不患夫求忠而非忠, 求信而不信矣. |8-2|

1) 『論語』「微子」.

이정二程선생의 말은 바로 충과 신의 덕을 드러냄으로써 착수할 곳을 실제로 지적한 것이지, 그 말을 가지고 충과 신을 해석한 것이 아니다. 반드시 이와 같이 한 이후에 충이 되고, 이와 같이 한 이후에 신이 된다는 것이다. 두 선생은 처음부터 그러한 것을 갖고 있고 스스로 알았기 때문에 공부工夫와 체단體段을 아울러 함께 말했다. 그런데 일찍이 그러한 경지에 도달해 본 적이 없는 사람은 자연히 반대로 의심하여 일부러 감추고 숨기는 말이라고 여겼다. 그러나 두 선생이 여기에서 자기들의 의견을 드러낸 것은 스스로 다하지 않는 것이 없어서 충과 신의 뜻을 따르는 데 조금도 어긋나지 않으니, 천하를 가르치는 학을 충과 신으로 삼는 것은 매우 적절하고 분명하다. 그 가슴속의 말을 제외하고 몇 마디만 말했는데, 후학 또한 나루터는 물을 줄 알면서도, 충을 구하지만 충이 아니고 신을 구하지만 신이 아닌 것을 근심하지 않는다.

| 뜻풀이 |

이천과 명도가 말한 것은 "충과 신이 이런 것이다"라고 충과 신을 정의한 것이 아니고 "이렇게 하는 것이 충과 신이다"라고 공부해나가야 할 내용을 지적한 것이다. 그러므로 왕부지는 그들의 말이 내용상으로는 "자기를 다해야 충이 되고, 실질로써 해야 신이 된다", "자기를 발하여 스스로 다해야 충이 되고, 대상을 따라서 어긋남이 없어야 신이 된다"라는 뜻이라고 본다.

所謂「發己自盡」者, 卽「盡己」之謂也. 所謂「以實」者,
則「循物無違」之謂也. 說「忠」字, 伊川較直截; 而非
明道之語, 則不知其條理. 說「信」字, 明道乃有指徵;
而伊川所謂「以實」者, 文易求而旨特深也. |8-3|

　　이른바 "자기를 발하여 스스로 다한다"는 것은, 즉 '자기를 다
함'을 말한다. 이른바 "실질로써 한다(以實)"는 것은, 즉 '대상을
따라서 어긋남이 없음'을 말한다. '충忠'이라는 글자에 대한 정이
천의 설은 비교적 직절하기 때문에, 정명도의 말이 아니면 그 조
리를 알 수 없다. '신信'이라는 글자에 대한 설에서도 정명도는
증거를 지적하였고, 정이천의 이른바 '실질로써 한다'는 것은 글
의 뜻은 구하기 쉽지만 그것에 담긴 의미는 매우 깊다.

蓋所謂「己」者, 言乎己之所存也, 「發己」者, 發
其所存也. 發之爲義, 不無有功, 而朱子以凡出於
己者言「發己」, 見「性理」. 則以其門人所問發爲奮發之
義, 嫌於矯强, 故爲平詞以答之. 乃此發字, 要如發
生之發, 有繇體生用之意; 亦如發粟之發, 有散所藏
以行於衆之意; 固不可但以凡出諸己者言之也. 唯發
非汎然之詞, 然後所發之己, 非私欲私意, 而自盡者
非違道以干譽矣. |8-4|

　　이른바 '자기(己)'란 자기가 보존하고 있는 것을 말하고, "자기
를 발한다(發己)"함은 그 보존하고 있는 것을 발하는 것이다. 발한
다는 뜻은 충이라는 글자를 이해하는데 공이 없지 않은데, 주자
가 자기로부터 나오는 모든 것을 "자기를 발한다(發己)"고 말한
것은, 『주자어류』「성리」를 보라. 그 문인이 질문한 바, 발한다는 것이
분발의 뜻이 되어, 견강부회할 우려가 있으므로 평범한 말로 답
한 것이다. 이와 같이 발發이라는 글자는 발생의 발發과 같아서
본체로부터 작용이 생긴다는 의미가 있고, 또한 곡식을 낸다는
발發과 같아서 저장한 것을 흩어지게 해서 무리에게 가게 한다는
의미가 있으니, 단지 자기로부터 나오는 모든 것으로 말해서는
안 된다. 오직 발發은 일반적으로 그렇다는 말이 아닌 다음에라

야, 자기(己)에게서 발하는 것이 사사로운 욕심과 사사로운 뜻이
아니며, 스스로 다하는 것이 '도에 어긋나게 명성을 구하는 것'
이 아니게 된다.

| 뜻풀이 |

"자기를 발한다"는 것은 물론 자기가 보존하고 있는 것을 발하는 것
이지만, 주자처럼 그것을 자기로부터 나오는 모든 것을 발한다는 뜻으
로 해석해서는 안 된다. 그것은 주자의 참뜻이 아니라 다만 제자가 분
발로 해석할까 봐 그렇게 해석했을 뿐이라는 것이다. 주자처럼 해석한
다면 사사로운 욕심과 사사로운 뜻이 나온 것도 발한 것으로 보아야
한다는 말인가?

若所謂「自盡」者, 則以其發而言, 義亦易曉. 凡己學之所得, 知之所及, 思之所通, 心之所信, 遇其所當發, 沛然出之而無所吝. 以事徵之, 則孟子所謂「知其非義, 斯速已」[1]而無所待者, 乃其發之之功; 而當其方發, 直徹底煥然, 「萬紫千紅總是春」[2]者是也. |8-5|

1) 『孟子』「滕文公下」.
2) 『朱熹集』, 「春日」, "勝日尋芳泗水濱, 無邊光景一時新. 等閑識得東風面, 萬紫千紅總是春."

이른바 "스스로 다한다(自盡)"는 것은 발하는 것으로 말한 것이니, 뜻 역시 깨우치기가 쉽다. 자기가 배워서 터득한 것과, 앎이 미치게 되는 것과, 생각이 통하게 되는 것과, 마음이 믿는 것은 그 당연히 발할 것을 만나게 되면 왕성하게 나와서 인색함이 없게 될 것이다. 사실로써 증거를 들어 본다면, 『맹자』에서 이른바 "의가 아님을 안다면 속히 그만두어" 기다리지 않는 것은 바로 발하는 것에 대한 공부이고, 막 발할 때에 바로 환하게 빛나게 되는 것은 "만 가지 자주 빛과 천 가지 붉은 빛이 언제나 봄이네"라는 표현이 그에 알맞다.

| 뜻풀이 |

스스로 다한다는 것은 발하여 스스로 다한다는 것, 즉 완전히 발휘된다는 뜻이다. 자기의 마음에 있는 것은 성대하게 발하여 나오기 마련이다.

若伊川所云「盡己」「盡」字, 大有力在, 兼「發」字意
在內. 亦如天地生物, 除卻已死已槁, 但可施生, 莫
不將兩閒元氣, 一齊迸將去. 所以一言忠, 則在己之
無虛無僞者已盡. 而「以實謂信」之「實」, 則固非對
虛僞而言, 乃因物之實然者而用之也. 於此不了, 則
忠外更無信; 不然, 亦且於忠之外, 更待無虛無僞而
始爲信, 則所謂忠者亦非忠矣. |8-6|

정이천이 말한 "자기를 다한다"고 할 때의 '다한다'는 글자와 같은 경우 '발한다'는 의미를 속에 지니고 있다는 점이 중요하다. 또한 천지가 만물을 낳는 경우, 이미 죽거나 마른 것을 제외하고 생을 부여할 수 있는 것은 천지 사이의 원기에 의해 모두 활발하게 살게 할 수 있는 것과 같다. 따라서 한 번 충이라고 말한다면, 자기에게 허虛가 없고 위僞가 이미 다 없어진 것이다. 그러나 "실질로써 하는 것을 신이라고 한다(以實謂信)"는 말에서의 '실질'은, 본래 허위虛僞에 대하여 말하는 것이 아니라, 대상이 실제로 그러한 것에 대하여 쓰는 말이다. 이것을 이해하지 못하면 충 이외에 더 이상 신이 없게 된다. 그렇지 않고 또한 충밖에 다시 허虛가 없고 위僞가 없는 것을 기다린 뒤에야 비로소 신이 된다고 하면, 이른바 충이라고 하는 것은 충이 아니다.

충을 이천은 "자기를 다한다"는 것으로, 명도는 "자기를 발해서 스스로 다하는 것"으로 풀이했는데, 사실상 이천의 다한다는 말도 명도처럼 발한다는 뜻을 그 속에 지니고 있다. 또 "실질로써 하는 것을 신이라고 한다"는 말에서 실질을 허위에 반대되는 말로 이해하면 안 된다. 그것은 실제의 모습을 지칭한다.

「信」者不爽也,　名實不爽・先後不爽之謂也.　唯名實
爽而後先後爽.　如『五行志』所載李樹生瓜,　名實旣
爽,　故前此初不生瓜,　後此仍不生瓜而生李,　則先後
亦因之而爽矣. |8-7|

‘신’은 어그러지지 않는다는 의미로서, 이름과 실질이 어그러
지지 않고 앞과 뒤가 어그러지지 않는 것을 말한다. 오직 이름과
실질이 어그러진 이후라야 앞과 뒤도 어그러진다.『오행지五行志』
에 실려 있는 내용 중 자두나무에서 오이가 나왔다는 것은 이미
이름과 실질이 어그러진 것이다. 그러므로 그 전에는 애초에 오
이가 나오지 않았을 것이고, 그 뒤에도 여전히 오이가 나오지 않
고 자두가 나왔을 것이니, 앞과 뒤도 또한 그로 인하여 어그러진
경우이다.

| 뜻풀이 |

신은 어긋나지 않는다고 풀어야 한다고 강조한다. 되풀이 하자면, 실
은 ‘허실’이라고 할 때의 실이 아니고 ‘명실’이라고 할 때의 실이다.

「循」者, 依緣而率繇之謂也. 依物之實, 緣物之理, 率繇其固然, 而不平白地畫一個葫蘆與他安上, 則物之可以成質而有功者, 皆足以驗吾所行於彼之不可爽. 抑順其道而無陵駕倒逆之心, 則方春而生, 方秋而落, 遇老而安, 遇少而懷, 在桃成桃, 在李成李, 心乎上則忠, 心乎下則禮, 徹始徹終, 一如其素, 而無參差二三之德矣. |8-8|

‘따른다’는 것은 의지하고 좇아 따르는 것을 말한다. 대상의 실질에 의지하고 대상의 이치를 좇아 본래부터 그러한 것을 따르는 것이다. 그런데 공연히 무언가를 덧붙여 놓지만 않는다면, 실질을 이루어 효력을 가질 수 있는 대상은 모두 나의 소행을 그 어그러질 수 없음에서 검증해 볼 수 있다. 또한 그 도에 순종하면서 능멸하거나 거스르는 마음이 없다면, 봄이 되면 생겨나고 가을이 되면 떨어지듯 하며, 노인을 만나면 편안하게 해주고 어린이를 만나면 품어 주며, 복숭아나무에서 복숭아가 열리고 자두나무에서 자두가 열리듯 하며, 마음이 윗사람에게 향할 때는 충을 행하고 아랫사람에게 향할 때는 예를 행하는데, 처음과 끝이 한결같이 본래대로여서 들쭉날쭉 자주 바뀌는 덕이 없게 된다.

君子於此, 看得物之備於我, 己之行於物者, 無一不從天理流行, 血脈貫通來. 故在天則「雲行雨施, 品物流形」,[1] 天之「發己自盡」者, 不復吝留而以自私於己;「乾道變化, 各正性命」,[2] 天之「循物無違」者, 不恣己意以生殺而變動無恒. 則君子之「首出庶物, 萬國咸寧」者,[3] 道以此而大, 矩以此而立, 絜以此而均, 衆以此而得, 命以此而永. 故天理之存也, 無有不存; 而幾之決也, 決於此退藏之密而已矣. |8-9|

1) 2) 3)『周易』乾卦.

군자는 이에 자기에게 갖추어져 있는 대상의 이치와, 대상에 대한 자신의 행위를 이해하여 한결 같이 천리의 유행을 따라 혈맥이 관통하게 한다. 그러므로 하늘에는 "구름이 지나가면 비가 내리고, 만물이 흘러 모양을 이루어" 하늘이 "자기를 발하여 스스로 다한다"는 것이 다시 구차하게 머물러 스스로 자기에게 사사롭게 하는 것이 아니며, "건도乾道가 변화하여 각기 성명性命을 바르게 하여" 하늘이 "대상을 따라 어그러짐이 없는" 것은, 자기의 뜻을 멋대로 하여 살리거나 죽여 변화하고 움직이는 것이 일정함이 없게 하지 않는다는 것이다. 군자가 "만물에 앞서 나오니 모든 나라가 다 평안하다"는 것은, 도는 이것으로써 크게 되고 법도는 이것으로써 세워지며, 헤아림은 이것으로써 고르게 되고 무리는 이것으로써 얻으며 명命은 이것으로써 길어진다는 뜻이다. 그러므로 천리의 보존에 대해 말하면 천리가 항상 보존되고, 기미의 결정 또한 이렇게 물러나 숨는(退藏) 은밀한 데서 결정될 뿐이다.

| 뜻풀이 |

군자는 천리를 따르기 때문에 그의 행위는 천지의 모든 것의 기준이 될 뿐만 아니라 천지의 움직임은 그에 의해 결정된다. 이것이 바로 유학에서 사람을 하늘, 땅과 함께 세 가지 중요한 요소(三才)의 하나로 삼는 이유이다. 왕부지는 여기에서 군자와 하늘, 군자의 도와 하늘의 도(乾道)를 일치시키고 있다.

不然, 則內不盡發其己, 而使私欲據之; 外不順循乎物, 而以私意違之. 私欲據乎己, 則與物約而取物泰; 私意違乎物, 則芻狗視物而自處驕. 其極, 乃至好佞人之諛己, 而違人之性以寵用之; 利聚財之用, 而不顧悖入之多畜以厚亡. 失物之矩, 安所施絜, 而失國失命, 皆天理之必然矣. 故曰: 「忠信以得之, 驕泰以失之.」君子之大道所必擇所從而違其害者也. |8-10|

그렇지 않으면 안으로는 자기를 다 발하지 않아 사욕이 자리 잡게 되고, 밖으로는 대상을 따르지 않아 사사로운 뜻으로 그것과 어긋나게 된다. 사욕이 자기에게 자리 잡으면, 대상에게 주는 것은 적으면서 대상에서 취하는 것은 많으며, 사사로운 뜻으로 인하여 대상과 어긋나면 대상을 짚으로 만든 강아지처럼 쓸데없는 것으로 보게 되어 저절로 교만하게 행동한다. 그것이 끝까지 가면, 아첨하는 사람이 자기에게 아첨하는 것을 좋아하여 사람의 본성에 어긋나게 그를 총애하여 등용하며, 재물을 모으는 것을 이롭게 여겨 잘못 들어오는 많은 물건들도 다시 생각해 보지 않게 되므로 크게 망하는 지경에 이른다. 대상의 법도를 잃고 헤아림을 베푸는 것을 편하게 생각하여 나라를 잃고 천명을 잃게 되는 것은 모두 천리의 필연이다. 그러므로 "충과 신으로 그것을

얻고, 교만과 방자함으로 그것을 잃는다"고 말한 것이다. 군자의
큰 도는 반드시 따라야 할 것을 택하고 해로운 것에서 벗어난다.

| 뜻풀이 |

위에서 말한 것과는 반대로 사사로운 욕심을 갖고 그것을 발하게 되
면 결국 대상의 이치에 어긋나, 대상으로부터 무엇을 착취하거나 교만
하게 된다. 그 결과는 임금의 입장에서 말하면 나라를 잃고 천명을 잃
는 것이다.

上推之天理,　知天之爲理乎物者則然.　下推之人事,
知天理之流行於善惡吉凶者無不然.　　此非傳者得聖
學之宗, 不能一言決之如此. 而非兩程子, 則亦不能
極之天道,　反之己心,　而見其爲功之如是者.　不然,
則不欺之謂忠,　無爽之謂信, 此解亦是.　人具知之, 而
何以能不欺, 何以能無爽?　究其懷來,　如盲人熟記路
程,　亦安知發足之何自哉?　則謂南爲北,　疑江爲淮,
固不免矣. |8-11|

위로 천리에 미루어 보면 천이 사물에서 리가 되는 것이 그
러하다는 것을 알게 되고, 아래로 인사에 미루어 보면 천리가
선악·길흉에서 유행하는 것이 그렇지 않음이 없다는 것을 알
게 될 것이다. 전전傳이 성학聖學의 종지를 얻지 못했다면 이와 같
이 한 마디로 결정할 수도 없을 것이다. 정명도·정이천이 아니
라면, 또한 천도에 지극하여 자기의 마음에서 반성하여 그 공
부가 이와 같음을 알지 못했을 것이다. 그렇지 않다면, 속이지
않는 것을 충이라 하고 어그러짐이 없는 것을 신이라 하는데,
이러한 해석 또한 옳다. 사람들이 모두 그것을 알더라도 어떻게 속
이지 않을 수 있으며, 어떻게 어그러짐이 없을 수 있겠는가?
깊이 생각해 보면 마치 맹인이 길을 기억하는 것과 같으니, 또

한 어디로부터 발을 떼어야 할지를 어찌 알겠는가? 즉, 남쪽을
북쪽이라고 하고 양자강을 회수라고 하는 잘못을 진실로 면하
지 못할 것이다.

明道曰:「忠信, 表裏之謂.」 伊川曰:「忠信, 內外也.」[1] 表裏·內外, 字自別. 南軒以體用言, 則誤矣. 表裏只共一件衣, 內外共是一件物, 忠信只是一箇德. 若以居爲內, 以行爲外, 則忠信皆出己及物之事, 不可作此分別. 緣程子看得天理渾淪, 其存於吾心者謂之裏, 其散見於物理者謂之表, 於此理之在己·在物者分, 非以事之藏於己·施於物者分也. |9-1|

1)『性理大全』 卷三十七 性理九 「忠信」.

정명도는 "충과 신은 겉(表)과 속(裏)을 말한다"고 했으며, 정이천은 "충과 신은 안(內)과 밖(外)이다"라고 말했다. 겉과 속, 안과 밖이라는 글자는 저절로 구별된다. 장남헌은 본체와 작용으로써 말했는데 그것은 잘못이다. 겉과 속은 같이 하나의 옷을 이루고, 안과 밖은 같이 하나의 물건을 이루며, 충과 신은 단지 하나의 덕이다. 만약 거하는 것을 안이라 하고 행하는 것을 밖이라 한다면, 충과 신은 모두 자기로부터 나와 대상에 미치는 것이 될 것이니 이렇게 분별할 수 없다. 정자에 의하면, 천리가 유행하여 그것이 나의 마음에 보존되는 것을 속이라 하고, 그것이 흩어져 대상의 이치에서 보이는 것을 겉이라 하는데, 이것은 리가 자기에게 있고 대상에게 있는 것을 가지고 나눈 것이지, 일이 자기에게 간직되고 대상에 베풀어진 것을 가지고 나눈 것이 아니다.

충과 신을 겉과 속, 안과 밖이라고 말했다고 해서 그것을 본체와 작용으로 둘로 나누어 보아서는 안 된다. 왜냐하면 충과 신은 모두 자기 마음에 있는 것이고 또 대상과 관련을 맺는 것이기 때문이다. 그러므로 충이 신이고 신이 충이어서 단지 하나의 덕일 뿐인데, 충의 이치는 자기에서서 볼 수 있고 신의 이치는 대상에서 볼 수 있기 때문에 안과 밖, 속과 겉이라고 표현했을 뿐이다. 자기에게서 볼 수 있기 때문에 충은 "자기를 발하여 스스로 다하는 것"이고, 대상에게서 볼 수 있기 때문에 신은 "대상을 따라서 어긋남이 없는 것"이다.

如生財之道，　自家先已理會得詳明，　胸中有此「生衆食寡·爲疾用舒」的經綸條理，　此謂之裏.　便徹底將來爲一國料理，　不緣於己未利，　知而有所不爲，　此是「發己自盡」.　乃以外循物理，　生須如此而衆，　食須如此而寡，　爲須如此而疾，　用須如此而舒，　可以順人情，惬物理，　而經久不忒，　此之謂表.　不恃己意橫做去，　敎有頭無尾，　此是「循物無違」.　及至兩者交盡，　共成一「生衆食寡·爲疾用舒」之道，　則盡己者卽循物無違者也，　循物無違者卽盡己者也.　故曰只是一箇德. |9-2|

만일 재물을 생산하는 도를 자기가 먼저 명확하게 알고, 가슴 속에 이 "생산하는 사람은 많고 먹는 사람은 적으며, 만드는 사람은 빨리 하고 쓰는 사람은 천천히 한다"는 경륜의 법칙을 가지고 있다면, 이것을 속이라고 한다. 분명 장차 한 나라를 다스리는데 자기에게 이롭지 않다고 해서 알면서도 하지 않는 것은 없게 될 것이니, 이것이 바로 "자기를 발하여 스스로 다하는 것"이다. 밖으로 대상의 이치를 따라, 생산하는 사람은 이와 같이 많고, 먹는 사람은 이와 같이 적으며, 만드는 사람은 이와 같이 빨리 하고, 쓰는 사람은 이와 같이 천천히 하면 인정을 따를 수 있고 대상의 이치에 맞을 수 있으며 오랫동안 어긋나지 않아, 이것을 겉이라고 한다. 자기의 뜻을 믿고 멋대로 하여 시작은 있으면서 끝이 없도록 하지 않으니, 이것이 바로 "대상을 따라 어긋남이 없는 것"이다. 위의 두 가지를 다하는데 이르러서 함께 하나의 "생산하는 사람은 많고 먹는 사람은 적으며, 만드는 사람은 빨리 하고 쓰는 사람은 천천히 한다"는 도를 이루면, 자기를 다하는 것은 곧 대상을 따라 어긋남이 없는 것이며, 대상을 따라 어긋남이 없는 것 역시 자기를 다하는 것이다. 그러므로 단지 하나의 덕이라고 말했다.

| 뜻풀이 |

마음속에 하나의 이치를 가지고 "자기를 발하여 스스로 다하"면 그것이 곧 충이고, 밖으로 "대상의 이치를 따라 어긋남이 없"으면 그것이 곧 신이다. 그런데 궁극적으로 자기를 다하면 대상에 어긋남이 없고, 대상에 어긋남이 없으면 자기를 다한 것이다. 그러므로 충과 신은 사실 두 가지 덕이지만 하나로 연결되는 것이라고 할 수 있다. 여기에서는 "생산하는 사람은 많고 먹는 사람은 적으며, 만드는 사람은 빨리 하고 쓰는 사람은 천천히 한다"는 도리를 예로 들어 설명하고 있다.

此之爲德, 凡百俱用得去. 緣天理之流行敦化, 共此一原, 故精粗內外, 無所不在. 旣以此爲道, 而道抑以此而行, 君子脩己治人, 至此而合. 且如生財之道, 在人君止有「生衆食寡·爲疾用舒」爲所當自盡之道, 而卽己盡之; 而財之爲理, 唯「生衆食寡·爲疾用舒」則恒足, 而卽循用其理而無違. 此是忠信合一的大腔殼, 大道必待忠信而有者也. |9-3|

이 덕은 온갖 것에 적용된다. 천리의 유행과 돈독한 교화는 모두 이것을 근원으로 하고 있으므로 정밀하거나 거친 것, 안과 밖에 모두 갖추어져 있다. 이미 이것으로써 도를 삼고, 도 또한 이것으로써 행해지며, 군자의 '자기를 닦고 다른 사람을 다스리는 것(脩己治人)'은 여기에 이르러 합해진다. 또한 예를 들어 재물을 생산하는 도에 대해 말해보면, 임금은 다만 "생산하는 사람은 많고 먹는 사람은 적으며, 만드는 사람은 빨리 하고 쓰는 사람은 천천히 한다"는 것을 마땅히 스스로 다해야 하는 도로 삼아, 곧 자기가 그것을 다하는 것이고, 재물의 이치는 오직 "생산하는 사람은 많고 먹는 사람은 적으며, 만드는 사람은 빨리 하고 쓰는 사람은 천천히 한다"면 항상 충분하다는 것이므로, 곧 그 이치를 따라 사용해도 어긋남이 없을 것이다. 이것이 바로 충과 신이 합

일된 커다란 영역이니, 큰 도는 반드시 충과 신이 있어야 존재하
는 것이다.

| 뜻풀이 |

충과 신이야말로 이 우주를 움직이는 도리임을 강조하고 있다. 유학
에서 항상 내세우는 '자기를 닦고 다른 사람을 다스리는 것'이 여기에
서 합해진다고 말한 것은 '자기를 닦는 것'은 곧 충과 관련되며, '다른
사람을 다스리는 것'은 신과 관련되기 때문이다. 임금의 입장에서 국가
의 경제를 운영하는 것을 예로 들어 보면, "생산하는 사람은 많고 먹는
사람은 적으며, 만드는 사람은 빨리 하고 쓰는 사람은 천천히 한다"는
경제 원리를 스스로 실천하는 것은 자기를 닦는 것, 즉 충에 해당하고,
그것을 백성들에게 잘 적용해서 백성들의 경제생활을 윤택하게 해주는
것은 '다른 사람을 다스리는 것', 즉 신에 해당하는 것이다.

乃隨擧一節, 如「生之者衆」, 必須盡己之心以求夫
所以衆之道而力行之. 乃民之爲道, 其力足以任生財
者本衆也, 卽因其可生而敎之生, 以順其性, 此是忠
信細密處, 忠信流行於大道之中者也. |9-4|

"생산하는 사람이 많다"는 것과 같은 글을 가지고 본다면, 반
드시 자기를 다하는 마음으로 생산하는 사람을 많게 하는 방법
을 구하여 힘써야 한다. 백성의 도는 재물을 생산하는 일을 맡을
수 있는 힘을 가진 사람이 본래 많으니, 생산할 수 있는 것을 생
산하게 함으로써 그 본성을 따르게 하는 것, 이것이 충과 신의
세밀한 곳이며, 충과 신이 큰 도의 가운데서 유행하는 것이다.

| 뜻풀이 |

위의 문단을 이어 더 구체적으로 충과 신이 '생산하는 사람이 많게
한다'는 하나의 도리에도 그대로 적용할 수 있는 것임을 강조하고 있
다. 충과 신을 생산하는 사람이 많게 하는 일에 적용해 본다면, 생산하
는 사람이 많게 할 수 있는 방법을 연구하고 힘써 노력하는 것, 예컨대
백성들의 생산 능력에 따라 그들을 교육하는 것은 충에 해당한다고 할
수 있고, 그것이 백성들의 본성에 어긋나지 않는다면 신이라고 할 수
있다. 그리고 그렇게 될 수 있도록 하는 것이 바로 군자가 할 일이다.

而君子則統以己無不盡・物無或違之心，　一於无妄之誠，遇物便發得去．理財以此，用人以此，立敎於國，施政於天下，無不以此．是忠信底大敷施，而天之所以爲命以福善禍淫，人之所以爲情而后撫仇虐，亦皆此所發之不謬於所存，而物理之信然不可違者也．故操之一念，而天理之存亡以決也．|9-5|

군자는 자기의 최선을 다하지 않음이 없고 대상을 조금이라도 어기지 않는 마음을 가지고 거짓됨이 없는 정성스러움에 일치시키고, 대상을 만나면 곧 그것을 발한다. 재물을 관리하는 데에도 이 마음으로 하고, 사람을 쓰는 데에도 이 마음으로 하며, 나라에 가르침을 세우고 천하에 정치를 펼치는 데에도 이 마음으로 한다. 이것이 충과 신이 크게 베풀어진 것인데, 하늘이 명으로 삼아 선한 사람에게 복을 내리고 나쁜 사람에게 화를 내리는 것과, 사람이 감정으로 삼은 후에 어려운 사람들을 어루만지는 것이 또한 모두 이 마음이 발하여 원래 보존하고 있는 것에 어긋나지 않으며, 대상의 이치가 진실로 그러함에 어긋날 수 없는 것이다. 그러므로 이 마음을 일념으로 붙잡느냐의 여부에 따라 천리의 존망이 결정된다.

| 뜻풀이 |

충과 신으로써 천리의 존망이 결정된다는 주자의 설명이 타당함을 다시 한 번 주장하면서 결론으로 삼고 있다. 충과 신을 가진 마음으로 온갖 사회적 관계를 처리해 나가면 되는데, 거기에 바로 천리가 보존되어 있다고 할 수 있다.

「發」字·「循」字, 若作等閒看, 不作有工夫字, 則自盡·無違, 只在事上見, 而忠信之本不立矣. 發者, 以心生發之也. 循者, 以心緣求之也. 非此, 則亦無以自盡而能無違也. 「盡己」, 功在「盡」字上; 「以實」, 功在「以」字上; 以, 用也. 與此一理. 「以實」者, 不用己之私意, 而用事物固然之實理. |10-1|

'발한다'는 글자와 '따른다'는 글자를 등한히 보아 공부가 필요한 것으로 여기지 않는다면, 스스로 다하는 것과 어긋남이 없는 것도 단지 일에서 보이는 것일 뿐, 충과 신의 근본은 세워지지 않는다. 발한다는 것은 마음으로 생하여 발하는 것이고, 따른다는 것은 마음으로 관련지어 구하는 것이다. 이것이 아니라면 또한 스스로 다하고 어긋남이 없을 수 있는 방법이 없게 될 것이다. "자기를 다한다(盡己)"는 것에서 공부가 필요한 것은 '다한다(盡)'는 것이고, '실질로써 한다(以實)'는 것에서 공부가 필요한 것은 '로써(以)'이니, 그것으로써 한다는 것은 그것을 쓴다는 것이다. 이것과 같은 이치이다. "실질로써 한다"는 것은, 자기의 사사로운 뜻을 쓰지 않고 사물의 본래 그러한 실제적인 이치를 쓰는 것이다.

자기를 다한다고 할 때 '다하는' 공부가 필요하고, 실질로써 한다고 할 때 실질을 '쓰는' 공부가 필요하듯이, 발하고 따르는 것도 저절로 아무 노력 없이 되는 것이 아니라 공부가 필요하다는 것이다. 그런데 발하는 공부는 다하는 공부를 위한 것이고, 따르는 공부는 쓰는 공부를 위한 것이기도 하다. '다하는' 공부는 자기의 마음에 보존되어 있는 것을 그대로 '발하도록' 하는 것이고, '쓰는' 공부는 대상의 이치를 객관적으로 파악하여, 자기의 욕심에 사로잡혀 그것을 왜곡하지 않고 '따르는' 것이기 때문이다.

| 옮긴이 소개 |

김동민

성균관대학교 대학원 동양철학과 박사과정 수료
중국 북경대학 고급진수반 수료
현재, 성균관대학교 강사
저서 : 『동양철학』(공저)
역서 : 『중국고전명언사전』(공역)
논문 : 「왕충의 '명'에 관한 연구」(석사학위논문)
　　　 「동중서 춘추학의 천인감응론에 대한 고찰」 외 다수

이종란

성균관대학교 대학원 동양철학과 박사과정 수료(철학박사)
현재, 성균관대학교 강사
저서 : 『최한기의 철학과 사상』(공저)
　　　 『전래동화 속의 철학』
역서 : 『주희철학연구』(공역)
논문 : 「최한기 윤리사상 연구」(박사학위논문)
　　　 「근현대 한국유학의 전개양상」 외 다수

이철승

조선대학교 철학과 및 성균관대학교 대학원 동양철학과 박사과정 수료(철학박사)
중국 북경대학 철학과 연구학자
중국 중앙민족대학 객좌교수
현재, 성균관대학교 동아시아학술원 유교문화연구소 연구교수

저서 : 『유가사상과 중국식 사회주의 철학』 외 다수

역서 : 『모택동 사상과 중국철학』

논문 : 「왕부지와 애사기 철학에 나타난 인식과 실천의 문제」(박사학위논문)

　　　「유가 철학에 나타난 인간 본성론의 구조와 현실적 의미」 외 다수

임옥균

성균관대학교 대학원 동양철학과 박사과정 수료(철학박사)

서일대학 교양과 상임강사(동양철학)

중국 산동사범대학 한국어과 한국인 교수

현재, 성균관대학교 동아시아학술원 유교문화연구소 연구교수

저서 : 『대진 : 청대 중국의 고증학자이자 철학자』

　　　『왕충 : 거짓을 미워한 철학자』

역서 : 『맹자자의소증·원선』 외 다수

논문 : 「대진철학에 나타난 '주자학적 사유의 비판'에 관한 연구」(박사학위논문)

　　　「왕부지의 대학 이해」 외 다수

정리한 이

진성수

성균관대학교 유학동양학부 박사과정 수료

일본 쓰쿠바대학 외국인연구자

성균관 교화홍보부장

현재, 성균관대학교 강사

저서 : 『지금, 여기의 유학』(공저)

논문 : 「주역의 인간관 연구」(석사학위논문)

　　　「왕부지의 양명학 비판에 관한 연구」 외 다수

<h1 align="center">찾아보기</h1>